我想重新解释历史

吴思访谈录

复旦大学出版社

自序

本书收入了29篇对我的访谈,从2003年至2010年。编这本书,完全是编辑的创意。他收集了文章,分类整理,编出了初稿。在此基础上,我补了几篇,删了几篇,然后调整分类,重做标题,再补写这篇序言。

分类肯定出毛病。如果不分类,眉毛胡子一把抓,不便于内容浏览。如果分类,几乎每篇访谈都是综合性的,有眉毛有胡子还有头发,到底应该放在眉毛的位置上,还是胡子的位置上?没奈何的办法是,胡子多就放在胡子的位置上,眉毛多就放在眉毛的位置上。或许有几根眉毛特别醒目,也连胡子带头发一并放在眉毛的位置上。

访谈录的原标题风格各异,都比较抢眼。强行分类之后,多数标题重做,强调了重点内容,难免损伤文采。还有,一些近似的提问和答复多次出现,我怕读者烦,删了许多,损伤了原作。原作有个别误解误记之处,还有笔误,我也擅自改了。上述种种,请访谈者原谅。尽管有所删节,各篇内容仍有一些重复,也请读者原谅。

2003年《血酬定律》出版之后,我写过一些文章,整理过几篇讲演稿,想结集出版,又感觉单薄,整体上也不够成熟。现在，更不成熟的访谈录结集出版，需要说几句弥补缺陷的话。

我努力构建的历史观的核心支柱，是一个从行为生态学借来的概念：生存策略。采集渔猎是生存策略，暴力掠夺也是生存策略，游牧、务农、做工、经商，都是生存策略。所有生存策略，从单细胞生物到人类各种职业，其存在和发展的条件是：所得≥所付。在等式之上，得付比越高，发展潜力越大，反之则衰亡。各种生存策略集团互动演化，好像不同物种互动演化一样，在自然环境的基础上形成世态平衡——人类社会各种生存策略的得付比平衡。换句话说，人往高处走，直到力尽计穷或得不偿失为止。

这种历史观，接着生物进化的故事，讲述人类生存策略的演化，又关注人类与自然的关系，我称之为造化史观。本书一再提及的血酬史观，只是造化史观的一个特型，一种描述暴力集团主导的世态变迁的理论。

书里说"创造理论好比盖房子"，就结构而言，这话不错，就过程而言则未必。盖房之前，工匠早有成竹在胸，我却没有。我的感觉是："草鞋没样，边打边像。"先有两三砖瓦，再有一二梁柱，构件积累多了，因材顺势，设想出房屋的样子，然后一边盖，一边改，一边积累构件，至今还在施工。在我的想象里，当代中国的文化建设也是如此。既然如此，添砖加瓦，共襄大事，不成熟就不成熟吧。

吴思
2011 年 3 月 13 日

目录

自序 / 1

概念与框架:创造理论好比盖房子

理论的地基要打到单细胞生物 / 2

元规则理论的根基:生命换资源的原始策略 / 29

从潜规则到血酬定律再到元规则 / 39

官家主义这个词 / 44

官家主义和血酬史观 / 58

建构血酬史观 / 62

重建对中国历史的理解 / 73

基本概念出了问题 / 81

命名是认识世界的手段 / 86

历史与公正计算 / 92

研究方法:读史好比看下棋

局观历史 / 110

规则本身就是博弈的结果 / 116

拆解人间对局:潜规则的系列概念 / 121

历史对局的终极法则 / 141

我的写法就是解局之法 /148

观念版图的融合

老子曲线 /164
儒家与自由主义是可能调和的 /182
《中庸》可以和自由主义接轨 /190
谎言的成本和收益 /194
我对几个基本概念的理解 /200

从历史看现实

黑窑事件与地霸秩序 /222
黑社会是怎样挣钱的 /231
掠夺性策略的利益关系 /242
官职交易的三种机制 /248
改革开放三十年的社会进化 /250

个人经历与研究兴趣

我的心病与我的写作 /260
研究苹果掉下来的道理 /273
理论创造源于绝望 /283
重建世界观的心路历程 /291

出版后记 /304

概念与框架：创造理论好比盖房子

理论的地基要打到单细胞生物

访谈者:《名人传记》 郑雄

时间:2009年1月6日

我们的信仰问题,其实是人类历史上的病灶引发的

访谈者: 吴老师,我先给你念一段话。北大的钱理群老师几年前有篇《矛盾和困惑中的写作》。这篇文章里,钱老师说:"我发现,对大至国家、民族、社会的现代化道路,具体到自己专业范围的文学的现代性,我都只能说'不'——我拒绝、否定什么,例如我无法认同我们曾经有过的现代化模式,及其相应的文学模式,我也不愿全盘照搬西方的现代化模式及其相应的文学模式;但我却无法说出我到底'要'什么,我追求、肯定什么。径直说,我没有属于自己的哲学观、历史观,也没有自己的文学观、文学史观。因此,我无法形成,至少是在短期内无法形成对于20世纪中国文学的属于我自己的、稳定的、具有解释力的总体把握与判断,我自己的价值理想就是一片混乱。我不过是在矛盾与困惑中,勉力写作而已。这并不只是因为年龄的增长,而实在是因为90年代中国与世界政治、经济、思想、文化的变化太大了,我们所面临的问题太复杂了,而且我们对这一切太缺

乏思想准备了,在这个意义上,我们是在为自己80年代的单纯付出代价。"

钱老师的这段话您怎么看?

吴思:总体上这种描述我赞成。他说的大概是一代人的感觉:过去非常清晰的世界观、人生观、历史观、文艺观,现在崩溃了。崩溃之后,新的价值体系没有建立起来,所以,思想深处一片混乱。我觉得,从1978年前后开始一直到现在,情况可能一直是这样的。不过,我跟钱老师有几点不一样。

第一点是,他说,为自己80年代的单纯付出代价,我觉得说短了。源头不是在80年代,而是更早——我们一直都在付出代价。我们曾经走过一段弯路,先走错了路,走不下去了,改革开放就开始转向。回头一看,原来建立的那套主张、观念、理论体系全部崩溃,我们的世界观随之崩溃。

看起来,似乎是中国人付出了差不多三十年的代价。其实如果再往远处说有更广更深的背景。世界范围内,从1930年代世界经济危机开始,全体知识分子开始"向左转",以马克思主义作为理论指导的前苏联等社会主义国家"蒸蒸日上",资本主义世界感到一种强大的威胁,直到前苏联解体以后,从1990年代开始,重新接着自由主义往前走。人类绕了一个大圈。

普京说,苏联走了一条大弯路。我们呢,也是在为人类的一段历史付出代价,为全人类的天真付出代价。

第二点不同是,钱老师说无法形成自己的判断。我一直在试图形成自己的判断。

钱老师说,对过去的那些东西,他知道在什么地方说"不"。其实,知道在什么地方说"不",本身也是有建设性的。原来的不行,就想建立新的,感觉对就走下去,一旦走偏了,感觉不对了,就会探索新的方向。他其实还是肯定了一些东西——否定之中包含了肯定。他在不断地否定,否定完了一圈,中间留下的那个空档可能就是需要肯定的东西。

我们现在就可以说一说中间的那个空档是什么。文学观我说不清楚,但历史观我觉得是可以说点什么的。也就是说,在旧的历史观崩溃的时候,新的历史观的地基打在哪儿,几根柱子,几根房梁,先盖起一两层,最后可能到七八层,我觉得基本上可以看出来。我觉得我能说到十之六七。

访谈者: 我知道,您现在正在做的工作,就是要搭起这个新的历史观的基本构架。那么,如果我们把钱老师的这个说法作为一种当今社会的精神现象,你觉得这个现象的产生,主要是因为我们知识准备上有问题,还是因为我们的生活经验不够?

吴思: 不是知识准备的问题。没有经验,根本就谈不上知识。如果连基本的经验都没有就更谈不上。

人类从原初走到工业文明,发展出资本主义,然后出现经济危机,等等,这都是史无前例的事;按照前苏联或者说斯大林的模式搞社会主义建设,搞现代化,又是全人类都没有的经验。

斯大林在前面走,毛泽东在后面跟。他觉得自己能走得更好一点。他有的地方的确要好一点,至少在搞人民公社的时候不像前苏联似的那么稀里哗啦。但是后面紧接着他就出了更大的问题——大跃进……这一系列的事情,都是在缺乏前人经验的情况下前进的,所以知识准备这个要求就没法说。你不能说是知识准备不足,因为知识是准备不出来的。没做过的嘛,没有那段历史经验到哪里去学那种知识?只能摸索着走。

所以，我觉得不是知识准备不足的问题。我们还能看到，斯大林他们并不认为自己知识不足，他们觉得真理在握，掌握了历史规律，根本不容反对，显现出极端的自负。那么，问题到底出在什么地方？面对历史上没有固定答案的问题，无论是谦虚还是自负，都应该允许试错和调整，如果不允许争论，让自负的掌权者一条道走到黑，这才是大问题，而且是中国和俄罗斯历史上的致命之病。于是，核心问题是：我们的历史问题和现实问题，都是人类历史上的病灶引发的。

访谈者：从一般意义上，你觉得"信仰"是什么样的概念？

吴思：应该说，人类的生活有多广，信仰就涉及得有多广。比如说我们信仰什么样的社会制度、经济制度、政治制度，甚至什么样的婚姻关系、两性关系，等等。你相信那是最理想的，那就是信仰。这是广义的信仰。但是我们通常谈信仰，说的都是所谓终极关怀层面的东西，就是最核心的东西：人生的终极意义在哪里？怎么安身立命？怎么让人生意义最大化？仅就这一点来说，信仰就是在哪儿找到安身立命的处所，找到人生意义最大化的办法，这样做了才觉得死而无憾。我觉得这种信仰是我们通常谈到的最高层次的信仰。

很多西方人觉得，上帝是无限的，是永恒的。走近上帝，同化于上帝，你就进入了不朽，进入了永恒和无限。

中国儒家也有一套说法。最标准的答案就是张载的《西铭》所表达的："乾称父，坤称母，予兹藐焉，乃浑然中处。……民吾同胞，物吾与也。……存，吾顺事，没，吾宁也。"就是说，生存的时候按照天地的道理走，与天地万物精神往来，赞天地之化育；死就踏踏实实地死去。他找到了安身立命的办法，就这么活,就这么死。他在那套天道人伦、物我关系之中追求我与他人、我与天地万物、我与道融合的最高境界,按照冯友兰先生的说法就是天地境界。

马列主义、毛泽东思想在中国流行开来之后,上帝和天道就被置换成了共产主义事业或历史规律。人们信奉雷锋那个广为流传的说法:人的生命是有限的,为人民服务是无限的,要把有限的生命投入到无限的为人民服务之中去。假如把为人民服务替换成"共产主义事业",那就变成了保尔的话:"人生最宝贵的是生命,生命属于人只有一次。一个人的生命应当这样度过:当他回忆往事的时候,他不致因虚度年华而悔恨,也不致因碌碌无为而羞愧;在临死的时候,他能够说,我的整个生命和全部精力,都已献给世界上最壮丽的事业——为人类的解放而斗争。"

这都是在解答人生的最高价值、最高意义、终极关切的问题。

解释历史得从单细胞生命出发

访谈者: 刚才你说到历史领域,你能不能够确信在历史领域你有什么样的基本观点?这种观点是一种实在的价值观或精神境界。另外,在这种观点之上还有没有更加超越性的东西?这种更加超越性的东西可以在更高层面上把历史观啊文学观啊都能够统率起来?

吴思: 我觉得能。你是想让我来说这种东西是什么样的,对吗?

访谈者: 就是说,有这么一种现成的理论——如果没有,我们就建设一套理论,所谓哲学的哲学,能够用它来把所有的学科给统领下来。您觉得这个可能吗?

吴思:可能。因为在根子上所有的生物最初都是源于单细胞。单细胞生物存在的问题,生命展开后出现的问题,最终都可以归结到那个根源。顺着单细胞生命演化的思路,物质问题、社会问题、经济问题都能得到解释。

当然,人这个物种出来以后,又产生一个新问题,就是人的精神怎么安顿。吃饱了喝足了,他活着是为什么?

也就是说,造化从一个单细胞开始,往前走,最终造出了造化本身不包括的东西,一个精神层面的问题——"我"是干吗的?我有什么用?我活着是为什么?本来,活着为什么在基因的层面上是很清楚的,就是永远活着,再创造新的基因,更多的生命。这就完了。但是人还是要发问,人不会满足于这个答案。不过,寻找新的答案,解决精神问题的答案,和解决基因问题的思路是一致的,方向是一致的,最终还可能归结到一个本源之中。

访谈者:那么,分析这个单细胞生命的方法我们现在有没有可能找到?

吴思:有可能。所有的社会科学,其实都是一个根本问题的展开,根本问题,就包含在单细胞的生命之中。

单细胞的问题是什么呢?单细胞生命,例如草履虫,放到水里,再滴一滴盐水,草履虫就躲避着盐水。它能感觉到高浓度盐水有害,高浓度的溶液会把它的体液吸光。但若滴下去的是糖水,它就会感知到,这是一种能量,就会向那边移过去,获取它需要的东西。别看是单细胞生物,它已经有一种趋利避害的本能反应。它在事实上进行了比较和计算。如果获取这种利益路程太远,那种能量的浓度很弱,激不起它的行动,它就不去了。只要得不偿失,它就不去——单细胞拥有利害计算的能力。当然它的计算不用数学符号,它是一种本能的反应。如果它没有这种本能,不知利害,不计得失,害不知躲,利不知趋,这样的东西你能想象它不会被淘汰吗?它活不下去。

所以,算得越准确,获取收益的效率越高,那个物种就越繁盛。不管是树木、花草还是海藻,在同一个竞争的环境里,哪个物种最善于利用资源,而且得大于失,利大于弊,那个物种就会越来越成功。这就是单细胞生命的利害计算方式:权衡付出和得到的关系,"得付比"高的昌盛,"得付比"低的衰亡,"得付比"中等的停滞。"得付比"是负数,活不了几天就死。

同样方法可以解释物种的出现、物种的演化、物种的兴衰。例如屎壳郎,它找到了利用能量的独特方式——粪便也是一种能源。自然界竞争太激烈了,它别的不会用,只会用粪便。所以说,一种生态位出现后,只要能找到利用这个生态位的能量的适当方式,相应的物种就会诞生,就会存在下去。

我们人类也是这样的一个物种。人类特殊的技能是会制造工具,能认识、分辨更广阔环境中的利害,用更多的手段在更广阔的范围内获取更多的能量和资源。我们可以用符号来表达、交流,能够作出一些推理,深入认识环境,并且使得制造工具、对环境的认识超出个人的经验范围,变成可积累的文化。人类文化核心的一点就是如何更有效地利用能量和资源、趋利避害——比如说,如何获取食物,如何逃避山火、野兽的袭击,甚至反过来可以袭击野兽,等等。只不过,人类已经不再是依靠本能,而是依靠文化积累来完成这一过程。

好了,我们已经从单细胞生物的计算方法跳跃过来,从生物的进化讲到了人类文化了。人类不同的文明有不同的生存策略。在不同的环境中,不同的生存策略有不同的得付比。比如说,采集、狩猎两种生产方式,你付出了多少,得到了多少?算一算,如果可采的食物越来越少,可打的猎物也越来越少,也许我们种植和畜牧就更合算。于是,农业,包括种植和畜牧,作为一种生存策略出现了。它的"得付比"比较高嘛。

当然,抢劫也是一种生存策略。有人抢你的粮食,抢他的牲畜——暴力集团产生了。如果暴力集团的付出很少,收益很高——用我的话说就是血酬很高,利益很丰厚,而且可以长期维持,那么这个暴力集团就诞生了,不管它是土匪、军阀还是贵族、皇帝。暴力集团是暴力掠夺这种生存策略的载体和化身。

同样,农民就是耕种、收割这种生存策略的化身,猎人就是狩猎策略的化身,牧人就是畜牧策略的化身,每种生存策略都有自己不同的得付比。有人说世界是平的,我说这个世界上的"得付比"是平的。如果一个行当得付比特别高——所付甚少,所得甚丰,比如说当官——人们就会蜂拥而去当官。这时候就必须建立一个壁垒,让人轻易进不去。中国人就发明了科举。想当官,你得考。等你付出十年寒窗苦的代价,当上了官,一算,得付比基本还是平衡的。其实历经十年寒窗,也很少有人能够有当官的运气。如果一个人天生就不是读书的材料,那二十年可能也考不上,这辈子可能就瞎了。有这个天赋,超越了官场壁垒,进去了,他们是赚了。但是对于读书方面的笨人来说,可能永远爬不进去,即使爬进去可能也是像范进似的,最后头发白了才考上，那你说他这辈子整体计算是亏了还是赚了？其实还不如去当个杀猪的。日子过得还好点，不那么惨。范进最后是考上了，但他要再晚个五年呢？或者他中了以后没那么顺畅呢？或者是贪得太过分被人当贪官给抓起来呢？就是说他这辈子还是亏的。

整个社会有一个均衡的得付比。我们用这个均衡，按照得付比就可以解释很多问题。比如说，政治学或法学上的成本收益计算就是计算义务和权利。如果你的义务特别多，权利特别少，那你是一个被压迫阶级——你的徭役负担重，可你却没有获得各种社会福利的权利。如果你是贵族，那就吃铁杆庄稼，干不干每年都有你那一份，权利就多，义务就少。

我所要说的历史观或者社会演进观，根本上就从这里出发。都是一种得付比的计算。对于单细胞生物来说是趋多大的利，避多少害的权衡，是这种趋利避害的器官和本能的进化；对于法律意义来说就是权利、义务的计算；对于市场来说就是成本、收益的计算；对于土匪来说就是生命伤亡和血酬的计算。这样，就能把政治、经济、军事、法律这些领域都给串起来了。所有领域背后都是一个得付比的计算问题。得付比最终是均衡的，是平的。

访谈者： 这个能不能说是现在您正在"建造的那个房子"的基础部分？再往上是一种什么情况？

吴思： 这是地下室部分，打地基的，打地基要打到单细胞生物才算到了硬底。如果再往上"盖房子"的话，就得从中国历史的第一页说起。

第一页是黄帝。黄帝为什么跟炎帝打仗，为什么征伐各部落,为什么跟蚩尤打仗,都要从投入和收益的角度解释。核心概念就是暴力的投入和收益,即血酬定律。历史上,社会的主导阶级或者主导的统治集团都是打天下、坐江山的那些人。黄帝也是这样。他一出来就要一统诸侯。人家不服,他就开始打。诸侯服了之后,先打炎帝,又打蚩尤,三战然后得胜。中国历史的开篇就是这样。你不喜欢暴力,指望他们签订一个契约来彼此约束,那只能是一种善良的想象。中国的历史从来就是不服就开打,打赢了呢,你服也得服,不服也得服,统治者的基础就是这个。

再比如夏朝的建立。本来禹要传位给益,夏启不服,就开打,把益打败了,这样夏启就成为夏朝的创始人。本来还是"官天下",到他这里就开始了"家天下"。然后,商汤灭夏,武王伐纣,都是靠暴力。

新的王朝建立以后,就开始"分封天下",告诉亲戚朋友:这块地是你的,那块地是他的。我把地分给你,你还要按照我制定的秩序来治理。按照这个秩序,你可以决定这一块地上人的生死,让他们贡献你需要的东西。

这时候,生产者和暴力集团也开始了博弈。生产者会反抗、偷懒。那好,就用井田制。有公田,种的粮食归公家;再给你一片自留地。但人们在自留地里好好干,在公田里偷懒。干脆,大包干吧,地都给你,你交租子吧。租佃制取代了井田制。

统治者和生产者在博弈,但是不管怎么说,说了算的是统治者,是暴力集团。暴力集团开始计算,到底用什么样的管理办法收益最高,成本最低。这就可以解释生产关系的变化。暴力集团跟生产集团的关系从那种简单、粗暴的、把人当牛马来使的关系逐渐变化。暴力集团慢慢地想办法调动生产者的积极性,做大蛋糕。这样一来,剥夺的相对数量减少,但总体的收益增加。反正就是往"大包干"的方向走,最后稳定下来:个体农民交皇粮,纳税,向地主交租子;地主也交皇粮,国税。维持在双方收益都达到最大化的一个边界。

暴力集团内部的关系也在变化。从一个个独立王国演变成郡县制。一个董事长下面聘一堆代理人或几个部门经理;而不是一个商会大老板下面一堆商会小老板,就是那么一个从封建制到郡县制的格局。这是中国的暴力集团内部的关系。暴力分散的格局向暴力集中的格局演变。

中国文明的大致格局就这么确定下来,一直持续两千年。

以暴力集团的计算为主轴,从统治者的角度,以他们能够容忍的取舍标准去算成本和收益,就可以来分析中国历史上一个个不同的王朝,不同阶段的经济社会制度。

中国历史上,暴力的浓度本来是很高的。像战国时候,不到六千万人口,常备军四百万。六千万人口中一半是男的,三千万。扣除老人、小孩一千五百万,还剩一千五百万。可以作战的一千五百万人中有四百万是常备军,说明暴力能达到将近百分之三十的浓度,百分之三十的壮劳力是为打仗而生,他的职业就是打仗。等到明朝时,整个国家的人口大概上亿了,那时候的军队总量却减少了。到这个时候,暴力浓度低多了。

所以,和封建主义(注:这里指周朝分封天下的制度。应该说,从秦始皇开始,中国社会形态为郡县制)相比,郡县制,或者我所称的官家主义体制的暴力掠夺少多了。这说明,文明程度提高了,历史是在向光明的方向走。同样,井田制进化到租佃制,生产者的自由也增加了。

访谈者:你的理论框架把几千年来的历史连成了一条线,一路贯穿下来。

吴思:我说的是事实。至于叙述者的色彩应该如何评价,我认为,隐瞒或歪曲事实的叙述才黑暗。明明黑暗硬说光明才黑暗。

至于人性本身,我充分肯定,每一个人的心中,仁和义,也就是同情心和正义感都是天生的。很多人嘲笑性善论。我觉得不应该。我就认为人天生就是善良的。

访谈者:你觉得你这套理论在什么时候它会是无效的?有没有这种可能性?

吴思:在什么时候无效?我想你应该换一个问法。应该问:它什么时候显得多余。

我的这套理论直接从暴力的计算开始。利害计算最重要的是生死计算。所以我先算这个,算暴力掠夺的收益和代价。

我觉得,到了资本主义社会,资产阶级说了算,控制了暴力,控制了国家机器,控制了军队、法庭,有了立法权,这时候,我的算法可能就多余了。因为在这时候,作为生产集团的指挥者,资产阶级不再靠掠夺为生,但是他又控制了武装力量,控制了掠夺者,那他就可以决定上层建筑。血酬史观到这时仍然有效。为什么有效呢?因为依然是暴力最强的说了算。

访谈者:只不过这个时候暴力已经被资产阶级控制了,它以一种相对平和的方式显示出来。

吴思:对。这时候用唯物史观来解释历史就行了——生产力决定生产关系,经济基础决定上层建筑,上层建筑为经济基础服务——解释到这个层面就可以,用不着什么事都要从盘古开天辟地说起,说当年资产阶级是怎么控制了国家机器,控制了暴力,使它为自己服务。用不着绕这么大的圈子。这时候我刚才说的那一套就显得多余了。

但是很快,用唯物史观也解释不了了。因为后来工会强大起来了,工人也参与立法、投票了,黑人、妇女也有投票权了,你说这还是资本家说了算吗?工人有时候选票比资本家的还多,有时候甚至能使立法政策向有利于劳动者的方向行使,如果生产力发展违背劳工利益,还能限制竞争。每一个自由人通过自己的投票来影响着世界的发展。

我说的这套以暴力计算为核心的血酬史观,在解释当今西方社会的时候已经显得多余了,但绝不意味着它就失效。它没失效,只是拐弯拐得太多,扯得太远。

访谈者:在自由和民主的社会中,暴力集团的"暴"字可能就不那么流行了,它会变成一个"利"字,来平衡来自各个方面的力量。

吴思:那时候,暴力就变成了武装的那个武字。武,止戈,就是抑制非法暴力的一种方法。在自由和民主的社会里,每个人都是自由的,人身权利、财产权利不受侵犯,你要用暴力侵犯别人,我就用暴力把你关起来,这个暴力实际上起到了农药的作用。比如我们的庄稼好好长着,你虫子别来啊,如果你来糟蹋庄稼,我就喷药了。但其实,没有农药是天然状态,有害虫是天然状态,喷农药是要付出代价的。也就是说,有暴力是天然状态,除暴安良是要付出代价的。

所以,虽然我不谈暴力掠夺的收益,不谈暴力对历史的影响,但是暴力仍然到处都在影响我们——国家做财政预算的时候就得有一笔钱专门用到这里:造出一个和平的、每个人的权利都能得到保障的环境。这个环境不是天然的、人们达成契约后自觉遵守的状态,而是需要以暴力来维持的状态。它会让我们重新想起人类历史上那种暴力天然存在的状态。

访谈者: 在一篇文章里,谈到古代官场里的潜规则,你这样说:"监察者学习好了,可以更有效地扬汤止沸。为中国的前途命运操心的领导人学习好了,更可以来个釜底抽薪,彻底改良土壤,免蹈从秦汉到明清历代王朝都绕不开的覆辙。……但是监察者为什么一定要学呢?许多人自己可以终老于高位,他们的后代可以拿一张绿卡,他们真有必要在乎这个民族的根本利益和长远利益吗?他们不在乎老百姓又有什么好办法呢?整个民族的命运悬在个别几个人的良心上,乃是我们的悠久传统,十几次兜圈子的历史经验表明,老百姓对此并没有什么好办法。"这是你对中国社会走向的一个基本看法吗?

吴思: 我说的是历史。中国历史就是这样,不管这个天下是赵家天下还是刘家天下,反正是家天下。天下是他们家的。别人劝他他不听,别人能怎么样?后来的天下不是某一家的天下,但也不是老百姓的天下。权力仍然来自更高级权力的授予。但这个获得权力的人跟皇帝有很大不同。皇帝要为子孙后代考虑。这个人十年八年就下来了,天下也不给儿子,不用为子孙后代作长远的计划和打算,长远计划只能依靠个人的历史责任感来保障。也就是说,后来社会比起帝国时代家天下的时候,对于强化最高统治者的责任心或者是给他们创造激励机制方面,更弱。上上下下都是代理人,都可以是短期行为。

▌理论的地基要打到单细胞生物

当年,罗马一个皇帝发感慨,谈到他手下那四五个顶尖的大臣时说,我一不注意,他们就合起伙来骗我。你想想,如果掌权的不是皇帝,只是这四五个人中的一个,那大家商量商量一起分赃也有可能吧?有了皇帝他们就不能分赃,因为那是分皇帝的钱;如果没有皇帝,就那四五个人说了算,若纯粹从利益计算的角度来说,最合算的就是大家分赃。当然有一个人可能正义感特别强,或者使命感特别强,坚决不同意——我们又是把民族的命运落实在这一个人身上了;如果有两个,那我们民族运气大好;如果五个都是,那我们遇上天使了——我们赌了一把,中了头彩。但正常情况下就算那四五个人都不错,但他们下面的人还想分呢,就像赵匡胤讲自己不想当皇帝,但部下把黄袍往你身上一披,你怎么办?部下可都想当大官。你一下子从一个军区司令变成皇上了,那他们这些军区的副司令都可以当国防部部长了,团长一下子都可以当军长了。

所以,我觉得这种状态不是更好了而是更坏了。

访谈者:就是对暴力集团更有利。

吴思:对。瓜分利益的时候,更少利害计算上的限制。过去要考虑长远利益,现在只要考虑我这一点短期利益就行了。那些东西都是大伙的,我为什么要去得罪人?我还恨不得多拿点呢。只要说得过去,不太难看,就可以了。这是一种问题极大的制度。所以中国历代"官天下"都不长久。禅让制如果不改变,天下就不稳定,最后只是到了家天下才稳定下来,或者到了"民天下"才能稳定下来。在这个意义上,我们处于不稳定的过渡状态。

寻找我们安身立命的观念体系

访谈者：我们回望过去的时候会发现，当年，坚信、确信，甚至狂热地迷信是一种普遍的精神状况。而现在，坚信什么似乎是困难的。面对当下的精神状况，人们想要找到一个共同的价值目标似乎很难。那么，你觉得我们这个社会应该不应该有一个大家共同信仰的价值观？

吴思：不是应不应该的问题。我不讨论应不应该的问题。当然应该，人应该找到一种安身立命的观念体系，这没有什么好讨论的。几千年来，中国人都在寻找，并且很多人都找到了。

儒家提供的答案，让人们活得很踏实，所谓"存，吾顺事；没，吾宁也"。活得很安宁，不存在所谓信仰的困惑问题。道家和佛家也有一套很完备的说法。甚至到了当代，也有，雷锋和保尔的话就为我们提供了答案。总之，哪个时代都有，无非是不同的人有不同的答案而已。

今天的问题是，没有一种观念能够让大家共同认同，像当年的儒家或者后来的毛泽东思想一样，成为中国文化中一个历史阶段的主流精神。现在没有，但它一定会有的。人们都在寻找它。总有一种说法比较有竞争力，会为大家共同接受。

访谈者：你现在能不能做一种假设，它是什么样的？

吴思：我不知道它在细节上是什么样，但我猜测，在整体上它得满足几个条件：最上面的一点是合乎天理，最下面的一点是合乎人心，中间的一点是合乎日用人伦。

访谈者：合乎天理是怎么理解的？

吴思：中国哲学中有一句话叫做"极高明而道中庸"。冯友兰先生用这两条标准衡量各家学说所达到的水平。

"极高明"的意思是,要给人提供一个关于终极意义的解释,要让这个解释达到天地境界。道德境界不够,功利境界更不够,像动物似的自然境界就更不用说了。要与天地合一,与宇宙精神往来,像道家所说的那样,神游无限,这才算是最高境界,解决了人的终极问题。

什么是"道中庸"?我先打个比方,一个人"极高明",可以像道家那样与天地进行精神往来,但每天"和光同尘",在单位当一个老好人,在家就是一天到晚看电视,吃饱了就睡,这看不出他的高明。他的精神和世俗生活是分开的,"极高明"有了,"道中庸"却没有。怎么办呢?要像儒家,犹如刚才我说的,乾称父,坤称母——天,是我的父亲,地是我的母亲,我呢,就在这中间,皇帝是我的大哥,天下人都是我的同胞,天下万物包括猪、马、牛、羊都是我的朋友,我也如此对待他们。这样,他的日常生活贯彻了日用伦常关系,背后有强大的天理支持、终极意义的支持。这样,"极高明"和"道中庸"就结合得很好。

访谈者:你说的道,是不是已经接近宗教的层面?

吴思:儒家不说宗教,儒家只讲人性,后来有道学,讲道,也是"率性之谓道",当然人性来自天理。道的说法在一种学说那里,变成了历史规律——只要你遵循了历史规律,加入了为人类解放而努力的伟大斗争,你的生命就进入了不朽,你就如同一滴水融入整个历史潮流,就和历史潮流一起创造了历史。但是我觉得,我们中国碰了这么多钉子,如果还是停留在这个层次,就说明我们对"极高明"的追求没有长进。

访谈者:你觉得它追求得太高还是太低?

吴思：太低了，还不够高。因为道也好，天理也好，历史规律也好，是人可以掌握的。你掌握了历史规律，我就得跟你走。或者我掌握了历史规律，我就可以指挥你。我是"奉天承运"，我就要"皇帝诏曰"，我成了道的一部分，我就是道的代表，你就得听我的。这是皇权统治的根基。每一个皇帝，拿出来的诏书，一定是"皇帝诏曰"，或"皇帝制曰"，其前面一定是"奉天承运"。

访谈者：这个时候，所谓的"道"已经成了一种手段。

吴思：是他们统治正当性的证明。道可以被他们利用。他说按照历史规律，我们一定要，一定可以怎么怎么样。你认为你是历史规律的掌握者，你代表了历史规律，那我们就得听你的。我们历史上栽了那么多跟头，我们还要这样来尊重道吗？还信这种东西吗？我们要把它看低点，要超越这种东西。

什么概念能够超越它呢？汉语中有一个概念，就是"造化"，可以超越它。造化比道大。如果你说你掌握道了，无非是造化之中多了一个自称掌握道的人，而造化还是造化。你掌握不了造化，你就在造化之中，多了一个自称掌握造化的人，无非让造化变得更复杂而已。但决不能说你就是造化。

访谈者：造化，它接近于自然？

吴思：那个词应该叫存在。因为自然不包括人。存在特别大，只要在，什么都包括在内。只要在那儿都可以说是存在。但存在是一种静态的感觉。没反应，木头木脑的。

访谈者：造化是一直在运动着的。

吴思：对。并且造化是能够报应你的。你干了什么坏事它能惩罚你，你干了什么好事它能奖赏你。它比较灵动，似乎是有灵魂的。但存在作为一个整体似乎没有灵魂。没灵魂我们怎么信仰它?所以我觉得"极高明"这一部分要超越道。具体办法就是进入到造化的层面。这是一。

然后,"道中庸",日常生活中的人伦关系,君君臣臣,父父子子,在过去都得到了道的支持。但现在我们发现,它有问题。我们就不服气。不服气,就要调整这个边界。

怎么调整?我们现在所给予的解释一般是来自西方的自由、民主、权利、义务——这些概念界定了所谓人伦的边界。

权利、义务要在古汉语里找对应的话,就是"分"。安分守己、本分,不要"逾分",都是这意思。"分"这个词其实比"权利"、"义务"好。它有形象感。它告诉人们,"分"是可以看出来的。到底有几平方米,就在这儿,它给画出来了。众多的"分"在法律支持下,叠加起来,就成了一个立体化了的"礼"。它叫名教,也叫礼教。核心内容就是对于"分"的规定和证明。

这套新结构,上面的依据就是天理。下边的支持就是人心。它在中间,即中庸之道,分寸恰当之道,是一种礼义结构,或者叫名分结构。

说到"分",我曾经写过一篇文章。我认为,当年丁韪良翻译英文 right 这个词时,不应该译成权利,而应该译成"权分"。对于"权利"这种翻译方法,严复当年就批评它"以霸译王"——"权"是霸道的,"利"也是霸道的,而 right 本身带着合乎王道的正当性——这么一译,哪有什么正当性?把"权利"译成"权分"不就有正当性了吗?同样,把"义务"译成"义分"不就完了吗?

译法一改,我们说的权利、义务结构就改成权分结构了,而权分结构的分际和中国古代的名分规定相比,有很多改变。怎么解释这个改变呢?从造化的高度就能解释。造化之中,哪股力量强了,比如说,官权总是堕落,就应该抑制它,让各种力量之间互相制约、制衡,调整官民之分。再从另一个角度看,人类有柴油了,有化肥了,有农药了,生产者的力量变强了,跟自然界的关系就变了,对环境的伤害能力提高,对环境的权分就要重视起来。造化之中引进了新的力量,整个生产关系也就跟着有了调整。相应的,生产的组织者,那些资本家们,他们的权分也会增长起来,相对官府,他们有了更大的发言权,同时,社会其他阶层的权分也要成长起来,比如工人就要组建工会。社会各方面的权分都要跟着调整。

这样,中间的层面,就已经改了。

下边的这一层面是人心。从儒家的观点看来,恻隐之心,人皆有之。人之初,性本善。你如果追问,人为什么会有这种向善之心呢?我们从单细胞生命可以一直追过来。有同情心的人能够体谅别人的喜怒,有更强的合作能力,于是他有更多的生存机会,能更有效地躲避风险或者联合起来抗击风险,于是就有了生存竞争的优势,生存率更高,死亡率更低。这个解释也合乎我们前边对单细胞生命趋利避害的解释。进化论也能支持我们说的权分结构。

其实,每一个人日常生活都有可能形成这么一种结构。下面是本性,上面是造化,中间,不仅仅是洒扫庭除,也是一种深合天理,深合人心的伦理生活。单个人的行为,日常生活中一些简单的行为,已经包含了无限的东西。我们无须外求就可以又一次感受到"存,吾顺事;没,吾宁也"的那种踏实。我们找到了安身立命的基础。它沿着向外、向内两个方向去寻找,它有着日常生活中的一套东西,也包含超越天理的知识。从单细胞生物开始,它一直延续下来,顺着先贤的足迹走来,又超越了前人的高度和深度。这就是我所想象的未来的信念体系。这个体系为我们提供了参赞造化的高度,诚恳地合乎本性生活的深度。

"我怎么也得有'六十度'吧"!

访谈者：我注意到,无论是你在跟我谈话,还是你在写文章的时候,都显得非常"冷静",几乎是做数学题的一种方式,好像感觉不到你有来自情感方面的影响。它让我想起来,现代小说写作中有一个概念叫"零度叙述"——叙述人不把个人的主观感情渗透到字里行间。但有人因此而批评你说,吴思是"不道德的",把这些东西说得这么明白,给一些贪官提供了活教材,使潜规则成了社会的毒药。你自己怎么看待这个问题？

吴思：历史的进退跟道德关系很少,它主要是利害计算的结果。要是看多了历史或者更深地卷入过历史,就会非常清晰地认识到,道德的力量是存在的,但力量是有限的,我们给它百分之二三十的权重就很可以了,如果想用它来解决百分之七八十的问题,必定失败。给道德的负担太重了,是在戕害它,最后让人对它失望。

批评我的人大概没看明白我写的东西。我从来没有说没道德,无非是你别用道德来解释一切,用利害关系去解释百分之七八十的事挺好。如果用利害关系就能解释百分之百的事,干脆就别说道德。

这不等于道德不存在。饥荒时候,人吃人,道德吗？不道德。可也能看出一些道德。有一个最明显的可计算办法。据说人肉和牛羊肉味道差不多。李自成围困开封时,市场上有人肉卖。按说,味道差不多,应该价钱一样。可还是牛羊肉贵,人肉便宜。人性、道德就隐藏在这里呢。我没有不讲道德,无非是想给它适当的权重。你不同意这个权重,那咱们可以讨论,你说多少权重更好?总不能100%吧?

其实我觉得,说我的计算"不讲道德"也好,或者你说我是"零度写作"也好,都没说确切。重要的是,我说出了事实,说出社会是怎么运行的,利害是怎么计算的。我觉得,批评我的人,对于那些贪官污吏有用这点他算出来了,这只是其一。但还有其二。其二是什么呢?要知道,被伤害者也会算。他们原来觉得,清官、父母官、好心的领导,天使一样,蒙着温情脉脉的面纱。但用我的方法一算,知道了,哦,他们其实不是这么回事,得防范了。或者再算算,我们如果跟他死磕,我们可能损失惨重,最后还得失败。权衡过了,磕得过就磕,磕不过就先让步。最后一算成本和收益,可能是所得大于所失。还有其三——我们可以用成本收益计算的方法,从根本上解决不正之风的问题。

对于"潜规则"这个病根子,道德的药一副一副用下去,几千年都治不好。那些鼓吹道德的人为什么不去看看这些药管不管用?我们不停地进行道德教育,整风,搞先进性教育,推出一些英雄模范人物,总之,基本路子就是思想政治工作吧。你不能说它没用。但是有百分之二三十的用就不错了——可能就这还高估了。更多的百分之七八十的分量应该是让他的乌纱帽攥在公众手里。你欺负我,我们大家投票让你下台。这样,这个机制就变成一种利害计算的机制。潜规则有什么大不了的?潜规则对上面来说没法办,但是每一个潜规则的受害者都是明白人。你潜规则我我就投你的反对票,你就得下台。这

| 理论的地基要打到单细胞生物

一下,所谓风气不正的问题,腐败的问题一下子变成实实在在的利害计算了。你干的那个事你可能丢百分之多少的选票,你的竞争者会不会揪住你不放,一下子就算得清清楚楚。这一来,整个是釜底抽薪,改良了土壤。你把这产生潜规则的土壤改成一个民主的投票的土壤,那这些东西不都没了吗?至于还有些人,确实坏,但我们已经解决了百分之七八十的问题,只剩下百分之二三十的问题了,到这时候再用道德这剂药。

批评我的人只知其一,就是人关在屋里看书可以学坏;不知其二,就是老百姓看书可以学精;还不知其三,就是如果我们把病根子找到了,给它改了,就不会有那种潜规则了。

如果把这三条都算上来,我觉得我不是"零度"。如果最高温度是一百度,我怎么也得有"六十度"。我不知道"一百度的叙述"是什么,"一百度的叙述"可能是热情洋溢的诗歌,用来写历史恐怕反而让人看不下去。

访谈者:在学校里你曾经做过学生干部,插队时你当过生产队长,如果用你现在的角度来看,你也曾经是暴力集团的代表或者是一个代理人。现在回忆当年,你心里边是真诚地想呢还是有别的利害计算?

吴思:当时我意识中浮现的计算都是堂堂正正的。比如说我们生产队要成为学大寨的标兵、模范,要成为县里的模范,省里的模范,如果有余力的话争取成为全国的模范,可以和大寨有一比。反正这目标越高越好。即使有个人计算也藏在潜意识里。

访谈者:现在回忆起来,你当时有没有想过,这样的目标实现了以后对谁会有利?为什么要这样来做?

吴思：当时是全国学大寨,成功了当然对国家和人民都有利。但当时的人不会问这个问题。

访谈者：就是坚信?

吴思：对。

访谈者：那你现在觉得当时那种精神状况是不是它也算是一种信仰?

吴思：是,强烈的信仰。就是觉得如果中国普及大寨县了,那么中国的农业问题全解决了。中国一下就变成了一个富强国家了。这就像号召学雷锋的时候,就想,学好了雷锋,中国就是一个到处是天使的国家。

访谈者：当时也没有想到要追究一下?

吴思：没有。不仅我不追究,中央领导恐怕也没有人想到去追究一下。我详细看过昔阳县的档案,当年,毛泽东派纪登奎去昔阳考察,调查的是普及大寨县具体的实现途径。陈永贵陪着纪登奎到昔阳各处去,见各种各样的人,讨论普及大寨县的问题。那已经是最高层决策了。但他们只是讨论怎么干,至于该不该干,甚至可行性如何之类的问题,根本就没有问到。

访谈者：你生活在北京,在著名的杂志社当总编辑,在全国又有广泛的影响,按照普通人的理解,这应该是一种非常值得羡慕的生活。但你似乎觉得简单生活才是自然的。我看到有人写文章,说你不开车,上班时就走半小时的路,住在一间三四十平方的蜗居里。一般人看来,这种生活,说得好听点是特立独行,说得不好听的就是这人有点毛病。为什么中国人想要追求一点特立独行的生活方式就这么难? 对那些东西你真的就不动心?

吴思：我向往过。我1982年大学毕业，1984年年底就是副处级了，在《农民日报》当总编室副主任，刚当上这个官儿，觉得腰杆子很直，不一般。但是当官的生活是什么样的呢？每天晚上上夜班，有点什么差错都是你的事，还要把大家拢好，把活干好，你要自己想干点事反而没时间了。慢慢地就有一种强烈的为他人做嫁衣的感觉，觉得当官就必须为他人做嫁衣裳，无论你是否喜欢那个人，是否喜欢当裁缝。自己有很多想干的事没法干，自己想看的书没时间看，想写的东西没法写，内心就吵嚷起来了，觉得我的才能不在这儿，我最想要的东西不是这个。后来我就要求给我换到一般人都不愿去的群工部。再后来报社成立机动记者组，我努力进了机动记者组。这一来，爱去哪儿去哪儿，爱写什么写什么，干的事都是自己喜欢的。我觉得这种选择对我来说，太正常了。不这样做，我才觉得是因小失大，因名失实。

访谈者：生活中我们看到的，更多的是跟你相反的选择。现在回想起来，你是不是觉得自己"老谋深算"？当时你有没有感觉到将来会过现在的生活？

吴思：我觉得我更喜欢自己选择的生活。我躲避的东西对我来说是得不偿失的。

我非常清楚那些当官的人日子是怎么过的。所谓高官厚禄的日子，对我来说不是想象，就是熟悉的一部分，对我来说没有神秘感，没有诱惑，反而让我看到它内在的简陋和苍白。他们付出的代价我不愿意付。他们身不由己，难得自由自在，让我拿机动记者的生活来换我都不愿意，那我为什么要奋斗那么多年去追求那样的未来呢？

访谈者：和你的父辈比起来，你觉得你的怀疑更多一些还是他们的怀疑更多一些？你更清醒一些还是他们更清醒一些？

吴思：父辈们并不一样。比如说我们杂志社的社长也可以说是我的父辈了，他都八十多了。他们那一辈人，有的人怀疑不深，有的人怀疑极深，而且比我们还要痛苦，因为他们陷得比我们深。我们陷到二十岁出头就拔出来了，他们是一直陷到四五十岁才开始往外拔，所以他们痛苦、怀疑，痛彻心扉的感觉远远超过我们。拔得也更吃力，不容易像我们这么快。所以和他们比较起来，也就难说，看看跟谁比了，不能一概而论。

访谈者：将来，如果人们能够拥有一个类似于你所讲的信仰体系的话，在多大程度上能够得到解脱？

吴思：如果人们找到了可以安顿身心的清晰的理论体系，知道自己要什么，就不会被很多身外之物比如浮名、虚利迷惑得那么深。他们会更踏实。当个扫大街的也好，当个卡车司机也好，当个编辑、记者也好，当个省长、部长也好，都会自尊、自得。有一双巧手，就当一个好钳工；有一个好头脑，当一个好教授、好研究员；有一支好文笔，当一个好编辑或者好作家，都会觉得活得很尽性。那时候人们就会心安理得，就会不那么敬仰高官厚禄发大财。

访谈者：你有没有觉得你是一个叛逆的人？

吴思：我觉得我是一个缺乏叛逆性的人。

访谈者：你觉得你不叛逆，但是你没有发现你那种"零度叙述"的方式就像一把刀子一样，就像一个正在往前走的人，忽然转身，向走来的方向刺了一刀。你自己有这种感觉吗？我第一次看你的文章，是在《上海文学》上。那时候你的文章在那里连载。当时我并不知道谁是吴思，但我就觉得，这个人的文章，把感情控制得特别好，有一种力量，是一种"杀人不见血"的感觉。你这样写文章是有意的还是天生就这种"冷漠"的叙述方式？

吴思：我认为，我在遵循传统和前辈要求我们实事求是的教导，是遵从而不是叛逆。我遵从得甚至有些刻板。至于不露声色，那是因为事实和道理复杂微妙，不容我爱憎分明。其实很多叙述还是带情绪的。比如说我讲李自成造反，老百姓喊，吃他娘穿他娘，闯王来了不纳粮。我要是那时候的老百姓我也一样高兴。终于吃一顿饱饭，太幸福了，这时候我就直接跳出来说话了。忍不住啊。再比如说，崇祯皇帝，为他那个帝国，不近女色，每天都兢兢业业干十几个小时。放我在他那个位置，凭良心说我做不到。我就讲——皇帝也不容易啊。这种说法你说是调侃吧，其实也不完全是，我是真心地对他表示同情。其实这个味道都在里面，也不是所有的时候都不露声色。

元规则理论的根基:生命换资源的原始策略

访谈者:《青年时报》
时间:2006年6月10日

访谈者:世人喜于从历史上所书写的"正史"去看待和了解历史,而你却在自己的书中,体现着"用自己的眼睛去看世界"这一思维方式,对历史问题不大喜欢人云亦云,而有自己独特的见解。只是,如果每个人都习惯于用另类视角去看历史,那么历史岂不是成了个人化的叙述?对历史的解释会不会变得众说纷纭?历史会有一个统一的答案么?你认为该如何最大限度地接近历史的真相?你觉得自己的视角接近吗?

吴思:在我看来,不同的历史观好比不同的地图。有行政区划图、交通图、气候图、地下管道图、矿产图,等等。我们经常挂在墙上的地图是行政区划图,这就好比"正史"或统一的历史观。但我们知道,行政区划图绝对不等于当地实况。在这张地图上,你找不到吃饭喝水的地方,挖不到煤和铁,看不出酷暑严寒,用这张地图指引生活,是可能出人命的。

顺着这个比喻说下去,我并没有用另类的眼光看历史。我的《潜规则》描绘了一张地下管道图,《血酬定律》描绘了一张生命与生存资源的交易网点图。建筑公司和水暖工应该有一张地下管道图,普通居民就未必用得上。每个人的需要不同,自然就有自己的视角,并且逐步形成自己对世界和历史的看法,这是很自然的。大家的看法都一样,都用一张行政区划图,那才成问题——谁都想当官,进政府,衣食住行由谁提供?

但是,可以有不同的地图,并不意味着可以把地图画错,把大山画成小丘,把大河画成暗渠。比例关系不能错。在这个意义上,我提供的地图,大体是接近真相的。我觉得我比"正史"的地图更接近真相。我在"刘瑾潜流"一文中已经证明,"地下暗道"流动的资金,在数量上能够与"长江大河"相匹敌。在正史中以"冗员"一笔带过的社会集团,其规模甚至超过了官僚集团本身。这些隐藏在灰暗中的庞然大物,拥有巨大影响的社会存在,在正史中远远没有得到应有的位置,正史描绘的比例关系不如我的描绘准确。

访谈者:通过你的眼睛,我们看到了历史上除正式规则外被掩藏的"潜规则",看到了血腥的"暴力最强者说了算"的元规则和"血酬定律"……你想以自己的努力来"重新理解中国历史,重建中国历史的解释"。不过,你的努力总让人觉得我们的历史是"灰色"和残忍的,你眼中的中国历史,果真如此吗?那么,它会让你觉得很丧气吗?和其他各种对中国历史的解释相比,你觉得自己的解释具有哪些优势?你的"重建",是对以前中国历史的描述的一种颠覆吗?你的解释建立在哪些理论基础之上?

吴思:我描绘了我看到的历史,当然还不够全面。我没有描绘风花雪月,前人已经有不少描绘了,无须我来锦上添花。我描绘的是被遮蔽的历史。如果这类历史事实让人感觉残忍,并不是我的错。正视真实并没有让我感觉丧气,反过来,如果我们坚持戴着粉红色的眼镜,扭曲黑色,忽略灰色,还不肯正视一次又一次撒遍江山的鲜血,那才令人感觉丧气——不能看清真相,就失去了正确理解世界并加以改进的可能。

其实,中国人对这种"血腥"的描绘并不陌生,毛泽东咏史说:"人世难逢开口笑,上疆场彼此弯弓月。流遍了,郊原血。"我与前人的区别,无非是把生命与生存资源交换的逻辑凸显出来,把潜藏在人们心底的计算公布出来,并且引到全局的形势分析之中。我的基本观点是:暴力竞争的胜利者说了算,他们打天下坐江山,立法定分,然后,这些法规又渐渐变形,在利害计算中合乎逻辑地变形,引发另一轮暴力竞争。这种解释并没有颠覆前人的历史叙述,但是有所修正,更加强调了暴力在历史上的作用。

事实上,人类这个物种出现之前,在劳动生产行为出现之前,各个物种就在拼命争夺生存资源。以生命换取生存繁衍资源的逻辑,比劳动生产和产品交换的逻辑更加古老和原始。这种理论体系,这种观点,我不清楚前人是否建立过,但是前人对历史的记载中一再显示出这种理论的基本逻辑。

访谈者:暴力最强者说了算——你曾在《血酬定律》的自序里表示,自己在提出这一设想时,"一针刺出,我感到了心脏的抽缩。"我不知道这"抽缩"是你发现这一设想所带来的兴奋造成,还是为自己的所发现而感到恐慌,抑或混合了各种复杂的情绪?你是以怎样的心态,来面对自己这一设想的?这一设想,和"优胜劣汰"、还有伟人那句著名论断"枪杆子里出政权"有什么区别?你遭遇过"暴力"吗?是否有过那种被"暴力"压制而"说了不算"的苦衷?

吴思:主要是兴奋。我觉得忽然想通了,想到根子上了,眼前的世界豁然开朗。

譬如一盘棋,我认出了不同的棋手,也知道下棋的规矩,也熟悉一些定式。但是,我不知道规矩是怎么形成的,是天上掉下来的,还是商量出来的,还是打出来的?我不相信天赋人权之类的说法,不相信天上可以掉馅饼。我也不相信人们之间的平等协商是自然而然出现的,是无须保障条件的。如果杀人抢劫很容易,为什么要去生产交换?一旦明白了暴力竞争与规则确立的关系,规则的建立,无论是正式法规还是潜规则,就成为内生自发的结果,不用到外部寻找解释了。各位棋手的身份和等级也由胜利者设立的规矩确定。于是,这局棋的历史,局本身的来龙去脉,都可以说清楚了。

"枪杆子里面出政权"很接近我所谓的"元规则"。但是,"元规则"谈论的是暴力与规则制定的关系,而"枪杆子里面出政权"谈论的是暴力与夺取政权的关系,表面上是不同的。深入一步说又有重合之处,政权意味着什么?立法?司法?行政?如果可以包括立法,那么,立法又由谁说了算?人民说了算?皇帝说了算?孔子说了算?马克思说了算?我的意思是:暴力集团的控制者说了算。如果皇帝是控制者,皇帝说了算。如果人民可以控制暴力集团,人民就能说了算。孔子是否能够说了算,在很大程度上也要由最终的控制者决定。如果皇帝是这个控制者,他要抛弃儒家了,譬如元朝把儒生排到老九的位置,儒家也没有什么办法。尽管这种选择可能影响统治寿命。

另外,"枪杆子里面出政权"建立在历史唯物论的基础上,说的是上层建筑领域发生的事情。但我觉得,在解释中国历史时,上层建筑和经济基础的区分经常出现纠缠不清的问题。皇家贵族打天下,坐江山,成为土地、山河、矿产的最终所有者,官府甚至直接出面经营工商业,这个集团到底属于生产关系中的一员呢,还是上层建筑中的一员呢?"元规则"不把自己安置在上层建筑领域。"元规则"讲述的故事,比上层建筑领域发生的故事更具根本性,扎根于人类以各种生命活动获取生存资源的物种生存策略,这是一个比生产劳动本身更加古老的生存策略,并且直接介入了生产关系和生产方式的变迁。

在我本人的生活经验中,并不缺乏暴力或不讲理的经验。我插队时当过生产队长,在《农民日报》群工部工作时接待过许多上访人员,也调查采访过许多涉及阴暗面的事件,我知道人们如何说漂亮话,实际上又如何趋利避害,我见多了人欺负人的现象,明白人们如何普遍地不讲理——只要不讲理有利可图,不遭报应。

访谈者: 有了《潜规则》和《血酬定律》,你说你看透了历史。但你能认得清生活中的现实吗?在一些问题上,比如"潜规则",现实是否和历史"一脉相承"?你对现实的不良现象抱以什么样的态度——也愤世疾俗吗?据说你现在的生活比较平淡,看书,写东西,编杂志,"日出而作,日落而息",这种生活不知道有没有一些"逃避"复杂的社会现实的嫌疑?不过,如今你沉溺于历史之中读史、写史,是不是也想对现实有某种程度上的指导意义,像"以史为鉴"?

吴思：我不敢说我看透了整体历史,我可能画了一幅大体不错的地图,但是历史的全景和实体远远不是一幅地图可以描绘清楚的。对于一位流行病研究者来说,行政区划图可能毫无用处,什么也没说出来,更别提说透了。

对现实生活的认识,历史知识是有帮助的。通过读史,我们可以看到什么东西是暂时的,什么东西是长久的,反复出现的,反复出现的道理何在。潜规则就是反复出现的,与历史一脉相承。其反复出现的道理,就是受害一方缺乏反制能力,连告状都投诉无门。拥有合法伤害权的人可以借用公共权力牟取私利,个人可以获得好处,却不用个人承担成本,而且风险很小。在受害者无权监督反制的格局中,这种行为很难控制,因而愈演愈烈,于是,公开宣布的公共法规就变形了,被潜规则悄悄取代了。

对这种现实,我并没有逃避的意思。想逃避也逃避不开,经常碰个头破血流。碰壁之后把这堵无形的墙描绘出来,把这堵墙的来龙去脉讲清楚,以史为鉴,这就是对现实的介入。现实生活中人们看到这样一堵墙,行走路线自然会有变化,现实生活也会因此发生一些改变。在这个意义上,我对现实生活的介入强度,在我的生活历程中是空前的。

访谈者：像有人所说,《血酬定律》打破了"生命无价"的迷思。在被"绑票"的时候,人的生命是有价钱的,"票"价取决于当事人的支付能力和支付意愿。但我们还是不能不说,生命是无价的,因为生命对于人来说,只有一次。你是如何做到"生命无价"与"生命有价"之间的切换?你又如何评价自己的"生命"?对"生命",你是怎样掂量,以及做到"利害计算"的?

吴思：生命无价是人们对自己的生命的估价。谁都认为自己的生命无比宝贵，给多少钱也不卖。这种想法当然有道理。人都死了，钱还有什么用？但是，我不得不说，这种感觉是一种流行的错觉。

首先，你觉得自己的生命无价，别人却未必这么感觉。譬如医院就未必这么想。为你支付药费的单位和保险公司，政府，甚至包括你的亲友，都未必这么想。花一万元医药费还好说，但是，让你的亲友倾家荡产的一百万呢？让单位关门的一个亿呢？让保险公司破产的一百亿呢？总有个数吧？另外，建筑商，汽车制造商，菜农，也不认为你或者任何人的生命无价。否则他们就应该大幅度提高房屋的抗震等级、汽车设计的安全系数，降低蔬菜水果的农药残留量，等等。

其次，你自己口头上说生命无价，实际上却未必当真，否则你就应该永远买高价的绿色蔬菜，买抗震等级高的住房，躲避一切高风险的职业，下井挖煤干脆就不会有人干了。事实上，维持生存和生命安全是要付出代价的，衣食住行所需要的资源是常规代价，有时候冒险挖煤也是难免的，不然就挣不来盖房钱和结婚钱。这些钱，你不支付，难道别人会替你支付？那就要压迫别人，这也是有风险的。

一旦认识到生命对生存发展资源的依赖关系和交换关系，意识到生命存在所需要的资源并不是无限供给的，并不是从天上掉下来的，生命无价的错觉就难以维持了。生命的价格就可以计算了。

譬如我自己的命，我买了大病保险，十万元档次的。如果我得了某种重病，需要换器官，十万之内我付得起，如果远远超出了我的支付能力,譬如要花一千万才能得救,那我就老实承认,我支付不起,我的命不值一千万。我当然希望值一千万,但这不是希望的问题,而是支付能力的问题。不是我不要命,而是我要不起这条命。如果不接受这种现实,那我到底应该去挤占谁的养老金或糊口钱呢?谁让我挤占呢?

访谈者:潜规则在历史中的盛行,以及在《血酬定律》中揭露出的"吃人"本相,难免让人怀疑,历史会在这种局部或个体受益而整体坏死的环境里,走向"不归路"。只是到如今,历史还是活力旺盛地一直延续下去。你觉得是什么保证着历史的长命不衰?是人的良知,还是一种好的制度的孕育和完善?然而马克思说过,生产力决定生产关系。那么,这种好的制度是生产力"说了算",还是暴力最强者"说了算"?

吴思:中国历史并不是"一直"活力旺盛的。我们看到的是一次又一次的循环,从兴起到崩溃,眼见他起楼台,眼见他宴宾客,眼见他楼塌了。造成这种循环的机制,关键就是个体利害与整体利害的不对称。个体受益而整体受害,可以转嫁成本,可以无偿霸占,可以以权谋私。好人不得好报,恶人不得恶报,于是好人越来越少,恶人越来越多。

究竟是暴力最强者说了算,还是生产力说了算?从直接决策的角度看,当然是暴力最强者说了算。问题是,暴力最强者的地位是如何获得的?如果奴役过度,譬如暴秦,严刑苛法,过分地搜刮百姓和征发劳役,闹得民不聊生,不仅后勤供应有问题,军队士气有问题,对手和潜在的敌人也遍布满天下,暴力最强的地位就难以维持了。在这个意义上,生产力对制度的形成有重大影响,通过影响统治者及其决策的成本和收益,间接地影响规则的制订或修订。

访谈者：您在年轻的时候做过农民，也做过农民的"官"——人民公社时的大队副书记。然而正是学大寨却失败的这一段特殊的人生经历，让你思考起历史中的问题。对你的"出身"很感兴趣，在"三农问题"被关注需要被重点解决的当下，对农村和农民问题，你又是如何看待？以前人民公社时的农民问题，和现在的农民问题，在你眼里又有什么不同吗？你觉得解决农民问题，以你个人看法，需要下哪些功夫？

吴思：人民公社时期的农民问题，主要是农民不干活的问题。多劳不多得，于是就怠工。如今的农民问题，主要是农民找不到活干的问题，在外边很难找到多劳多得的工，在农田上投工再多也难以多收。

尽管不能说农业本身就没有出路了，但是，农业的出路确实不大，人们已经够吃了，务农的人已经够多了，又有国外的农产品价格比着，中国农产品的价格也没有多大涨价空间了，这条小路确实容纳不了数亿个剩余劳动力。因此，解决三农问题，根本的出路是农村城市化，农民进城，大幅度减少农民，使他们成为城里人、工人、第三产业从业人员，等等。这个过程必定需要时间，需要一步一步地走，需要一个购买力扩大——市场扩大——就业机会增加——收入增加——购买力再扩大的良性循环。

问题在于，在提供就业机会方面，在农民进城方面，政府是否设置了障碍呢？我看障碍重重。办公司难，乱收费，吃拿卡要，不能提供公正便宜的司法环境，让企业难以存活，难以盈利，难以扩大再生产，因而难以提供更多的就业机会。每走一步都那么难,综合起来,农民往外走的路就堵塞了,速度就放慢了。当然还有许多别的原因,但是这方面的原因有很强的人为色彩,也有严重的道德缺陷和体制弊病,改起来也比较容易一些。不过,要解决这个问题,就要由人民更多、更有效地控制政府,真正能够掌握自己的命运,这一步最终总是绕不开的。历代王朝都没有绕开,前车之鉴比比皆是。

从潜规则到血酬定律再到元规则

访谈者:《南方都市报》 吴钧
时间:2003 年 9 月 2 日

访谈者:您是研究"潜规则"的专家,潜规则是中国历史上屡见不鲜的事物,但作为历史研究的一个概念,却是您率先提出来的。这个名词经过您提出之后,可以说,为观察历史的研究者和爱好者贡献了一个新鲜的视角。您最近又提出了一个"血酬定律",进一步拓宽了观察历史的视界。我看过一些学者的读书评论,有人认为"血酬定律"其实就是"潜规则"之一种。我想知道,血酬定律与潜规则,两者有什么联系?您是怎样从潜规则研究中发现血酬定律的?

吴思:潜规则与血酬定律的关系,说来话长。我们先举一个例子。

晚清安徽省宿松县的平民,定期送警察一笔"辛苦钱",这就可以看做一种潜规则。为什么要送钱?不这样做,警察往往找他们的麻烦。一旦出现盗案,就大规模指定嫌疑犯。警察手头紧了,往往嘱托盗贼诬陷平民窝赃,迫使平民行贿摆脱干系,把平民闹得倾家荡产。于是平民们聚会协商,大家都愿意出一笔钱,破财消灾,一条潜规则就诞生了。

在这条潜规则形成的背后,我们可以发现一种东西,我称之为"合法伤害权"。确定嫌疑犯,追查赃款及其窝主,这都是警察的合法权力,怀疑错了也没有什么大不了。但是,被怀疑者承担的风险就大了,那是可能出人命的。在破财消灾这边的人看来,他们掏的那笔钱,其实就是自己的买命钱,而买命钱或卖命钱就是血酬。越是富裕人家,越肯破财消灾,害他们也就越有油水。潜规则就是对这种伤害能力的赎买制度。

总之,我在追究潜规则形成的过程中,发现了合法伤害权,或者叫低成本伤害能力,这是一种破坏性的力量,而不是福利交换。我不能给你什么甜头,但能让你尝尝苦头。你不想吃苦,就要掏钱。一旦谈到害人挣钱,各种人值多少钱,是赔是赚,这就是血酬定律研究的领域了。

访谈者:不管是潜规则,还是血酬定律,背后都隐藏着一种"之所以然"的力量。您将这一力量解释为"合法伤害能力",合法伤害能力决定了潜规则的成立,这种规则的建立由暴力"说了算"的规律,您认为就是血酬定律。我这样理解,对吗?还有一个问题是,除了合法伤害能力,您认为潜规则得以产生的重要因素还包括哪些?我有一个看法,不知您是不是同意?潜规则之"潜"字,说明了这一规则系统的隐蔽形态,因为它是由暴力决定的、由利害计算产生的,而不是建立在人们所尊崇的道德理想之上的,因而是见不得人的,我认为这也反映了正统的正式规则"伪善"的一面,其实潜规则应该是一种次规则,是正式规则的补充,它的存在也有一定合理性,这个"一定合理性"就是建立在正式规则的"不尽合理"之上的。

吴思：第一个问题，"暴力最强者说了算"，我称之为元规则，也就是决定规则的规则。上边谈到的那条潜规则的诞生过程，便是加害能力比较强大的警察，迫使弱势平民建立规则破财消灾的过程。这就说明，暴力最强者说了算，这条元规则，是可以解释潜规则的建立过程的。

元规则不完全等于血酬定律。血酬定律讨论的是生命与生存资源的交换，而元规则，作为决定规则的规则，又在这两者的交换中加入了一个规则因素，变成了生命与资源分配规则的交换。人们流血拼命，有时候并不仅仅是抢钱抢东西，而是要打天下，坐江山，称王称霸，这是生命与特权的交换，生命与有利于自己的规则的交换。

造就潜规则的力量，主要是一些造福或加害的能力，简称利害能力。这种能力未必都是合法伤害权。比如偷懒，怠工，拖延，反正都是一些对利害计算造成影响的东西。

我同意你的看法，潜规则中的"潜"字，体现了这种规则的不合法或者不合道德，所以不能公开。但是，如果正式法规或流行的道德观念有问题，本身就是恶法邪说，躲避它们的潜规则便有了合理性甚至正当性。大包干最初诞生的时候，就可以看做一种潜规则，后来大受欢迎，升级为正式法规。

访谈者：我知道，您的作品在大学生当中具有很大的影响。许多对历史感兴趣的学生可能从您的作品中获得了某种启蒙，比如，他们发现，对一些历史问题，如果从潜规则或血酬定律的角度来观察，可以找到恍然大悟的解释，而这也许是大学教科书所不能提供的。也有部分大学生，可能不是将潜规则或血酬定律当成观察历史的方法论，而是作为了解社会、了解现实的一面镜子和参考书,并从中获得某些实用主义的启示,"活学活用",就像他们对待《厚黑学》或《三十六计》。对这一遭遇,你有什么感触?如果您作为这些年轻的学子的师长,您会告诉他们什么?

吴思:潜规则主要揭示那些流行于官场的不明说的规矩。但是,我们的生活领域并不仅仅是官场。人们之间有朋友关系,有家庭关系,有同学关系,有熟人关系,等等。在这些关系里,善有善报,恶有恶报,大体还是对应的。这时候,采用厚黑学之类的策略,最后恐怕要搬起石头砸自己的脚。在这些实力相当、施报对应的领域里,潜规则也很难起主导作用。我认为,认真工作,老实做人,那才是最合算的策略。

如果说到官场,由于官员利益与百姓利益往往存在冲突,许多奖金恰好就是乱收费收来的,人们确实可能陷入道德困境。要当通情达理的好同僚,就不能当关心百姓的好官员。一心为百姓着想,两袖清风,往往就要得罪同僚和上司。在体制改革之前,在向百姓负责的体制取代向上负责的体制之前,我觉得,这个困境很难得到两全其美的解决。这时候,我希望大家生活得良心平静,在算人生的总账目的时候,不要亏损了自己的良心。如今,衣食温饱已经不难获得了,在我看来,精神上的感觉,才是判断人生质量的主要因素。

访谈者:毫无疑问,在历史上潜规则一直顽强地存在,从不曾绝迹过,即使在今天,潜规则的影子还是不难见到。那么,您认为要消除潜规则,关键在于什么?

吴思:消除潜规则是非常困难的,两三千年也没有消灭掉。如果继续走这两三千年的老路,我认为前景很不乐观。但是,毛泽东在延安的时候,和黄炎培有一次著名的谈话,史称"窑洞对"。黄炎培问毛泽东如何避免历史上的恶性循环,毛泽东说,我们已经找到新路了,这就是民主,由人民监督政府。

在潜规则当中,谁最有动力和能力消灭潜规则?当然是受害的一方。受害者便是被搜刮的百姓,他们人多,眼睛多,感受深,坑害他们的坏事很难逃过他们的眼睛。一旦官员的命运和前程掌握在他们的手里,潜规则发挥作用的空间必定大幅度下降。这就是消除潜规则的关键。

官家主义这个词

访谈者:博客中国
时间:2007年4月19日

几个重要概念错下来,整个理论体系都会出问题

访谈者:您现在推广的"官家主义"这个名词,影响似乎没有"潜规则"那么大,感觉"官家主义"不能给人一种豁然开朗的感觉,你自己是否认可这一点?

吴思:我不这么看,我觉得潜规则离我们的生活和日常困惑更近,官家主义比较抽象,离我们生活的困惑比较远,在使用频率上"官家主义"肯定不如"潜规则"。但要说对我们世界和生活认识的帮助,"官家主义"和"潜规则"的深度和作用是一样的,都是找到一个确切概念,揭示我们生活和社会的一个被忽略的重要特征。

访谈者:可不可以说"官家主义"是以一个更宏观的视角,来解释中国社会的历史变迁和纷繁复杂的现象?

吴思:可以,我就是想说中国两千年的历史,从秦汉以来到民国,到底是个什么样的社会。已有的概念,比如说封建主义社会、皇权专制主义社会、官僚资本主义社会,我觉得这些概念都不够准确。在秦汉以前你可以说是封建主义社会,封建贵族

说了算；秦汉以后封建贵族基本都退居二线了，第一线的主要是官员，这时候还说是封建主义社会，那怎么把"封建贵族说了算"和"废封建立郡县"之后的社会形态区分开？

皇权专制主义显然比封建主义更准确，但历史上常有"政令不出紫禁城"的现象，"紫禁城"之外通行的又是什么规则？这些规则又是谁制订的？

访谈者：用您的"官家主义"来解释中国历史，说中国的封建社会到秦朝时已经结束了，但历史教科书还是把秦汉以后称为封建社会，如果这个概念不纠正过来的话，会有什么危害？

吴思：对中国社会没有一个正确的认识。历史观和世界观会有大毛病。比如我们说皇帝和官员位于上层建筑，地主和农民构成经济基础。上层建筑是为经济基础服务的，也就是说皇帝和官员为地主阶级的利益服务，实际上是这样吗？刚好相反。官家集团用"牧"字比喻官民关系，到底是牛羊为牧人服务，还是牧人为牛羊服务？理论框架颠倒了，就无法解释历史事实。我认为"封建主义"这个词偏离了中国的史实，深究起来漏洞百出。这种上层建筑和经济基础的理论框架本身，也不能准确解释中国历史各种各样的现象。不仅概念有问题，概念所依托的理论框架也有问题。

访谈者：对我们认识现实也没有帮助。

吴思：封建主义这个概念比起儒家的礼法观念来，它的认识加深了很多，它至少认识到社会上存在不同的阶级利益和阶级冲突。但主要阶级是什么？中国历史向来是官逼民反，很少有"地主逼民反"，即使有地主逼民反，也是在小范围内很容易解决的，官家一出手，很容易就摆平了。如果不讨论天灾、人口和外族入侵等因素,只讲社会内部的各种关系,那么,官逼民反和官家内斗才是解释每个王朝兴衰的核心和关键。

再进一步说,官家集团既然这么重要,可以称之为一个阶级吗?阶级是在生产关系中定义的,官家属于上层建筑,却又极深地介入了各种经济活动,甚至直接组织生产,从《盐铁论》的时代就是如此。那么,阶级的概念,经济基础和上层建筑的概念,是否也要依据中国的史实重新审视呢?审视下来,一些概念修改了,理论框架是否也要修改呢?所谓牵一发而动全身,这是很大的动作,关系到我们的历史观和世界观。

访谈者:按照您的理解,原来我们说的从秦汉以来的封建社会就是"官家主义"社会。

吴思:官家在古汉语里有三层意思。第一层是皇帝,他说了算,制定王法;第二层是衙门,就是各个地方的利益和部门的利益,根据各自的部门利益,形成了各种法规;第三层是官员个人,围绕着他们形成了各种"潜规则"。这三个主体都是官方,他们既合作又有各自的利益,形成一个立法定规的动态结构,在整体上他们说了算。"官家主义"制度,就是各种各样的"潜规则"在其中潜滋暗长的基本结构。

访谈者:您研究历史特别注重概念的提炼,这是出于怎样一种考虑?

吴思:概念是对现实和各种现象事实的一种把握,概念错了,说明你没真正理解自己的研究对象及其相互关系,几个重要概念错下来,整个理论体系都会出问题。如果这一关都过不了,不能准确描述各种事实的话,各种各样的关系也就很难再深入地追究。

访谈者：您强调概念的创新吗？

吴思：我不强调概念的创新，我只追求准确。如果有了准确的概念就不要创造新的。当然你可以创造新的理论，新的观点，发现概念之间的新关系。我强调这种创新。没有新见解写那么多论文干什么？

访谈者：但在大众读者看来，可能会觉得"官家主义"缺乏创新，从而难以对它产生深刻的印象，而"潜规则"大家一听就记住了。

吴思：一说"潜规则"你就恍然大悟，是因为这个概念正好解释了你的困惑。如果让你困惑的是其他问题，比如你不断追究中国两千年以来，跟西方究竟有什么不同，跟西周又有什么不同，困惑不已的时候，忽然看到"官家主义"这个概念——对我来说，这个概念带来的冲击力和震撼不亚于"潜规则"。人们关注的东西不一样，思路被堵塞的地方不一样，造成心灵震撼的概念自然也不一样。这是因人而异的。

民主化是遏制"潜规则"发挥作用的根本出路

【虽然吴思在接受采访时表示，"潜规则这个词的流行有一定的负面作用"，但"潜规则"无疑可说得上是一个里程碑式的发现——不过，在"潜规则"发现背后更深层次的问题是："潜规则"要在怎样的体系和框架内才能发挥作用？怎样才能遏制"潜规则"发挥作用？吴思虽然没有在他的书中提出来过，但这次，他说了。】

访谈者：您在描述"当代中国到底是什么性质社会"的时候，用了"资本-官家主义"的说法，如果用您的概念解释美国，人家又是处于什么阶段?

吴思:我们现在在用的概念是"资本主义",但美国是一个资本家说了算的国度吗?在芝加哥工人五一大罢工之后,美国的工人阶级登上了立法定规的舞台。现在美国工会的力量非常强大,工人阶级在很大程度上能够影响立法,这肯定是一个事实;另外美国自称中产阶级的群体控制了大量选票,也对于立法和各种重大决策有强大的影响,如果这些人,包括黑人和妇女都在一定程度上当家做主了,都可以用选票影响立法和决策了,就不能说美国是一个纯粹的资产阶级说了算的国家,所以资本主义这个概念并不准确。有一种"人民资本主义"的说法,虽然也有问题,但比"资本主义"确切得多。更准确地说,可以叫资本-民主主义。

访谈者:"官家主义"和"潜规则"是不是一脉相承的概念?

吴思:有密切关系。"潜规则"描述的是真实发生作用的一套规则体系,由于违背当时的法律和道德,必须以隐蔽的形式出现。它通常围绕着作为代理人的官员个体建立起来。但是"潜规则"怎样在一个更大的体系和框架内才能发挥作用?如果在一个民主框架之内,它受到各种上上下下的监督,受到老百姓的监督,它能发挥作用的范围就很小。但在"官家主义"体系内,人人都是代理人,一层一层代理上去,人人都不是主人,天下无主,"潜规则"发挥的作用就特别大,就成为"官家主义"制度中非常引人注目的一种现象。

访谈者:您刚才的话,我是这么理解的,我们中国如果要尽可能遏制"潜规则"的作用,方向也是一个民主化的过程。

吴思:我在追究"潜规则"的时候,通常会在"潜规则"发挥作用的背后,找到一种"合法伤害权"。比如说我害你,你怎么办,去上访?上访成功的可能性很小。比如你花了两千块钱但事情还未必得到解决,而我害你你只损失一千块钱。这时候"潜规则"就发挥了作用,大家都忍气吞声,而我就可以在这个范围内为所欲为。如果大家都当家作主了,比如说议员或代表是你选出来的,你可能只要打一个电话,根本不用花两千块钱上访,可能就会有一个可以影响官员命运的人出来替你打抱不平,一旦官员不老实,就可能丢乌纱帽。另外,如果报刊言论方面能全面放松,那么你的事只要有新闻价值就会有人登出来。

总之,我敲你一千块钱,你只要花两百块钱或者两个小时就能解决问题。这时候"潜规则"的空间能有多大?它绝不会有一千块钱的空间,最多两百块。从原来的一千压缩到两百,"潜规则"仍然可能存在,但你有了一种低成本的手段去对付"合法伤害权",这个手段概括起来说就是民主,就是人民有非常顺畅的监督政府的渠道,有各种便宜有效的反制手段,像管理仆人一样管理官员,真能在自己的国家里当家做主。

访谈者:民主化是消灭或遏制"潜规则"发挥作用的根本出路。

吴思:是这样。

访谈者:自从您提出"潜规则"这一概念之后,市场上出现了不少打着"潜规则"旗号的书籍。有人说这些书对行业"潜规则"起到了推波助澜的作用,您怎么看待这种现象?

吴思:任何一个行业的"潜规则"如果能被说透,对人们认识生活都是有价值和帮助的。当然,有些人可能取了一个"潜规则"的书名,实际上谈得很肤浅,他们可能在蒙读者,读者需要多翻几页辨别一下,别花冤枉钱买回假冒伪劣产品。

至于"潜规则"这个词流行起来会不会助长"潜规则"——比如说我是一个刚进入官场的官员,理想主义色彩比较浓,一旦来了各种各样的"潜规则",我可能会抵制,不愿同流合污,就是说"潜规则"本来很顺畅,但在我这里碰到了障碍。但我读了《潜规则——中国历史中的真实游戏》这本书后发现,原来大家都这样,古来如此,这样我抵制的决心可能会减弱,即使在我堕落的时候,也会为自己找到辩护的理由。从这个意义说,《潜规则——中国历史中的真实游戏》是有负面作用的,它减少了"潜规则"行进过程中的阻力和抵抗,也减少了你内心的抵抗。

但任何事情都是有利有弊,很少有纯粹有利没有弊的事,也很少有纯粹有弊没有利的事。《潜规则——中国历史中的真实游戏》的弊现在很清楚,但好处呢?好处是你可以看到它的根子在哪,找到病根然后对症下药,比如遏制"合法伤害权"的扩张,就要用民主的药来治。道德教育是治标的,制度创新才是治本的。《潜规则——中国历史中的真实游戏》对治标不利,对治本有利。

访谈者:您过去有没有在书中或文章中明确地提出过遏制"潜规则"的办法?

吴思:没有,我只说"潜规则"是怎么来的。在描述中国历史的时候,你不能替它开药方。开出民主药方来恐怕也是错药。比如你说要在明朝建立民主制度,但农民跟外界打交道很少,他们没有监督政府的需求——经济学上所谓有支付能力的需求,当真为此花钱费工夫的需求;如果是一批企业家或者工会,就会迫切需要监督政府。在一个一盘散沙的小农社会里,你开出民主药方是莫名其妙的。

访谈者: 那您有没有替现在和将来开药方?

吴思: 我替现在开药方,那就意味着我自己跳出来鼓吹民主了,就表示我有一种非常强的倾向性。在讨论中国的现实问题和未来前途的时候,我愿意直接表达自己的倾向和主张,我确实也在鼓吹民主宪政。但从写历史的角度来说,非常强的倾向与公正客观的态度有抵触,你可以通过事实来描述你看到了一个什么样的结构,根子在哪,但你跳出来说要民主才能解决问题,那是"政治宣传"。我不喜欢在史实陈述中掺杂任何政治宣传。更何况你宣传的主张超越了历史提供的可能性。

访谈者: 这个任务就交给那些"潜规则"的读者来完成。

吴思: 我觉得他们自然会引出合乎逻辑的结论。

访谈者: 有人说您"研究历史的重点是中国古代,但矛头直指现代社会",您觉得是不是这样?

吴思: 也不能说完全是指向现代,我现在的兴趣和眼光,肯定会影响我对历史的看法。我看什么关注什么,为什么把它拎出来细写而不写别的,这都跟现实有关系。但要是纯粹为了解释现实而拿历史说事,这个也不完全这样,好多历史都有它自己的独特性,本身就很有意思,比如我计算明长城的投资和收益,主要是出于好奇。另外,某些东西古往今来一直存在,写古代和写当代其实并没多大差别。

访谈者: 有一个词现在人们也提得比较多,就是"原罪",以前还曾经有过"民营企业家原罪"的讨论,您认为"潜规则"和"原罪"这两个概念有什么相似之处?

吴思: "潜规则"首先是一个规则,其次就是"潜",因为它违背当时的法规和正当的标准。像大包干时候,小岗村的农民按手印把地分了,悄悄地干这事,这事谁都不能外传,一旦有人为此进监狱,就把他的孩子养大成人,就是说他们悄悄地制定了一个规则。这是标准的"潜规则",因为它跟当时的宪法相抵触,不仅违法而且犯罪。但是你怎么评价这个事呢?农民所对抗的那个法本身就有问题,是一个让中国人民吃苦受罪的法。

访谈者: 就是说这些农民制定的"潜规则"是有积极作用的。

吴思: 对,有积极作用,你可以说它是"原罪",他们清楚地意识到这一点,而且准备坐牢。但是因为定罪的那套大规则和宪法本身就是错误的东西,你说谁有罪?现在说资本家有没有原罪,最初的乡镇企业、私营企业,都难免违法乱纪,甚至是违背宪法,因为中国是社会主义国家嘛,计划经济,公有制,消灭了私人雇工。私营企业属于剥削,乡镇企业也难免干扰破坏国家计划。

整个民营企业在宪法修改肯定他们的合法地位之前,都有违法嫌疑,但这是法律的问题,不是民营企业的问题。他们创造了大量财富,既没偷也没抢人家的东西,他们可能走后门收买官员,但这时候你要处在他们这个地位,会发现有时候你不得不干这个事。如果他们公事公办,就死定了。这种原罪是被逼出来的,是一个更不合理的"官家主义"体系造成的一个结果,与其称之为原罪,不如称其为胁从犯罪,有的甚至可以算正当防卫。当然一些人防卫过当,在可以不犯罪的时候仍然犯罪,官商勾结共同犯罪,因为利益大于风险,这时候,在这个分寸上,你说他有原罪,更准确地说是持续犯罪,这点我承认。但在这个分寸上讨论问题,我们最好说这是一部分人的问题,而且有犯罪低风险、高收益的体制的纵容。统称为一个阶级的原罪,未免过于简单粗暴了。

访谈者:"潜规则"算不算是一个中国特色?

吴思:我觉得不是,你看1789年法国大革命之前的历史,官员也是敲诈勒索成风。但英国不是,英国始终不是一个"官家主义"社会,贵族和国王相互牵制,而法国在1789年之前跟中国没多大差别。再看俄国,你看赫尔岑写的《往事与随想》,把里面的地名人名换了,你会觉得这就是中国,就是晚明或晚清,甚至比明清更加野蛮。

说袁伟时是汉奸的人倒有一点汉奸嫌疑

【历史热是这两年的一个现象,那么形成历史热的原因到底何在?吴思说"谈现实谈到五分就到了边界,而谈历史能更充分地表达"。然而,并非所有的谈历史都能获得充分的表达,比如前几年全国"两会"期间引起过广泛关注的"惩治汉奸言论"提案,在历史研究者听来可能就会不太舒服。"遏制自由研究表达的结果,就是我们这个民族不断地重复犯错误",吴思对此表示担忧。】

访谈者:这几年"历史热"成了一个现象。您平时看历史题材的电视剧吗?

吴思:我从不看连续剧。太长了,我舍不得花那么多时间。

访谈者:我不知道您有没有注意过互联网上的历史热:"网络历史热"主要以新中国成立初期、抗战和国共内战时的历史事件为讨论对象,和学术界的历史热不太一样。

吴思：我知道网络上的历史热，包括卖书、电视剧历史热，你想不看见都不行。但他们在说些什么、讨论什么我就不太清楚。

访谈者：现在研究明朝历史的相对多一些，包括您在内也是研究明朝历史，这是不是意味着明朝的历史和当代社会有更多相似的地方？

吴思：我研究明朝是有这样的想法，不知道别人怎么想。你要研究清朝，会发现清朝跟现在有一个巨大的不同——清朝由一个异族统治，有部族统治因素，而现在没有。研究清朝要把这个问题处理好，就会增加这么一个因素，而明朝没有这个因素。另外清朝的体制基本是承袭明朝。所以明朝既看得明白又省事。还有一个重要原因是，清朝的史料多得没完没了，任何时候别人都可能翻出一个档案来，说你说得不对，我这里有新发现的史实。

访谈者：前几年"两会"期间，有人建议人大立法"惩治汉奸言论"。如果哪一天真有这么一部法律通过，您觉得对一些研究历史的人来说，会不会是一个灾难？

吴思：他怎么定义汉奸？

访谈者：比如说袁伟时，在他眼里可能就是一个汉奸，理由是袁伟时为侵略者招魂。

吴思：这么过分？我怎么觉得说袁伟时是汉奸的人，倒有一点汉奸嫌疑。袁伟时在讨论义和团的时候强调了我们自身的问题，你可以不同意袁伟时的观点，但不能因为他强调自身过失、对外方的罪恶一笔带过就说人家是汉奸，要是这样，大家踏踏实实地研究找问题的根子在哪，就会受到重大的遏制。我们遏制自由研究表达的结果会是什么？结果就是我们这个民族不断地重复错误，老百姓跟着遭殃，整个民族也跟着倒霉。所以我觉得这种主张倒有一点汉奸嫌疑。——这么说有换位体验的意思，己所不欲勿施于人，往人脑袋上扣屎盆子可不是好玩的比赛。这种比赛很有破坏性，毫无建设性，我们以前赛过很久，越赛大家越没出息。

再说，强调我们自身的过失，"我们"又是谁？是清朝统治集团吗？为他们说话算不算汉奸？吴三桂帮助满清，当年就被称为汉奸。你替清朝统治集团说话，或者替吴三桂说话，是不是也算汉奸言论呢？这些标准太难掌握了。其实，客观地评价吴三桂，他是贡献大还是害处大？我们现在是沾他的光了还是受他的害了？这些问题都不容易说清楚。

访谈者：那您是怎么看的？

吴思：看你强调什么。强调道德？谁的道德？领土？谁的领土？进一步说，中国的大一统好还是欧洲的多国竞争好？对什么时候的什么人好？再进一步说，现在认为好将来也会认为好吗？每走一步都会遇到引起争论的问题。我不赞成把道德判断尤其是现在的道德判断加到历史人物身上。对当时的道德判断，不妨做出客观描述，别自己跳进去掺和。

访谈者：就是说假如某人真的是汉奸，我要替他辩护的话也不能说我是汉奸，否则律师就没法做了，因为律师经常替犯罪的人辩护。

吴思：对，不要轻易因为别人说了什么话就说人家是汉奸，还要惩办治罪，这是一种危险的倾向，而且最后对中华民族是不利的。

▍官家主义这个词

访谈者：现在历史热的背后，是因为人们有复古倾向呢，还是因为现实的原因，使得大家避开谈现实而从历史里面找感触？

吴思：对我来说，历史本身是有趣的，历史能大大扩展自己的眼界。另外，你谈现实，谈到五分就到了边界，谈历史谈到九分还不至于犯规，你能更充分地表达。

访谈者：您平时关注时政或社会现实问题吗？

吴思：大事会关注。

访谈者：在您眼里什么样的事才算大事？

吴思：一切与制度变迁有关的事，都是大事，比如说崔英杰案件，城管的常规做法和小商贩的权利发生冲突，出了人命，利益划分的边界是否合理引起争论，可能还要发生边界调整，我看就是大事。孙志刚案件，一个有人喜欢有人害怕的制度取消了，也是大事；还有农业税取消了，这些都是重大的制度变迁；农村中小学真的要开始义务教育了，也是个大事。这些东西将强烈影响中国的城市化进程，中国的面貌将因此发生重大变化。

访谈者：您现在作为一个已经十分著名的历史学者，有没有什么话要送给您的同行，或者那些年轻的对历史感兴趣的研究者？

吴思：同行水平都很高，我没什么可跟他们说的(笑)。对年轻的历史爱好者可以讲一点经验教训：首先不要让别人牵着鼻子走，历史究竟是什么样的，你去看最原始的史料，读读古人的文章，比如读读《史记》中的传记，读读小说，《三言两拍》、《儒林外史》……读读古人的诗、文、信件、奏折，这样一来，你就会对当时的社会和人们的心态，有第一手的感觉，好像在当时活过一遭。有了基本感觉,才好判断别人的叙述是否对头,感觉不对头才好追究哪里出了问题。

访谈者: 您鼓励他们像您这样去提炼概念吗?

吴思: 如果能提炼出好概念,对于提升中国的理论思维水平是件大好事,一个民族没有理论思维挺可怜的,给人的感觉是整体层次上不去。当然我觉得这是挺难的一件事。

访谈者: 做到您这一步非常难。

吴思: 还要担风险。当你制造概念的时候,你可能会提高未来交流的效率,但你首先却制造了语言交流中的障碍,大家不知道这个词是什么意思,认为这家伙又像鲁迅嘲笑的那样生造别人不懂的词。我经常有这种担心——我是不是在干这种讨人厌的事?所以我也是在迫不得已、实在找不到一个合适的词表达清楚的时候,才去生造概念,生造的时候也尽量借用前人的基础。

访谈者: 那您对"官家主义"这个概念有这种担心吗?

吴思: 没有。首先"官家"是古汉语里一个长期存在的词,不难懂。其次,"官家主义"这个概念来自对现有概念的强烈不满——我认为这是广泛存在的不满,不管封建主义、资本主义还是皇权专制主义,在描述中国历史和现状的时候都不够准确,而用"官家主义"就准确得多。我目前见到的所有概念,都没"官家主义"好,你要说不好,请指出一个更准确的,我很愿意用更准确的。最后,概念是有生命的,生死和发育要经历众人的淘汰和选择,我的心态是:尽人事,听天命。

官家主义和血酬史观

访谈者:《深圳商报》 刘悠扬
时间:2009年9月27日

吴思看历史,有点儿像鲁迅,不惮以最坏的恶意来推测中国人。但正是这般冷冰冰,从浩瀚史籍的犄角旮旯里挖出些活生生的事例,条分缕析,反倒将历史看得更透更彻底。

正是这种"冷冰冰",让吴思在当代历史学家中多少显得神秘。而眼前这位身着黑衣的中年人,一口标准的"京片子",语速快可语气不高挑,用词准但态度仍谦和,丝毫没有"大牌学者"的架子。

"潜规则"一词最流行

访谈者:出版《读库》的张立宪称你是"修辞学家",意为创造流行名词的修辞学家。在你创造的词汇中,如"潜规则"、"官家主义"、"血酬"、"法酬"等,为何"潜规则"流传最广?

吴思:因为离人们的生活近,人们每天都可能会碰见潜规则。很多人每天都会说到"电视"这个词,因为电视离人们生活近,但"哲学"这个词,可能一般人一年也说不了一次。同样,我们在生活中常见潜规则,而且议论起来非常有戏剧性、有故事感、有神秘感,那就经常会提到。"血酬"这个词常常和卖命钱联系在一起,在和平年代中不是日常用语,"官家主义"是我对封建主义的替代语,这也不是生活中会经常提到的,所以不如"潜规则"流行得广。

访谈者:"官家主义"也是您发明的,为什么您要用这个词代替"封建主义"?

吴思:当秦始皇"废封建、立郡县"之后,建立起来的体系还能称为封建主义吗?他实际上已经废了封建,建立起郡县制,在这个制度下,皇帝、衙门、官员之间形成一个总体主义的动态结构,合称"官家主义"。现在是习惯性的用"封建主义",但认真做史学的人,用"封建主义"来形容秦以后的社会是有疑虑的。还有用"皇权专制主义"、"集权主义"、"专制地主"来形容的。"皇权专制主义"中的皇帝应该是非常牛的,实际上,历史上经常出现"政令不出紫禁城"的现象,地方势力和官员个人势力集合起来,对中国社会的立法和执法影响不比皇帝的权力小。这个概念比较单薄,它忽略了官员、衙门立法定规的力量。唐朝毁于藩镇割据,这就说明皇权不是真正有效。而"官家"这个词,包括了皇帝、官员、衙门三方面,比"封建主义"、"皇权专制主义"更适合。

"做了我这辈子最重要的事"

访谈者:您的历史著作,写出来却有经济学,尤其是制度经济学的味道。去年《私人阅读史》的采访中,你提到过看过制度经济学的理论,用制度经济学的方法研究历史是刻意为之吗?

吴思：一开始我是在研究暴力，暴力是存在于中国历史中的。我有半个多月一直在想暴力掠夺时人们付出与回报的关系。在思考中我觉得我卡在一个东西上了，这个东西就是如何表达这种付出与回报的关系，我感觉到一种语言的空白，非常强烈的空白感。于是我就想要造这么一个词，前思后想又过了半个月后，脑子里充满了付出、玩命、报酬、血汗、工资、回报、利润这些概念，终于想到"血酬"这个概念，之后就经过一系列的证明、计算、验证、界定。开头是仔细琢磨一件事，琢磨明白了，然后自觉地把这个空白填上了。做了这两件事后，我感觉这是我做了我这辈子最重要的事。

访谈者：能用一句话来解释"血酬史观"吗？

吴思：血酬史观是用来分析暴力要素所主导的社会的历史观。它仅仅是历史观的一种特型。血酬史观很适合分析前资本主义时代，也就是暴力集团占据统治地位的时代。一旦暴力集团被生产集团取代，作为生产集团的资产阶级控制了暴力集团，把他们当作自己的守夜人，当作自己的保安，资本主义就诞生了。这时候，唯物史观"生产力决定生产关系、经济基础决定上层建筑"的解释力开始上升，因为资产阶级就是生产要素的组织者，他们支配经济，同时有力量影响上层建筑。

官家主义是"第四层楼"

访谈者：最近在研究什么？接下来还会有新著问世吗？

吴思：我一直都在写文章，核心就是从暴力的角度看历史。我正致力构建一个新的史学观框架，好像在盖楼，我打算盖六层。已经引入了暴力、破坏力等概念，解释了一些历史现象，提出了血酬、法酬等观点,现在还只盖到第四层。剩下的两层就抽象一点,最后一层是涉及儒、道、释的观念史,从血酬和法酬这个角度看世界的划分,如何论证各类人应有的利益,看一路走来的人类历史为什么会这样转变,这是一个很大的工程。

除了这个之外,我还在写一些零碎的文章,算煤矿工人的命价,算中美煤炭工人状况的比较,算血和汗的替换率。如果人们通过生产获得利益最大化,就会有很多自发的生产力,可是如果通过暴力也能获得利益最大化,那很多人会通过暴力来获得利益,最后就会形成一个暴力和破坏力控制、束缚、盘剥、敲诈、侵夺生产力的模式,暴力集团控制生产集团。

建构血酬史观

访谈者:莫离
发表时间:《嘉人》杂志
2010年11月号

"潜规则"提出已经十年,2009年再版至今销量超过30万,从无人知晓到人人心知肚明,吴思用他的精准与冷静抓住了这个世界最隐秘又最关键的一线。十年后,他又有哪些发现?用了一个下午讲述,原来这些都与内心的安然有关。

月坛西街的《炎黄春秋》杂志社可能是这时代硕果仅存的老式编辑部:处处都是书,杂志,来自四面八方的手写信,空气里有股子历史陈腐味儿,凉且潮湿。吴思就在最庞大的那纸垛里,起身向我们招手,又用老式的军绿色铁网暖水瓶,倒水泡茶。这暖水瓶市面上早已绝迹,放在这里,竟十分合衬。

53岁的吴思在这间办公室里已经坐了13年,在这个可能是"地球上年龄最大的编辑部"(四个顾问均超过90岁,编委平均年龄80岁上下,编辑部人员的平均年龄一度超过70岁)里,他还是"小吴"。"小吴"被誉为"中国当代最理智最冷静的学者",写历史,笔下不是宏大场面的交叠,而是一个个冷冰冰的算式,计算出人命的代价。在他看来,没有什么是不能被精确度量的,包括人性中最为幽微难测的同情心和正义感。

他的"潜规则"系统提出已经十年,2009年《潜规则》再版,至今销量三十多万,台湾地区也卖出了三万多,还被翻译成韩文。这个新造词在百度上的相关页面,从零变成了五千四百三十万。相对生僻的"血酬",相关页面也有三十八万五千个。但他说,所谓名气,"是已经解决的事"。整个下午他都极为耐心,语气不变,语速不变,像一个虔诚的传道者,为了更多人听到他的声音,力气不竭——他正在辛勤建设一个"血酬史观大院":院里有栋六层的楼房,刚刚搭到四层半。这是个庞大的工程,他并不知道有生之年是否能建完,但还是"野心勃勃":那一天,血酬史观会成为主流历史观;他正在做的,是"一流的事业"。

他等着那场巨变的到来。

周五的黄昏,北京下着小雨。采访结束,他坚持把我们送到门口,站得直直的,右手举到耳朵的高度,说再见。

很难清晰地描述吴思:一个老式的、温和的人;一个野心勃勃、毫不掩饰的人;一个希冀着再来一场翻天覆地大变革的人……还是看看他说了些什么吧。

消除潜规则很容易,有独立的司法、开放的传媒和专职的人大代表就可以。

访谈者: 您思考的领域一直挺跳跃的,最近在写哪方面的文章？

吴思：最近在说市场，说《卖炭翁》，"翩翩两骑来是谁？黄衣使者白衫儿。一车炭，千余斤，宫使驱将惜不得。半匹红绡一丈绫，系向牛头充炭直"。标题下四个字："苦宫市也"。市场本来是自愿自由的买卖，但"手把文书"，念一个红头文件，给点钱，就可以把炭拉走了。根据当时的物价折合成人民币，"半匹红纱一丈绫"相当于760元；一车千余斤的炭，相当于1700元多块。念了个红头文件，1700多元的东西卖了760元，相当于打了四五折。从唐朝到今天，权力能抵的价格份额经常在50%左右。借用白居易的说法，我把这种权力介入的市场叫做宫市——皇权介入的市场；明万历年间一个版本把这"宫市"写成了官市，官权介入。中国市场自古就是官权侵入的市场，只有一些局部消费环节是真正的市场，一旦涉及原材料，涉及工匠的身份，涉及瓷器的样式，涉及买家的不同身份，它就变得复杂，至今如此，譬如金融行业限制民间资本进入；国家不断把矿收回，实现官家垄断，越来越官进民退。每年华尔街日报和美国传统基金会评一次世界各国经济体的自由度，香港多年第一，欧美国家多是80分左右，中国52分，低于世界平均值的62分。

访谈者：现在最热的、存在官市的领域，应该是房地产市场吧？政府一直在出台各种政策试图平缓房价，但事实是房价不降反涨。

吴思：我没做过专门的调查，试着分析一下。首先内地的房地产有一部分直接被权力切走，公务员可以不到市场买房，直到现在还有变相的福利分房，凭借行政权力切下一块地不进入市场流通，再用行政权力找一个公司盖起楼房，然后制定一个"说得过去"的价格,按内部权力大小进行分配。

撇开这部分,即使在属于市场的那部分中,看得见的手很大,伸得很长,也很有力量。

理论上来说北京房价如此之高,利润如此丰厚,供给应该大量增加,使得价格降下来。但实际不是这样。政府用权力控制了土地供应。土地资源并没有市场化,或者说,土地仍在官市中交易。要改变房地产市场的现状,最根本的还是提高市场的纯度。即使政府依旧凭借权力分走一大块,如果拿这一大笔钱建廉租房,也可以改变现有的供求关系。另外好多人买房是为了回避通胀的危险,如果市场上投资途径增加,包括放开民间的金融,分流出部分资金,供求关系也会发生变化,高房价或许不至于如此过分。

访谈者:要消除潜规则需要什么条件?还是说在国内它是没办法消除的?

吴思:能消除,只要降低潜规则的受害一方的反抗成本——有独立的司法、开放的传媒和专职的人大代表就可以。譬如台湾地区《潜规则》的读者跟我说过,曾经台湾警察也是极尽敲诈勒索之能事,但台湾开放报禁后,如果警察欺负百姓,这个百姓就给当地议员打电话,议员就发动媒体,兴高采烈地打上门去。折腾几回,警察就高度专业化了。议员为了拉选票,媒体为了博眼球,都会积极投身这件事,这种利害关系的设计让民众的反抗成本降低到只需要打一个电话,那潜规则当然无处藏身了。

访谈者:说到成本,很多人都很奇怪,您是怎么从一个认为人人都该是无私的理想主义者,变成一个看起来冷冰冰的"计算历史学家"的。在你笔下连正义感都变成可以用数字考量的东西。

吴思：良心,同情心和正义感,都是有分量的,它们经常进入人类行为的计算。同情心和正义感是我们天生就有的,它们无可置疑地长在大脑中固定位置,同情心长在大脑中央运动前皮层一个叫 F5 的区域,那个区域有镜像神经元,它让我们有"同情心"：看到你快乐,我也觉得快乐；看到你被针扎到,我也感同身受地皱皱眉。当然你疼十分,我可能才疼两分。正义感则长在中脑系统的壳核和尾核上,叫鸦片报偿区,鸦片报偿区负责所有上瘾的行为,看武侠小说为什么觉得过瘾,因为正义得到伸张。这个区域让我们对不公正感到愤怒,对公正感到欣慰,哪怕我们个体不见得会从这公正中受益。

假设同情心和正义感在我们心中发挥不高不低的作用,算 30 分。用口渴打比方,我渴到 80 分,你渴到 90 分,这杯水是我喝还是给你？这取决于我感受到的你渴的程度。你我是老朋友,我能感到你 40 分的渴；你我是陌生人,我可能只能感受到你的 10 分。虽然能从外在表现看出你渴到 90 分,但我会选择自己喝。但当喝下这杯水,我渴的感觉只剩下 30 分,对你的同情却达到 40 分,神经元激活程度的计算结果,同情心就开始喧嚣着催我把水给你。管仲早就说过："仓廪实而知礼节,衣食足而知荣辱",同情心、正义感这种精神作用的强度与人的物质需求的满足程度正相关。如果我们有饭吃有水喝,心中不喧嚣而是相当平静,同情引起的那 30 分就很突出,显得你知书达理,充满同情心；如果你饥寒交迫,就只能抢吃抢喝,完全看不出你的礼义和同情。这其实是一直存在的计算,我只是如实描述它的运行。

访谈者：你怎么想到要用医学上的知识去描述它的？

吴思：我偶然看到一本书叫《神经元经济学》，汪丁丁主编的，用神经元讨论经济问题，立刻觉得找到了我要的东西。我一直想盖一座血酬史观的楼，它不是空中楼阁，而是严格的历史和逻辑的一致。历史的起点就是生命的起点，追踪起来就到了神经元，用神经元和其他生物学知识来做血酬定律的基础，把整个史观扎扎实实落在了科学基础上。

访谈者：这个起点是很坚固，但你怎么解释那些舍生取义的人？

吴思：这间办公室曾经有个老先生叫徐孔，我们的副社长，不久前去世了。徐孔替人打抱不平，结果得罪了领导，被打成右派，前10年劳教，拿四分之一工资；后十年返乡务农，一分没有。受了这么大损失，两个月前徐老先生出了本书，叫《直言无悔——我的右派生涯》，还说无悔。你想想同情心和正义感在他心里占到什么分量！圣人确实是有的，我们这里就有。但又必须承认这种人在全部人口中比例很低，实验经济学证明，这种人的比例相当固定，不管什么时代什么环境，我记不清具体数字了，似乎不足3%。

我们应该正视多数人的行为方式。"多数人"有同情心和正义感，但不至于杀身成仁、舍生取义，主要是利己的，不是利他的。承认这个事实，不管是经济政策还是政治制度的种种设计都要有所变化。

访谈者：我觉得您有两个突出于环境之处，一是您的文风，之前在《农民日报》，如今在《炎黄春秋》，整个的文字环境挺严肃的,但您的书却是很轻松的笔调。

吴思:1996年我失业在家想写小说,写了三四十个开头都不对,就想找个简单的事来做,那就写历史。因为之前看过大量的史书,下笔就很轻松,带点嘲讽——对自己的嘲讽,对这个时代的嘲讽。我满心同情崇祯皇帝,可我受的教育全是阶级斗争,怎么能够同情皇帝呢?这么矛盾,只能自嘲。现在回想来,我当时已经跳出主流历史观了,嘲笑自己,其实是在嘲笑某种意识形态。这是一个很安全的策略。

我们每一个行为都跟历史的进程连在一起,让人天生的仁义道德良知获得满足,当下心安。

访谈者:现在您的血酬史观有什么样新的发展?
吴思:首先"血酬定律"有更精确的定义,而后用潜规则和血酬定律这两个工具去分析中国社会,认为吃血酬的人构成一个暴力集团,或者叫破坏力集团,可以束缚生产力的发展,只有在它被遏制的时候生产力才能顺畅发展,这构成了一种新史观,我叫它"血酬史观",用它去看中国历代王朝的演变,就会看到秦汉以来的社会不是封建社会,而是"官家主义"社会,是暴力集团打下江山后,选拔一批官员做自己的代理人,他们握有重权,形成一个"官家集团";不仅政治上是这样,经济上也是,比如说一直有官市,还有民间的杂霸经济。官家把最好的东西拿走了,剩下的粗瓷大碗民间也要当成宝贝似的用暴力去争,形成一道道壁垒,整个市场被割得四分五裂。这样中国历史上就形成了一种既有官方暴力、又有民间暴力的杂霸经济。

这就是我在社会形态上多走的几步,从政治状态到经济状况,还想再往下走,就是进入意识形态领域。现在中国的意识形态已经不是以阶级斗争为纲了,儒家的仁义礼智信、三纲五常也抛弃已久,好像是儒家复兴,但新儒学并没有真正深入人心;西方舶来的一些思潮譬如自由主义影响越来越大,但它没有扎根,跟中国的历史不接轨,我就想第四步,寻找到一种价值观,它是儒家仁义礼智信的自然发展,又顺畅地走到了现在的自由主义,把舶来品变成一个在中国有根的东西。

访谈者:是不是再往上,就到了信仰的层面?

吴思:对,当下中国人的信仰是缺失的,能不能找到一个综合性的东西,把中国人说的"天理"、马列主义说的历史规律和西方的上帝,包容起来,让人们一提到它就有敬畏感。我想了很多词,说它是"上帝",多数中国人不信;称之为天理,这个词已经被糟蹋了;最后我找到儒释道共认的一个词:造化。它是可以做奖惩的,善有善报、恶有恶报;其次又是中国人所共知的、有灵性的。

访谈者:提到因果,好像跟佛学很接近。

吴思:儒家也讲因果报应。譬如五经之首《易经》认为"积善之家必有余庆,积不善之家必有余殃";孔夫子也直接谈过报应关系,"以德报德,以直报怨","直"就是自作自受的恰当分寸,我觉得这是特别妥当的得、付关系。这样,"造化"就是最高的仲裁者和奖惩者,能包容天理、地理、物理和人的心理,它值得敬畏,它承载了现代中国人的终极价值,又跟中国历史上仁义名分最基本的概念相连。

访谈者:那现代人应该怎么去理解"造化"这个词?

吴思：首先是相信善恶必有报应,即使你逃过了,你所在的群体也要承担这报应的结果。往深了说,外在的权威并不重要,最重要是你心中的感觉。如果你畏惧造化惩罚,即使去做善事也无非是奴隶行为;如果你渴望造化奖励,即使做善事也近乎谄媚。造化灌注给人的行为准则应该是:你因造化赋予的天生的同情心和正义感而行善,它满足了你对同情和正义的要求,行善本身即是报偿。那时每个人不必再为意义焦虑,当下心安。此外,每天我们都在参赞造化,每一个行为都跟历史的进程连在一起,外在的意义也是很丰满的。

不做二流,每次都应该做一流的事。

访谈者：现在写历史的人很多,您怎么看待这些用讲故事的方式写历史的人?譬如黄仁宇、易中天,十年砍柴,唐德刚等等。

吴思：黄仁宇的《万历十五年》对我影响挺大的,他的写法有点像《史记》,用几个人物拼出那个时代的特有场景,在当时读来让我耳目一新。但他的写法形象大于思想,让读者读完觉得好像认识那个时代的人,却又说不出什么来。易中天的书我看过一些,就那些部分而言我觉得他讲得很精彩,而且他不是纯讲故事,他是有理想有思想的;十年砍柴有一种史观上的追求,看过他的《闲谈水浒》,觉得他对历史的分析框架更敏感一些;唐德刚的《晚清七十年》,我看了前1/3,见解自然不错,但觉得他调侃的味道很浓,仅仅从风格上说,稍微有点不舒服。

访谈者：那写史对您来说意味着什么?其实真正通过《史

记》或者《资治通鉴》去了解历史的人并不多,多数人还是通过当下的讲历史的书来了解的,您是不是也可以做一些历史普及性的写作?

吴思:写史对我意味着一种新发现。只有发现新的、同时跟现代相关的东西,我才会写。我特别享受有新发现的写作,写了开头还不知道结尾,一路不断地有新景象在眼前出现,笔下龙腾虎跃——"文思泉涌"这词儿比较弱,不足以形容文章逻辑的自主性和意外性。到结尾处,经常跟设想的大不一样,一路充满创造性的惊喜。

你说普及性的写作,假如一百人里面有十个能把历史故事写得好看,但能从历史里找到新发现的可能只有两个。我既然能做一些别人做不好的事,那就别把时间放在很多人能做好的事上。时间这么紧,不能做二流的事,每次都应该做一流的事。

访谈者:那你希望自己的发现达到什么样的效果?设想你站在一百年后,会怎么评判自己现在的工作?

吴思:野心勃勃地说,就是建构起一种新的更加精确的历史观,用它来代替现在的主流历史观。形象地说,我想盖一个叫"血酬史观"的大院子,院子里有一栋六层的房屋,现在盖到了四层半。盖完之后还得装修呢,也不知道我这辈子能不能做完。

要是站在一百年后,大概会看得更清楚点:我就是那群人中的一员——他们曾是极"左"分子,经历了严重挫败后开始寻找新的方向,找的过程也是东一榔头西一棒子,但看到了某些正确的方向,最核心的就是如实面对真相,不被任何教条所影响,他们找到了一些规律,而后又走偏,想构建一种新的教条,但在新的教条竖立起来之前,他们做的一些事对后人来说是有价值的。

访谈者: 有篇访谈文章提到,在香港地铁里你问别人找到归宿了吗,归宿是什么呢?你说归宿就是可以认真生活下去的安定感,香港是有的,但你还没有找到。我觉得中国文人一直很重这种归宿感,尤其您这代知识分子,生命经历密度特别高,您对人生的终极意义怎么看?

吴思: 我们这代人经历了很多,最后发现最重要的还是"我"是否喜欢,是否能真正解决自己的问题。甚至于我不断地受挫、不时还要写检查,戴着镣铐跳舞,别人看起来觉得我活得特惨,可我觉得这生活特别适合我,因为我戴着镣铐跳舞跳顺了,跳得炉火纯青,可以成为一流舞者,如果大家都摘下镣铐来跳,我就成了个三流舞者,我用全部的知识对付这个环境,也知道这个环境会提供给我内在、外在的双重意义。

曾经很多人都追求外在的意义,这固然不错,但外在的东西往往不可靠,不归你掌握。儒家有一些解决这个问题的办法。儒家最核心的观念在于内心满足:天命之谓性,率性之谓道。张载的《西铭》,被认为是儒家表达世界观最精彩的一段,"乾称父,坤称母,予兹藐焉,乃混然中处。"天地是父母,我就在中间。"民吾同胞;物吾与也。"百姓是我的同胞,万物是我的同类,最后说:"存,吾顺事,没,吾宁也"。活着的时候我就顺势而为,做天命或造化让我做的事;死了我踏踏实实地死。人活到这个份上,那是真的找到归宿了。

重建对中国历史的理解

> 访谈者：孤云
> 发表时间：2003年10月28日《深圳商报》

元规则：暴力最强者说了算

访谈者：还应该提到一个新词——元规则。照你的说法，"所有规则的设立，说到底，都遵循一条根本规则：暴力最强者说了算。这是一条'元规则'，决定规则的规则。"这是否意味着，它实际上是"潜规则"与"血酬定律"之上的创造性的统领整个历史观的根本原则？

吴思："元规则"自然是决定"潜规则"和其他各种规则的。谁的真实伤害能力强，谁就可以扩展自身的利益疆界。但血酬定律却是元规则的内涵之物，并不是两个东西。"血酬定律"所讨论的是生命与生存资源的交换。"元规则"说的是暴力决定生存资源的分配规则，增加了一个规则因素，即用鲜血和生命打造生存资源的分配规矩，并且用暴力保护这种规矩。如此行使暴力，用生命换取资源，到底合算还是不合算？赚了还是亏了？这就需要根据"血酬定律"计算一番了。

"元规则"可以解释重大的制度变迁,好像具有根本性的意义,但我不敢说这是最根本的。生产力和暴力哪个更根本?我没有想透彻,回答不好。似乎生产力更重要,暴力本身并不创造价值。但也未必。如果看得更远一些,猴群并不种树,只摘果实,暴力比较强的群体和个体可以获得比较丰富的生存资源,在优胜劣汰中活下来。或许追问最根本的思路就不对,好像"先有鸡还是先有蛋"这个问题的思路一样不对。有阴有阳,阴阳对应,并无先后之分。

访谈者: 也许你说得对,阴阳消长乃世界常道。但是,我还有一点不太明白,"元规则"的核心内涵是"暴力最强者说了算",这话似曾相识,可在阅读作品的过程中,又让人感觉焕然一新。我说不清楚这是什么原因,能否解释其中微妙之处?

吴思: 大概是理论彻底的缘故吧。马克思说,理论彻底才能征服人。把一种逻辑贯彻到底,用这种逻辑解释众多的历史现象,而且是互相关联的现象,显然比孤零零的一两句箴言更有力量,更容易给人留下深刻印象。更何况,"暴力最强者说了算"这句话并没有被哪套社会历史理论整合进去,至少我不知道有这样的理论。"霍布斯丛林"很有名,其基础却是契约论,大家商量着办,而"暴力最强者说了算"恰好是打你没商量。毛泽东说"枪杆子里面出政权",被苏联所代表的马列主义正统理论视为异端,因为马列主义并不那么抬举暴力。而毛泽东的这句话,也是安置在生产力和生产关系、经济基础和上层建筑、阶级和阶级斗争的历史唯物主义框架中的,枪杆子只是上层建筑改朝换代的工具,只是阶级斗争的最高级手段,并不那么具备根本性。

访谈者：阅读《血酬定律》，我对其中关于民间与底层部分的内容尤为兴趣。比如《庶人用暗器》，说的是老百姓自有自己的"利害计算"，这个道理正好解释了你上面所提到的当时在大寨所遭遇的困惑。《出售英雄》，更进一步说明正义与"利害计算"之间的较量。历史上相关事例真是不胜枚举。

吴思：我觉得写"地霸秩序"的那篇也很有意义。这两年，学界在解释黑社会现象的时候，常常提到"西西里化"，这个说法是一个进步，因为提出了一种民间暴力控制社会的模式。缺点是，当代西西里的政治制度与我们不同，黑社会的生存和发展策略也随之不同。中国历史如此丰富，如果我们可以从自己的历史中发现民间暴力控制社会的模式，并且把来龙去脉讲清楚，岂不更有解释力？

访谈者：还有几篇文章，比如《硬伙企业》与《洋旗的价值》中所提到的，在那个历史阶段企业所需支付的非正常交易成本，这在当下仍有不可忽视的现实意义。能否谈谈，在完善市场经济方面，这两则故事所能提供的启示？

吴思：这两个故事刻画出一种有中国特色的企业。不知道你注意没有，中国企业实际上是有等级身份的。按照公开宣称的说法，应该是人人平等，法人也人人平等，但是，如果企业是县太爷的儿子办的，就可以像县太爷一样享受本县百姓根本不能享受的特权。同样道理，皇家企业有皇家特权，黑道企业有黑道人物事实上享受的特权。每个企业都有自己的身份和相应的权利，最弱的是没有任何硬关系的平民身份。在中国，身份是企业构成的一个要素。

诺贝尔经济学奖得主科斯对企业的定义是以契约论为基

础的。但是契约关系并不是天生的,就如同所谓的天赋人权其实不可能从天上掉下来一样。契约关系的建立,需要真实而严格的条件,即欺诈或偷窃或暴力之类的手段不合算,不如自由交易合算。在这项条件不具备之前,中国的企业就不是西方经济学意义上的企业。

访谈者: 在谈论西方思想学术大师的时候,你已经提到"以契约论为基础"了,而且很不以为然。那么,你认为应该以什么为基础?

吴思: 有一种更深刻的理解历史的方式,更灵活宽广的智慧。尽管不同时代有不同的术语和名称,但思路大体是一致的。譬如,阴阳五行,一物降一物的相生相克,这叫什么论?阴阳论?斗法论?还有我们都熟悉的矛盾论,如今正在流行的有博弈论,或者叫对策论,等等,古今中外都有。相比起来,契约论就要狭窄一些。如果斗法的双方可以选择一百种招数,契约论的圈子里只圈进来十种。可以讨价还价,却不许欺诈,不许动刀子,不许砸玻璃,不许开飞机撞大楼。作为一种理想的规范,应该如何如何,以契约论为基础的研究当然不错,但我们的目标是实事求是地解释历史。站在契约论的狭窄基础上,理解社会和解释历史就难免捉襟见肘。

阅读与研究:重新理解中国历史,重建对中国历史的解释

访谈者: 除了《潜规则》和《血酬定律》之外,你还创作过哪些作品?

吴思: 我的第一本书是和《农民日报》副总编王太合写的关

于中国个体户崛起的调查,1987年由民族出版社出版。第二本是我牵头翻译的《怎样与你的孩子休战》,1992年初由中国社会科学出版社出版。第三本是《陈永贵沉浮中南海——改造中国的试验》,1993年由花城出版社出版。

访谈者: 您平时有什么个人爱好?

吴思: 读书。20世纪60年代中后期,因为学校长时间停课,被父母锁在家里,一边管弟弟,一边乱七八糟地读书,主要读小说和回忆录。阅读嗜好大概就是那时养成的。从那时起,三十多年来,有闲工夫就看书,也算得手不释卷了。中间有几年下围棋上瘾,耽误了读书,后来戒了。

访谈者: 能不能开个书目,谈谈对你的思想产生影响的书籍?

吴思: 第一本,我很不情愿,但是又不得不承认,《钢铁是怎样炼成的》对我影响极大。十七岁那年,我就把保尔那段"生命属于我们只有一次"的名言抄在日记本的扉页上。二十岁前后,我把这本书放在枕边,经常翻看保尔修铁路的那一段。当时我在山里修路,干的活和保尔差不多,琐碎而艰辛,还吃不饱,很需要用人生意义之类的说法来支撑自己。

可是,六年前我重读此书,竟有不忍卒读的感觉。保尔的褊狭和自负让我大吃一惊。难道这就是我当年的偶像吗?我竟然努力模仿这种人?我感到很不好意思。我不会向我女儿推荐这本书,我以后也不会再读,除非要挑毛病、说坏话。

第二本、托尔斯泰的《战争与和平》或《安娜·卡列尼娜》。在主人公安德烈、彼尔和列文身上,我看到了自己的灵魂。我觉得托尔斯泰的句子可以直达我的心底,让我在不同的状态中再生活几遭。

第三本、《唐诗三百首》。这本书是中国古典诗词的代表，我已经翻烂了一本，以后还会一读再读。古诗词可以迅速调动起我的人世沧桑感，呼唤出我的"根本性焦虑"。人生短暂，年华易逝，这种感觉让人的心境深远厚重，超越蝇营狗苟，进入造化的幽深，以至言语寥落，欲说还休。古诗十九首、宋词、元曲、《红楼梦》也有类似的功能。

第四本、贝克尔的《反抗死亡》。这本书对我的影响超过各派心理学的作品。这本书，还有蒂利希的《存在的勇气》，帮助我理解了人心和人性——超越动物的独有特性。10年前读毕此书，叹为观止，从此不再看心理学方面的书。

第五本、《庄子》。庄子描绘的人生和宇宙图景很精彩，可以把我们拔出自负和局促的泥潭，让我们面对那些最要紧的问题，同时又不至于沉溺太深，忘记自己在天地中的真实位置。

第六本、《微观经济学》，任意一本。尽管书中分析的是市场，但是理性清明，分析精巧，对我理解人心的一般状态和人际关系的均衡状态大有助益。读后有散光眼配了眼镜之感。

第七本、《制度经济学》，任意一本。用微观经济学的清明理性来分析制度变迁，这是一门历史学可以借用的好手艺，一旦领会了这种思路，想忘掉不用都难。

第八本、黄仁宇的《万历十五年》。1986年初读此书，便生出历史还可以这么写的感慨。数年后我也转向历史，多少受了这本书的影响。我还模仿过这本书的笔法，但不如我原来的写法顺手，只好作罢。至于写作深度，《万历十五年》沾了"形象大于思想"的光，给读者留下了见仁见智的余地，大体没什么问题。不过,真到了说几句硬话解释历史的关头,黄老先生的概括往往伤痕累累。

第九本、林达的《历史深处的忧虑》。这本书让我领会了美国及其政法制度的实质和演进历史。最难得的是,我觉得自己似乎随着林达在那个世界生活了一遭,所得所思格外深切。

如果再提炼一下,超越专业或职业需要,上述诸书,《唐诗三百首》和《庄子》对我最为要紧,其次是托尔斯泰的书。知识无涯,可多可少,灵魂却只有一个,不能让他枯萎了。

访谈者: 有哪些书对你分析历史的方法产生影响?是否因为在作品中引入制度经济学等新方法,所以作品显得那么独树一帜?

吴思: 微观经济学和新制度经济学对我有影响,博弈论和进化论也有影响。生物学,行为学,生态学中的许多观点对我也有影响。中国古代的圣贤,譬如韩非子和孙子,很擅长利害计算,他们对害的计算也对我有很大影响。不过,作为一种历史哲学,历史唯物主义是我们最熟悉的,是学校教育涂上的底色。我在分析和写作时,一定要处理与历史唯物论的关系问题,接受或者部分接受,如果想调整,则需要想出道理来。在这个意义上,影响最大的还是历史唯物论。

独树一帜大概是"不伦不类"造成的。我的书说文学不是文学,说史学也不是史学,说社会理论又不是社会理论。我的同一本书第一版的分类号是随笔散文,属于文学类,第二版分类,改为社会问题。但是到国家图书馆去查,又摆在历史通论的架子上。我不靠体制化的学术吃饭,敢由着性子写,根据我的兴趣和我对读者兴趣的了解写,于是就有了这种"非驴非马"

的东西。

访谈者：你认为,你所做的这项工作的意义在哪里?

吴思：重新理解中国历史,重建对中国历史的解释。过去的解释不足以回答当代人的疑问,结果,中国人面对自己的历史陷入了失语的境地。我们找不到合适的词句,不容易说清楚自己是从哪里来的,现在走到了什么地方。因此我们就不容易说明白自己是谁。对一个民族来说,不了解自己,不能理解自己,说不清楚自己的问题,这个问题太严重了。

（此文收录时有删节）

基本概念出了问题

> 访谈者：草梅
> 发表时间：2005年11月
> 加拿大华人媒体

访谈从命名谈起

访谈者： 吴思先生，你好，我知道你很擅长命名，你命名的很多概念像"潜规则"、"血酬定律"等，一经命名，立刻就流传开来，成为一种社会语言。那你可不可以讲一下，你自己的名字是你父母起的吗？父母当初给你起这样的名字，是对你有着怎样的期待？

吴思： 其实很简单，我的生日是五月五日，父母翻日历，当天正好是马克思诞辰，就用了这个思字作为纪念。

访谈者： 那你父母是希望你成为马克思的信徒吗？如果是，你觉得你现在做事，写书，有没有背离父母当初的期待？

吴思： 他们都是马克思的信徒，也希望我是。我从中学起就开始读马克思的原著，受他的影响很深，但我现在写的东西超出了马克思主义的范围，更超出了列宁斯大林的圈子。比如，我认为用历史唯物主义不能完全贴切地解释中国历史。阶级斗争,甚至阶级这个概念,在中国与欧洲的所指大不一样。官家集团是经济基础还是上层建筑?他们直接占有大量生产资料,直接介入生产过程本身,他们是生产关系的一部分吗?他们是一个阶级吗?如果这些基本概念都出了问题,都要重新建构,一套体系就要修改得面目全非了。

我好像背离了父母当初的期待,但他们的期待也在改。我父母现在也支持我在历史和理论领域的探索。某种意义上说,我倒觉得自己在更深的层次上实现了父母当初的期待。

有趣的史料

访谈者:在你的书里,让人看到了有些历史人物的另一面,比如徐霞客给人的印象好像就是旅行家、文化精英,但你说"《徐霞客游记》也难免凝结着我们潜规则的文化传统。他旅游的许多费用,就是凭借捆绑和鞭挞的官府之威,违反中央规定,转嫁到了农民身上。在躲避逃亡的农民眼里,这等横吃横喝的过客无异于黑帮。"你担心他的后人会像陈永贵的后人那样告你吗?

吴思:我没有想过这个问题。当时写的时候没有想。你这一问,我觉得也有可能。台湾就闹过韩愈的后代为祖先打名誉权官司并且获胜的事。但我相信我不至于再败诉了。我引用的东西,都是徐霞客自己在游记里记载的,不是我编造的。当然,在写陈永贵的时候我也没有编造。

访谈者:你在史书中发现了很多有趣的资料,包括那些招待费用的记载,我很好奇,这些东西既然是上不了台面的东西,是谓"潜"字,见不得阳光,只能是私下的交易。为什么会有人把它们记载在史书里呢?而要发现这样的史料是不是比较困难?

吴思：不困难，不过有时候要碰运气，从一些人的年谱中能发现许多线索，像晚清官员张集馨的《道咸宦海见闻录》，段光清的《镜湖自撰年谱》，都有这方面的记载。有时候也可以参考小说，像《老残游记》、《二十年目睹之怪现状》等，小说虽然有虚构的成分，但结合真实的数据，还是能够分析出一些与事实差不离的东西。还有很多人的文集，如《海瑞集》，从中能找到不少东西。历史档案里也有。清代的四川巴县档案里就有。

访谈者：怎么理解你所说的中国商人挂洋旗那个时代的情形？你说洋旗的价值在於是洋人国家政府向本国公民提供的公共产品——公民安全，那你认为现在很多人办投资移民，是不是通过一本洋护照来购买这样的服务？还有一些贪官外逃，你认为他们寻求的服务又是什么？

吴思：中国商人挂洋旗那个时代和现在是不一样的，那时，有些国家有一个强大的政府，例如法国，而中国自己的政府比较弱，所以给外国公司超国民待遇，中国商人通过挂洋旗而购买这样的待遇，后来法国被希特勒占领，法国政府不能保护自己的公民了，法国旗就不再具有这样的价值，中国商人就舍法国旗而改投国民党高官了。

我觉得投资移民也有购买外国政府向本国公民提供的公共产品的意思，当然包括公共安全和教育等。至於贪官外逃，那是逃难了。

隐身份成了比显身份更重要的身份

访谈者：你在《县官的隐身份》里谈到，海瑞提到县官本来应该是管理民事的，如今却成了驿丞，也就是迎来送往的招待所所长,招待所所长倒成了县官的一个非常重要的隐身份。这个说法可以解释当今中国的很多事情,比如律师,本来应该好好钻研法律业务,但现在有些律师引以为傲的资本却是和法官的关系比较铁,当事人一见到律师,问的也是,你和法院的关系硬吗?再比如有些医生,开处方时想的是药厂的那些高额回扣,而不是病人的病情……

吴思:律师的隐身份变成了法律买卖的掮客,医生的隐身份变成了药商,隐身份成了比显身份更要紧的身份。潜规则成了比正规则更重要的规则。

访谈者:你的《潜规则》被评为继黄仁宇的《万历十五年》之后最富创见的历史著作,说出了《万历十五年》没说透的地方。但我注意到也有人评价你和黄仁宇一样没能跳出困境。历史学家吴晗写过一本书叫《海瑞罢官》,成为"文化大革命"的导火线。你们三个人都关注明史,都关注海瑞,都借古喻今,你能谈谈这其中的奥妙吗?

吴思:黄仁宇说,他关注明史是为了追究国民党在大陆失败的原因。我能理解这种说法。清朝的许多制度都继承了明朝,要寻找初衷就要追到明朝。

我关注明朝,一是因为时间近,史料多,又不至于多到让人绝望的程度。二是清朝有一个部族统治问题,凭空添出一段复杂,现在不存在这个问题,我想绕开。还有明初的措施与"文革"前后的政策非常像,看得我惊叹不已,对我特别有吸引力。总之,我想通过了解完整的帝国兴亡史,加深对体制的认识。向后看是为了向前走。

我不清楚吴晗为什么选择了明史,从他写《朱元璋传》的过程可以看出,他的现实关注也很强,他在通过理解朱元璋而理解当时的政权首脑,他有鉴往知来的动机。"文革"中的人们也是如此理解他的。如果说有什么奥秘,企图深入透彻地理解现实,鉴往知来,这就是共同之处吧?至于说我和黄仁宇一样没有跳出困境,我不懂这困境指的是什么。

命名是认识世界的手段

访谈者:《南方都市报》 黄兆晖
时间: 2004 年 8 月 27 日

命名是人们认识世界的一个标志

访谈者: 吴思先生你好, 这两年, 你的著作《潜规则》、《血酬定律》都成为文化关键词。可是在某些人士看来, 你的最成功之处在于命名能力, 而不是学术水平, 你怎么看这个意见?

吴思: 因为一直做新闻, 所以取标题是我的职业长处。不管是办杂志还是办报纸的时候, 我都是做标题的好手。在学术上, 比如纯粹的历史学, 我的水平比起一些专业高手有相当大的距离, 有的学者是二十四史全过下来的。所以他们说得不错。但是命名本身就是人们认识世界的一个标志, 很多事物你感觉到了, 命名出来就能仔细理解它, 而且能够讨论。命名是很重要的, 也是学术活动中的重要内容。而且, 如果把学术活动理解得更宽点, 不仅仅是对资料的掌握, 而是对事物内在联系的把握, 对事物本身特质的辨认的话, 我觉得我在这个方面做得还可以。

访谈者: 他们甚至认为你提的某些概念, 比如血酬定律, 国内外思想家也表达过类似的看法,并非你真正首创。

吴思:国内与血酬定律的研究最接近的,是一位研究过中国土匪的经济学家奥尔森,他提出了坐寇、流寇之分,土匪坐久了就有转变成政权的趋向,这就是所谓的"成王败寇",中国的古汉语表达得很清楚。他解释了"成王败寇"的现象,但是还没有揭示出形成"成王败寇"的机理。他并没有提出类似于"血酬"的概念,而"血酬"正是生命与生存资源交换的核心概念,即追求卖命收益的最大化,这是"成王败寇"的关键所在。我也没有看到西方有这样的解释,我觉得这是西方社会生活的特点造成的,他们这方面的问题没有严重到我们这个地步。我目前没有看到别人做了跟我同样层次的工作。

访谈者:你曾经拿自己的研究和"体制化的学术"做对比,你怎么看待体制化的学术?

吴思:因为我不在体制化的学术机构里,只能说一种"在外"的感觉,评价得可能不够中肯。我们的体制学术,有些问题是伪问题,或者没有问到点,回答这样的问题,好多精力就浪费了。当然它起到了整理资料、澄清一些细节问题的作用,这些都是有益的。但是在研究框架上,有些是扭曲的,也许并不适应中国社会,你用这些既定观念去套,去解释中国历史非常困难,捉襟见肘,自我矛盾。这是因为体制内学术受到限制。既然有这些框架上的限制,可能很多问题都说不透,其成就可能让我们的读者觉得不够满意,不能够解决内心深处的许多困惑,不能帮助我们更好地理解我们的历史,理解我们的社会。

对于大多数人而言,了解真相就意味着去除蒙蔽

访谈者:有人说读了你的著作,感觉"潜规则"像空气一样潜伏在我们的四周。

吴思:潜规则并不能够解释一切,而所能解释的是那些"名不副实"的灰色地带。比如说三纲五常,在中国的帝国时代,起到了很大作用。官僚集团说代天子牧民,但是官僚集团是按照皇帝的要求,或者是按照老百姓所期望的那个儒家的规定去做的吗?没有。他们部分地做了,但是掺杂了很多代理人利益在里边,那个代理人利益带来了对原来体制的偏离,这一部分,正是潜规则要解释的东西。体制越合理、越完备,潜规则发挥的空间也越小。

访谈者:有人担心,随着你的著作的畅销,潜规则的观念也会流行,这样人们会更加自觉地运用潜规则来解决问题,而绕开正常的程序,你怎么看这个问题?

吴思:我觉得一种科学的观念能够起到的作用就是澄清真相。至于在真相澄清之后,人们如何做出选择,那是他们自己的事。由于有一种观念可以帮助我们澄清真相,使得选择更加自觉,利害计算更加清楚,即使受害,受害者也被害得更明白。但是观念不能解决一切问题,观念只能让你不要糊涂,不要张冠李戴,不要走弯路。但是有没有这个观念大不一样,对于强势一方来说,即使不懂这个观念,也玩得如鱼得水;但是对于弱势一方来说,他们对这个东西一知半解,而且对方看起来很神圣。如果前者的水平原来已经是80分了,看了这个东西更加自觉,增加到85分;弱势一方呢,原来他们是不及格的,才50分,

看了之后,也不可能像强势一方那么明白,但是增加到70分,至少及格了,他们绝对的涨幅比强势一方大得多。

一切掩盖真相、扭曲真相、糊弄人;都是强势一方掩盖不当收益的有效手段。了解真相本身就是一种价值,对于大多数人而言,了解真相就能去除蒙蔽。

好好地把自己的病找清楚,说明白

访谈者:西方历史上是否也有"潜规则",与中国相比有哪些异同?

吴思:比起民族性,制度对"潜规则"影响更大。旧时代的西方社会,也有不少和中国历史类似的"潜规则",但是随着制度的进步,公民权益的提高,监督力量的加强,"潜规则"发挥作用的空间日益减小。

访谈者:有人质疑你的"潜规则"手术刀更多地挥向中国历史,而很少挥向西方,是不是对自己太苛刻,而对别人太宽容了?

吴思:对这个问题,我还专门写了一篇答复的文章,首先我对外国不够了解,我只能说我了解的事,回避外国也是扬长避短。其次,我们要了解我们自身的历史,自身的问题,你去给别人治病干什么?好好把自己的病找清楚,说明白,我觉得这都是人之常情。人们总是关心自己身边的事。自己还在生病,却集中精力、没完没了地嘀咕别人的病症,我觉得那才是病态。

访谈者:"潜规则"横行是否影响到我们民族的性格和文化的表达?比如我们的文化喜欢的是"言此意彼"、"心领神会"。

吴思:潜规则是我们民族性格的一个表现,不是我们民族性格形成的原因。如果谈民族性格形成的原因,应该在形成潜规则的体制中找问题。

知识分子应有助于更准确地把握真相

访谈者：有一些读者认为，利益的量化和较量是你分析问题的主要途径，你的作品中忽略了道德、情感等因素，甚至缺乏终极追求，你怎么看这个批评？

吴思：是说我写的东西没有，还是我这个人没有？我觉得我有。在我写的这个层面上，不用引进这些内容，就可以说清楚了。如果要引进那些东西，反而有点画蛇添足。按照马斯洛的说法，人们各种层次的需求中，第五层才是自我实现。先寻求安全，然后再寻求温饱，这些需要满足不了的时候，是不会去想自尊的；而在取得自尊、获得归属感之后，更高一层的需求才会在你的心灵中起到更大的作用。在中国的历史上，即使到了现在，全社会也还没有进入到那个最高的层次——可以更加充分地关注精神生活，物质问题不是一个大问题。所以我觉得要解释这样的状况，无需把那些因素拉进来，解释最基本的东西就可以了。

访谈者：那么对于你自己，你的终极追求是什么？

吴思：知识分子要对社会提供他们的产品，即观念的产品。这种产品应该有助于人们更准确地把握真相，更清晰地建构新的价值体系。我觉得这件事，中国知识分子一直在做。当然做起来困难重重：有外界的限制，也有自身其他方面的诱惑。但是大家还是在不断地努力，包括向外国学习一些东西，把老百姓放在更加重要的位置上，构建一种更准确地把握现实的思路，构建一种新的价值体系，等等。

访谈者：这正是你研究一切问题的出发点和归宿吧。

吴思：是，这是我安身立命的东西。我的人生意义就在这里。

访谈者：能否透露你下一本书的写作计划？

吴思：我打算补补课，看点世界史方面的东西，看看其他国家是怎么走过来的；另一方面，观念史这个方面我一直不碰，因为觉得水很深，现在我也想在这方面碰一碰；另外，以前血酬定律涉及的好多领域还没说完，我也想再继续深入。

历史与公正计算

访谈者:《南方周末》 戴志勇
时间: 2010 年 10 月 17 日

公正:自作自受,得付相称

访谈者:"五四"时期打出的口号,是民主与科学。1978 年后摸着石头过河,三十多年后,是不是可以说,改革的目的,一个是自由,一个是公平?

吴思: 公平是一个组合,意思是既公且平,大家都服气、认账。公平是公正的近义词,既然正了、公了,各方面的利益都照顾到了,自然平了。

访谈者: 平是公的结果?

吴思: 是的。但有人问,市场经济不公平吗?为什么有这么大的贫富差距?所以我尽量不用公平这个词,有歧义。公正是公正,平等是平等。平等又分机会平等和结果平等。机会平等属于公正,结果平等则未必。如果把公平看作公正和平等的合称,两者并不是一个东西。

每个人得其所应得,付其所应付,就是公正、正义。有个词特贴切:自作自受。一说自作自受,大家都服气。印度的种姓制度,明明有人受歧视,只要说上辈子造孽了,这辈子当牛做马也认账。

这跟佛教的因果报应的说法相似,造孽就该遭报应。"自作自受"这个词有贬义,不妨说"自付自得":多劳多得、少劳少得、不劳不得,这就是公正。某件事是否公正,某种公正标准是否公正,都可以用"自作自受"衡量,这是衡量公正的元公正,这是根。

凭什么这是根?我们可以追溯到生命的根源。单细胞生物要活下去,总要付出一定的能量,以获得能量和营养物质,同时躲避危险,这才能活下来。自作自受,怨不得别人。还要得付相称,得不偿失也活不下来。不遵从这套道理的生物,或者死光了,或者不能进化。这个道理就成为进化而来的公正观,成为存活下来的动物都接受的道理,反对者被进化淘汰了。

回到开头的问题。你说改革的目的,一个是自由,一个是公平。其实自由和公正的主体部分是重合的。公正是自作自受,善有善报,恶有恶报,得付相称。如果再把自作自受的范围缩小,剔除暴力欺诈,禁止作恶害人,那就是自由。自由就是剔除了恶性付出的自付自得。在这个有限范围内,自己选择,自己承担选择的后果。前三十年的改革为什么有成就?就是自由度提高了。但还不够,应该继续提高。

继承制与遗产税:君子之泽,五世而斩

访谈者:如果从"自作自受"的公正观出发,一个新秩序初立时搞土地革命,重分田地,或如商鞅废井田开阡陌,这其中的公正怎么看?

吴思：自耕农是标准的"自作自受"。人跟土地直接发生关系，没有其他人的截留。一定生产力水平下，付出多少，得到多少，大体有一个比例关系。自耕农的得付比既普遍又单纯，所有人都认账。这是基础得付比，可以作为各行业对比的基准。

井田制，耕九分替公家付出一分，相当于1/9的税率。凭什么1/9劳动白给你？如果土地是领主给的，可以看作庶人用劳动换取土地使用权。领主付出的不是自己的劳动，而是土地这种生产要素。这也是正当的，也是自付自得，多付多得。但土地付出的正当性，不像劳动或生命的付出那么直接，换算起来有可能打折扣。马克思就认为地主资本家是剥削阶级，不承认生产资料所有者对价值创造的贡献。现在则有"要素分配"的说法，承认劳动之外的生产要素的贡献。

土地等生产要素又是怎么来的？贵族领主可以说，江山是我打的。地主可以说，土地是我攒钱买的。两者还可以说，这是祖先传下来的。继承遗产也是正当的，因为是前辈辛辛苦苦挣来的、打来的或买来的，前辈有权处置自己的东西，包括传给儿子。遗产继承的正当性，就是自付自得的跨代展开。但儿子是白得的，难免打个折扣。按中国的标准，君子之泽，五世而斩。每传一代的平均折扣为20%。

遗产税征多少合理？按照五世而斩的原则，应该是20%。至于政府拿走20%干什么，用途是否公正，取之于民是否用之于民，那是另外一个问题。

总之，对比自耕农制度，井田制的正当性要打折。第一个折扣，就是土地和劳动的交换，要讨论交换的比例。从一比九，到五比五，再到九比一，多少才算合适？第二个折扣，地主的土地是怎么来的？如果是继承的，一传再传，世袭罔替，一代又一代永远吃下去，是否正当？第三个折扣，从效率角度说，人们给自己干活，通常比给别人干活的效率高。自耕农无须对自己偷懒。

前两个折扣是正义方面的损失，第三个折扣是收成方面的损失。我这里把井田制和租佃制混为一谈，实际上，井田制下的贵族领主要保卫安全、维护等级秩序，同时索取劳役和兵役，比地主索取劳役地租或实物地租更加复杂，是一整套利益交换，而且带有强制性。

从井田制到租佃制，从有限的历史记载看，直接动力是追求效率，不是追求公正。当然，拐个弯说追求公正也行，公正往往带来效率。公正不是自付自得、得付相称吗？井田制里是集体劳动，有机会偷懒，嫁祸于人，"自得他付"，于是效率低。《吕氏春秋·审分》说："今以众地者，公作则迟，有所匿其力也。分地则速，无所匿其迟也。"分了地，大包干了，自作自受了，效率就提高了。

井田制之后是租佃制。佃户租地主的土地，交50%的收成作为地租，不用监督劳动，农民也不会偷懒。这种制度在效率方面问题不大。但地主凭什么拿走那么多？辩护者说，这是自愿的，自作自受，市场行情如此，你不愿意当佃户，后边还有好几个人争佃呢。反对者说，劳动创造价值，地主吃租是不劳而获。地主对生产没有贡献。资本家还要投资，还要承担市场风险，地主承担了什么？土地是天生的，又不是地主制造的，他们是寄生虫。这是土改的正当性依据。辩护者说，土地不是天生的，需要投入，需要维护，提高肥力，防止退化，不能没有主人。

公共地必定滥用,必定退化。总之,依靠劳动之外的生产要素过日子,容易引起正当性方面的争论。但无论如何争论,大家都默认一个原则:自付自得,得付相称。

访谈者:君子之泽,五世而斩,这个比是怎么出来的?

吴思:我不知道设计者当时怎么想的。五代之后,按照遗传学家的说法,五代前祖先基因的浓度已经降低到跟随便大街上拉来的人差不多了。不是要照顾有血缘关系的后代吗,五代以后就没有特殊的血缘关系了。

法酬与血酬

访谈者:中国的历史往往是,一帮人打了天下,然后制订法规,确定税率。这个公正性怎么看?法酬要算多少合适?

吴思:这是两个问题。第一,暴力集团确实付出了。打天下的人常说,天下是我们用鲜血生命换来的,我们当然有权如何如何。有理吗?从"自作自受"的角度说,有理,问题是这理在多大范围内管用?第二,税率多少算合适?咱们先说税率问题。

暴力最强者说了算,这是元规则,决定规则的规则。但暴力最强者并不能为所欲为。他制订规则时追求利益最大化,怎样达到最大化呢?讨论最佳税率的理论,有个拉弗曲线,抛物线形状,最高点就是税率最优点。假设税率25%是最高点,如果收10%,税收总额还有增加的潜力。如果收高了,35%,税收总额反而下降。因为很多公司破产了。如果税率百分之百,没人干活了,一分钱税也收不来。所以,暴力最强者在制订税率时,一定要考虑纳税人会不会破产,会不会逃跑,会不会反抗。

他们被迫考虑生产者的利益,调整税率,寻找自身利益最大化那一点。

访谈者:这种调整的空间非常大,逃跑、反抗都需要各种条件。不让纳税人逃走,既可以用优惠的税率,也可以用各种弱化对方或强制的办法等。

吴思:对。可以控制调整各种条件,也可以调整掠夺制度。像寻找最佳抢劫率一样,寻找低成本高收益的掠夺制度。

比如清入关,在入关前他们可以维持奴隶制,因为关东平原一片旷野,要逃亡很困难。而且人烟稀少,逃亡了也不容易生活。进了关,遍地青纱帐,到处都是人,你知道他藏在哪儿?当时也想维持奴隶制,结果遍地逃奴,县政府的头号工作就是抓逃奴。怎么抓?抓住怎么办?如果不杀他,还跑。杀他,等于把自己的牛羊抓回来了杀了。那就杀收留逃奴的人?他们都是纳税人,把他们杀了,皇帝的纳税人少了,皇帝受损,奴隶主受益。利害计算的结果是,奴隶制成本太高,对皇帝来说,维持奴隶制得不偿失。奴隶制被迫解体。

从成本收益计算的角度看,奴隶制不行,井田制也不行;人民公社不行,自留地也不行,租佃制是地主调动劳动者积极性的最佳制度。寻找最佳制度是一个历史过程,可能需要几代甚至十几代人。第一代人可能对新政策很满意,觉得比过去好。但第二第三代就不满了。第二代农民工对允许进城打工的政策不会再有感恩之情,他们更容易对歧视性待遇不满。

访谈者:照利害计算来分析,抢劫者付出了鲜血和生命,冒了风险,他的所得,是不是也符合公正原则呢?

吴思:符合。但要讨论符合的范围。咱们讨论的是人类社会的公正观,不是单说某一个人,某一个抢劫团伙。从抢劫者的个人角度说,冒险抢劫也是自付自得,问题在于被抢的那个人。我辛辛苦苦种了一年地,打了几百斤粮食,让你抢走了,你说你自付自得,那我的"自付自得"怎么办?对我公正吗?从全社会的角度看,抢劫是对公正的破坏。从抢劫团伙的角度看,用《庄子》转述盗跖的话说,盗亦有道。冲在前边是勇,退在后边是义,公平分配是仁。他们也讲论功行赏。这是抢劫者内部的价值观。把抢劫行为放到全社会的背景上评价,基础就是不公正,甚至,抢劫集团内部越公正,抢劫的效率越高,整个社会所承受的不公正就越大。在这个背景上看,抢劫者的自作自受,得付相称,在绝对值的意义上虽然是公正的,但在绝对值前边要添正负号。更何况抢劫本身还有消耗,比如消耗30%,双方只有付出、没有收益,于是,抢劫的正当性,还要再降低30%。

访谈者:抢劫还要冒险,无论是正是负,总还有点正当性,有没有什么都不付出,就把东西抢来的?

吴思:在逻辑推理上有。在实际生活中,好像贪官污吏的"高衙内"比较接近你说的这种人。他们的父辈还要辛苦巴结,还要有歪才,衙内横行霸道,却什么都不付。社会对他们的态度,在仇恨之外又多了一层轻蔑。

访谈者:刚才还说到,怎么看打天下坐江山的公正性?

吴思:历史上的皇帝,冒险打天下、坐江山,大家都认这个账。从全社会的角度看,皇帝领导的暴力团伙,消灭了流寇和其他暴力团伙,天下太平了,抢劫率下降了,天下受益。皇帝团伙难免为非作歹,但功大于过,他们坐江山大体是公正的。可是深入分析一下,皇帝打天下时如何动员民众?在打天下的过程中,付出最多的又是谁?皇帝说解救大众苍生,为此流血流汗、奋战牺牲的也是大众苍生,现在天下打下来了,从自作自受的角度说,凭什么皇帝自己坐江山,还传给自己的儿子,不让民众当家作主,不传位给民众推选出来的人?这不是贪天之功为己有,掠众人之美吗?即使第一代真有天大的功劳,终身执政有理,君子之泽,也该五世而斩吧?

皇帝和流寇的不同之处,就是他在有限抢劫的同时也维护了秩序。他的正当性来自后者。反过来说,一旦他和他建立的体制破坏了秩序,或者,他提供的秩序违背了公正,抢劫率比土匪还高,他就失去了正当性。

公正与否是主观感受?

访谈者:假如城郊菜农每个月的卖菜收入2000块钱,也没有农业税,不少人觉得还不错。去城里,有中学教师觉得,凭什么我一个月2000块钱,公务员收个红包上万?他们又觉得很不公正。在多大程度上,公正是一种主观感受?

吴思:得付相称,有一个得与付的比例关系。每个时代不一样,不同的社会集团也不一样。采集狩猎时代、农牧业时代、大工业时代,各有各的得付比。其他条件不变,技术水平越高,得付比越高。一定时期,人与自然的交往有个一般的生产力标准,这是很客观的标准。

对得付比是否满意,要看参照系。农民过去种粮,现在种菜,投入跟过去差不多,但挣钱比过去多了,参照系是自己的过去,主观感觉满意。远郊种粮的挣一万,近郊种菜的挣三万,得付比不同,但别人是近郊,他在远郊,远郊人都挣一万,他也认账。

教师的得付比参照系一般怎样选择？一个是，以前教书挣多少钱？再一个是，选择近似行业能挣多少钱？公务员可以算近似行业，这是教师有可能做的，不像把远郊的地移到近郊来那么不可能。到近郊承包大棚，相当于考公务员，如果允许教师考公务员，没考上，也不会觉得不公平。如果别人走后门进去的，教师就会觉得不公平。

没红包时，公务员一个科员的月薪大概是2000多块钱，科长平均月薪也就是3000左右，对教师来说，得付比差距不大，没什么可羡慕的。

收红包另是一笔账，属于受贿，以权谋私，有可能进监狱。而且还有一个良心问题。羡慕收红包者应该自问：第一，红包是不是正当收入？第二，如果不正当的话，就不能光看见贼吃肉，看不见贼挨打。将来你可能因为这笔钱进监狱，你愿意冒这个险吗？第三，如果这个人良心敏感的话，还要加上良心的代价，自尊心受伤的感觉，等等。

访谈者：是不是统治者可以靠某种力量重新设定参照系，改变社会各个阶层的公平感？

吴思：问得好。得付比主要是由生产力水平决定的。对公正的感觉就建立在这个客观基础上。但是，我自己每个月挣两千块钱是否公正，主要取决于我选择的参照系。这就有很强的主观色彩，比较容易改变。调整参照系，就可以调整公平感。忆苦思甜就属于这种调整。关于中国税负排在世界第几位的讨论，就是建立横向参照系。控制者可以淡化对自身不利的参照系，强调有利于自己的参照系。

人们对某件事情是否公平的看法,除了选择参照系之外,还取决于新信息的出现。比如说,2003年那一年,挖煤工人死亡率千分之四,愿意下井冒险的,可以多挣2500多块钱。愿意干就干,不愿意干可以走。这是关于生命的得付比,选择者并不觉得不公平。但是,忽然有人说,千分之四的死亡率算错了,光算矿难不行,还要算尘肺病。死于尘肺病的人比死于矿难的人更多。新信息一出现,当事人马上就觉得不公平,要求补偿,开胸验肺也得补。这时候,要控制公平感,就需要控制信息传播,甚至需要控制工人讨价还价的能力。

访谈者:跟全方位的博弈能力有关系?如果其他因素进来,比如,在新闻自由条件下会形成社会舆论压力,公正的标准又会变?

吴思:在信息自由流动的条件下,不同的参照系都冒出来竞争,最后会博弈出一套比较客观的标准。

工人组织权利值多少钱

访谈者:如果换算一下,工人讨价还价的组织能力值多少钱?

吴思:有个1928年到1933年期间枣庄煤矿工人有工会和无工会状态的调查,扣除通货膨胀因素后,工会可使工人工资提高32%。

如果工人明确意识到组织工会是涨工资的必要条件,而政府剥夺了组织起来谈判的权利,一个月可挣工资1500,实际才挣1000,就会引发政治上的不满。要是不知道这点,就不会有不满,本来就没有工会,谁知道工会这么值钱?从这个意义上说,确实需要启蒙,提供新的参照系,让当事人知道自己吃亏了。

访谈者：说到启蒙,是认同有一套权利价值观在后面？

吴思：启蒙就是让人别犯糊涂,算明白账。明白自己有什么权利,权利和义务是否相称。谁能说一切都明明白白？没有大糊涂也有小糊涂。在工会方面,几乎是大糊涂,工人还没形成普遍自觉的权利要求。有的明白道理,但势单力薄,惹不起就认账了,忍着。

访谈者：只是因为没有能力去改变？

吴思：一分耕耘一分收获,这也是自作自受。其实,很多道理大家也知道,政府应该提供公共服务,维护工人的各种权利。公民纳税,政府提供等值的服务,这才是公正的。但现实往往是打天下坐江山。

访谈者：什么情况下才会改变这种规则？

吴思：规则有好几种。宪法是一种规则；地方和部门法规是一种规则,潜规则又是一种规则。各种规则都有改变的可能。改的时候,管制者和被管制者,官和民,都在做利害计算。不同社会集团的内部,具体的操作者,还有自己的小账本。综合计算起来有利可图才能改。

访谈者：俄罗斯式的权贵要保住自己掠夺来的成果,从而与改革派的合流,这种"改革动力"怎么看？

吴思：既得利益集团和改革派可能有某些共同利益。利益比良心更可靠。公正,良心,对一般人的行为有影响,但影响更大的是利害计算。没有生命威胁了,衣食足了,礼义廉耻就容易发挥作用。一旦面临生死威胁,饥寒交迫,这些东西嚣张起来，可以压倒一切。仁义就处于这种二三流的地位。

官家主义制度

访谈者：不是从公正出发，而是从利害计算出发，可不可能到最后算出一个比较公正的结构或局面？

吴思：公正也要利害计算。计算得付是否相称。如果得付不相称，比如说官家集团付出少，得的多，谁都想往这个集团里钻，它就越来越膨胀，十羊九牧，最后自己垮掉，历代王朝都有这种趋势。

与小波动比较，这种大循环使整个社会损失惨重。因此，要通过宪政、民主、权力制衡来抑制统治集团，别吃过头，这对整个社会有好处，对统治集团也是有益的。

但这是非常理性的抉择。怎么让统治集团利益和整个社会的利益一致？怎么让个人利益和集团利益一致？怎么才能形成这样的架构？第一，需要知识，以前不知道有民主选举，权力制衡，不知道这是长期双赢的利益格局，现在知道了。第二，需要有被统治者与统治者两方面追求长远利益的动力。第三，还需要相应的人格支持，这个人既要有担当，还要有节制，别不知道节制再试一把"人间天堂"，干砸了，还要折腾一回。

访谈者：暴力集团是不是还存在委托代理的关系？历史上，官家集团里面有皇帝、文武百官，有太监。

吴思：封建制是分权制，主体不是委托代理关系。周天子分封诸侯，每个公侯甚至大夫都有自己的政府和军队。一堆小王架着一个大王。人人都是主人，不是代理人。

但这个制度不好，暴力集团的首领太多，暴力均衡一旦破坏,就爆发战争。为了避免战争,发明了郡县制。郡县制就是一个皇上带领一帮哥们儿打了天下坐了江山,然后委托代理人管理国家。

访谈者:只有一个老板。

吴思:皇帝当董事长,立功受赏的贵族便是股东。贵族打天下时卖命了,坐江山时杯酒释兵权,让他们回家享受红利,好好过日子,但不要干政,尤其不要带兵。

从政的是谁呢?通过推举考试,找出一批读书人,根据一定的标准,成为各个部门的管理者。他们是代理人,随时可以撤换。这就是秦汉以来一直持续的制度,我称之为官家主义制度。

官家有三个主体,三个含义:第一个含义是皇帝,皇帝"主义"——当家作主,立法定规,立的法是王法;第二是条条块块的衙门,立的法是地方法规或部门法规。第三个含义是官员个人,官员个人凭借他代理的权力立法,就是潜规则。

这三种规则有时互相矛盾,但都管用。各有各的地盘。但立法定规的主体就是官家集团。官家内部的不同主体相互博弈,争地盘、捞好处,分配各种资源。

访谈者:老板和代理人之间有很强的博弈关系。把权力往上收,弱化下面的权力,或通过隔几年来一次群众运动,压制官僚体系。为什么会有这些不同的博弈方式?最好的方式是什么?

吴思:一个人面对庞大的官僚代理集团,皇帝很快就知道不是对手。但大体也能维持住。道光皇帝派张集馨去四川当副省长,跟他说,你不用什么环节都管,管不过来,能管住结果就行了。皇帝说,比如驿站,按规定都得有几匹马,下边的人用马干私活儿。马租借出去了,你去查,他从别的驿站借几匹马顶上。没法管。你只要盯住驿站的任务完成没有就行了,其他事睁只眼闭只眼。皇帝说的办法,相当于承包制。

现在也用这种办法。比如控制上访,一个人到北京上访一次算一分,每个县每年给一定额度,假设100分,超额就别想升迁。至于各地用什么办法减少上访,管不了那么多。计划生育管理是一票否决,都有点承包的意思。

总的来说,博弈的最终结果是走向简明易查的核心指标,钱粮刑名任务的承包。同时皇帝逐步退让。官员不断膨胀,不断夹带私活儿,潜规则边界扩张,久而久之法不责众,正式法规也跟着调整。过去贪污十万就枪毙,现在贪污千万都不见得枪毙。这就是代理人跟人老板的博弈。

朱元璋曾经发动老百姓监督官员,老百姓可以把下乡扰民的县官绑送京师。但是他一死,这套办法就废了。官员集体反对群众监督,新皇帝权威不足,镇不住那么多官员。

中国的历史经验,总的趋势,是皇帝逐步在博弈中败给官僚集团。

访谈者:有没有跳出失败命运的办法?

吴思:毛泽东早就跟黄炎培说,我们找到办法了,这就是民主,让人民监督政府。民众当家作主和皇帝作主发动群众不一样。皇帝是为民作主,为他人作嫁衣,积极性不高。老百姓自作自受,永远有积极性。县长敲诈我们,不好好干活,就换个新的,这样,县长自然就成了老百姓的公仆。很简单。

访谈者:自上而下的博弈会失败,跟他信息不对称、处理能力不够相关。选的话,是因为信息更对称,还是因为博弈机制变了?

吴思:如果皇帝像神仙,谁是贪官谁是清官都清楚,肯定用不着派巡抚、派太监,更用不着发动群众。每年清算一次就完了,撤的撤,升的升。问题是不可能。话又说回来,即使搜集处理信息的能力提高了,还有一个利益问题。现在有电脑、互联网,搜集传播信息的成本下降了。据说中纪委收到的举报信成堆。问题是查不查?查一个要付出多少成本?谁来付?谁得好处?得付相称吗?

访谈者:即使皇帝及时知道,也还存在皇上跟民众的利益不一致?

吴思:对。皇帝的利益肯定跟民众的利益有差别。皇帝终生是皇帝,干好干坏一个样。他也想偷懒,也不想找麻烦,对某些贪官或许还有私情。老百姓就没这个问题,你压迫我,我就反抗,压迫越重,反抗越重,一报还一报。

工商阶层推动宪政文明

访谈者:有什么动力可走到这一步?

吴思:农业社会的民,主要是农民,小民,一盘散沙,反抗能力不强。工商社会出了新民,是大民,资产阶级。资产阶级不像农民,只要饿不死就能忍下去。企业税费增加几个百分点,就可能破产。对政府,他们比农民更挑剔。

小民收买官员是不合算的,买不起,也惹不起。资本家可能有实力跟科长、处长甚至局长叫板,收拾或收买他。在局部,官员有可能成为资本家的代理人,照顾他的利益。在这个局部,官家主义转变为资本主义,资本家完成了一个人的革命。一个人的革命不合法,但成本很低,收益很高,全国到处都是。

虽然还是官家主义,但千疮百孔,到处都能看到局部非法的资本主义。不过,对资本家来说,这并不是理想状态。第一个问题就是官员的任期短,没法做长远安排,什么百年企业?十年企业都别想。第二个问题是缺乏安全。生意做大了,少挣点钱不要紧,安全最要紧。合乎这个阶级利益的理想状态,就是稳定的宪政秩序。

大民出现,带来的两个方向:一是官商勾结,严重腐败,官家主义被腐蚀得千疮百孔,社会变得很糟糕。另一个方向,资本力量兴起,追求稳定的宪政秩序,尤其是资本主导的宪政秩序。大民可以成为这种运动的资助者、组织者,甚至主导者。

访谈者:这可能需要跟知识精英、做NGO的结合起来?在社会转型的过程里,工商力量起主导作用?

吴思:工人也有作用。传媒人、知识分子、农民工都在发挥作用。有良知的共产党人,甚至某些既得利益集团,都是变革的力量。但资产阶级是新的历史力量,他们既有这个眼界,也有变革的动力,还有强大的实力。

访谈者:很多资本家没有安全感,但他们可以走,用脚投票。只有土地走不了。

吴思:年龄大不想干的,可以走,到外国当寓公去。但生意很难带走,扩张阶段的资产者,要损失很多东西,不甘心。那么,或者冒险官商勾结,或者使劲弄出个好制度来,往哪个方向使劲,取决于当事人的价值观和利害计算。

访谈者:公正的制度,还是通过利害计算算出来的?

吴思：建立公正的秩序，利害计算排第一，公正排第二。但公正可以强化利害计算。狗到别人家门口，看门狗冲它叫，它夹着尾巴不叫。到自己家门口了，它就叫得很凶。它觉得是自己的地盘。有了这个正当感，斗志可以加倍。大街上摆摊，你理不直气不壮，官员没收你的东西，打你两巴掌，你也灰溜溜地走了。如果你理直气壮，哪怕别人骂你一句，你也敢跟他拼命。加入公正之后，利害计算就要乘以一点几，例如一点三，一点五，偏离公正越远，乘数越大。这就是公正的作用。

访谈者：对。内心有判断标准或天理在。通过利害计算，把这种天理外化。

吴思：而且强化了。公正能增强你的斗志，能帮助你赢得支持，还能让对方觉得理亏。

你有理，警察要是找你麻烦，他也觉得理亏，说"吃这碗饭没办法"，跟你客气。他要觉得你真是坏蛋，就可能找机会揍你一顿。心亏和理直气壮的时候不一样，会导致一系列利害计算的改变。

研究方法：读史好比看下棋

局观历史

访谈者：AA
时间：2003年6月5日

访谈者：读了你的《血酬定律：中国历史上的生存游戏》，想起了黄集伟在《南方周末》上的一段话。他说你兴致勃勃地讲述历史故事，背后却隐藏着清晰的学术建构，同时创造了许多新概念。这种意图表现得更强烈了。在讲述历史故事的同时，你构建了一种解释中国历史的新框架。五阶段理论遭到广泛置疑后，探索新框架的努力就开始了。且不说从西方引进的各派理论，中国人自己创造的，八十年代已有超稳定结构的理论，近两年又出现了"中层理论"的旗号，黄仁宇还有"大历史观"或"宏观历史"的说法，你的框架到底是什么框架？

吴思：我没有完整严密的理论，但我在读史的时候经常想起前人的一个比喻，多少起到了分析框架的作用。

1874年，李鸿章用"数千年未有之变局"来描述中国在西方列强冲击下的处境：环境范围变了，对手变了，对局的手段也变了。李鸿章的"变局"说广为人知，但他并不是这个比喻的发明者。李鸿章之前约一百年，史学家赵翼的《廿二史札记》就有

"汉初布衣将相之局"这样的题目,赵翼说:"秦汉间为天地一大变局,"他说,秦汉以前是"封建诸侯"社会,君和卿大夫都是世袭的。秦灭六国,开创了"一统之局",随后,布衣可以当皇帝,无赖匹夫立功也可以当将相,封建之局大变。赵翼还用了定局、新局等说法。

再往前追,《三国演义》描写刘备三顾茅庐,听到诸葛亮作的一首歌:"苍天如圆盖,陆地如棋局,世人黑白分,往来争荣辱……"已经以棋局比喻人世。宋代大儒朱熹也说过这样的话:"天地间道理有局定底,有流行底。"(朱子语类卷六五)朱熹已有用"局"内的互动关系来为事物定性的意思。

套用"对局"的比喻,我们可以很形象地分析对局的主体、对局的规则、对局的结果、各方的利害计算、各方的策略、各方对形势的理解,等等,我觉得这是 个很有启发性和包容力的框架。

访谈者:如果我们借用"宏观"、"微观"、"中观"之类的命名思路,你的框架是否可以叫"局观"框架?局观框架在中国传统史学研究中有多深的渊源?这种方法与当代西方的博弈论有什么不同?

吴思:"局观"的说法很贴切,局观框架或局观历史都是不错的标签。不过,中国的史家前辈并没有把"局观"提升到史学研究方法的高度,他们只是用过这种工具,显示出一种分析问题的路数,但是自觉性不够。

说到西方的博弈论,我只是略知一二。其中最重要的概念如"纳什均衡",肯定是要引进"局观"框架的,否则就难以解释定式的形成,难以解释局面的稳定和变化。但是,"局观"又牵连着丰富的中国概念和中国思想,譬如"局定"这个概念。围棋中的一手黑子,是妙手还是败着,是疯狂还是懦弱,其性质只能由各子的相互关联及其引发的应对来判定,即所谓"局定"。类似的概念和深刻思想,我不知道博弈论中有没有可以对应的东西。

另外,西方学者已经把博弈论和进化论结合起来分析问题,对策分析再加上优胜劣汰,整个框架便更加完整,更适于分析历史演进了。

其实,一种方法究竟来源于哪里并不要紧,重要的是可以帮助我们认清真相。西方学者创造了许多犀利的分析工具,我们的前人也创造了许多揭示真相的词汇。譬如法家的"法",近似博弈论中的规则;"术",近似博弈论中的策略;"势"很传神,很有解释力,但我不知道如何翻译为博弈论中的概念。这些古老的词汇都能帮助我们认识和描述中国的悠久历史和复杂社会,毕竟这些词汇本身就是在这块土地上生长出来的,同时它们还介入了历史创造者的认知过程,影响了他们的选择和决策。

访谈者: 在历史哲学领域,有一些大家非常熟悉的概念,例如生产力、生产关系、意识形态、阶级、产权制度等等。在"局观"框架中,这些概念处于什么位置?你特别强调的暴力和暴力集团又处于什么位置?你怎样把前人的这些思想成果整合到"局观"框架中?

吴思: "局观"历史尚未形成完整严密的体系,也许经过从朱熹到赵翼、到李鸿章、到后来学者的努力和积累,理解消化了蕴涵在汉语相关词汇中的智慧,加上对西方知识的吸收,这个体系能够渐渐完善。现在我很难讲清那些概念的确切位置,但我有一些类比而来的直觉。

打个比方说,小农是怎样形成的?清光绪年间的一则彝族史料说,统治者用鞭子抽打奴隶种地,抽打得太厉害,他们会逃亡或反叛。抽打少了,生产的粮食还不够奴隶自己的口粮。于是,统治者改变方式,把一半土地分给他们,让他们自己养活自己,用一半的时间给主子干活,得到了两全其美的结果。

我们可以把这个故事看作暴力拥有者与农业生产者的对局。产权可以理解为调动生产积极性的手段,理解为奴隶主激励奴隶劳动的一种策略。不过,一旦采用了这种策略,奴隶主就不再是奴隶主,而成了农奴主;奴隶也不再是奴隶,而成了有一定人身和财产权利的农奴。私田的产品,主子不能再无偿拿走,这又可以理解为双方遵循的基本规则。规则,策略,产权制度,生产关系,激励机制,在这里都是一个东西,而且是内生自发的东西,是生产者和统治者互动的结果。策略或规则的改变,同时又意味着主体性质的改变,或者叫阶级性的改变:奴隶和奴隶主双双消失了,在新的互动关系里获得了新的身份。这就是所谓"局定"。

还可以接着把这个故事讲下去。在井田制中,庶人在公田里偷懒,统治者管不过来,结果公田里荒草丛生,远不如"自留地"里的庄稼长得好。两败俱伤的后果,逼出了效率更高的制度,"初税亩"了,分田单干了,劳役地租改为实物地租或皇粮国税了,农奴也成了自耕农,他们直接向官府纳税,这就开创了新局,分封制的旧局解体了。

生产力说的是人类这个物种与自然环境和其他物种的博弈关系。这是另外一个大局。劳动者不好好伺候庄稼,农作物

| 局观历史 | 113 |

就要歉收甚至绝收,依赖庄稼的群体就会衰亡。

访谈者:在我们的对话里,你提到了许多历史活动的主体,用棋局的比喻,就是众多的棋手。你提到了农业生产者,包括奴隶、农奴、个体农民,提到了统治者,所谓主子、奴隶主、农奴主,还有国家、皇帝、诸侯大夫、西方列强,这些主体如何组合博弈,如何形成种种新局,变局,最后又如何定局?中国历史上有几种定局?

吴思:定局的划分,取决于我们讨论什么东西。如果讨论人与其他物种的博弈,有所谓渔猎和采集时代、畜牧时代、农业时代,农业时代中又可以分为刀耕火种时代和施肥灌溉等不同阶段,这些划分方式都不错。石器时代、青铜时代、黑铁时代等等,可以看作博弈工具或武器材料的划分,这也没有什么错。问题在于,当我们讨论中国历史的时候,在这块土地上,决定人类这个物种的存亡兴衰的基本关系是什么?什么导致了千里无人,十室九空?问题确定了,划分方式就不能随意了。

中国历史表明,决定天下兴亡的基本关系,是暴力集团与生产力集团的关系。暴力失控,横征暴敛,土匪遍地,流寇横行,结果就是蓬蒿千里,十室九空。

中华帝国在内外关系上很有特点。在暴力集团与生产集团的关系方面,帝国体制确立了基本均衡关系,这就是皇家贵族及其官僚代理集团与个体农户的关系,即官家与编氓的关系。在暴力集团之间的关系方面,秦帝国在暴力竞争中取胜,吞并六国,废除封建,建立了防范游牧民族入侵的防御体系,造成了暴力垄断体制。秦汉开创的帝国体制,就是中国历史上最大的定局。

李鸿章所谓变局,其实是指暴力竞争对手的改变。西方列强轻易打败了中华帝国,打破了数千年的均衡,而西方的暴力又是在资产阶级这个生产集团的控制之下的,完全代表了另外一种内部关系格局,帝国无法像同化游牧民族一样同化比自己高级的对手。这就是变局的深刻之处。孙中山学习西方,高举民国的旗号,以民众控制暴力为建国理想,但他实际建立的是党国体制,那是帝国的变体,是凭借专制的行政力量赶超西方列强的过渡性体制,恐怕并非定局。

帝国之前有西周的封建制度,农业生产者依附王侯、贵族、大夫等拥有暴力的主子,大大小小的暴力拥有者又有血缘关系,服从周天子的号令,这另是一种格局。另有一套暴力集团之间的关系及其与生产集团的关系。

总之,用局观框架考察中国历史,就要审视历史活动者的各种能力。生产力当然非常重要,暴力或破坏力也不可忽视。暴力最强者说了算,这是一条元规则,制订规则的规则。不计算暴力拥有者的利害得失,变法、改制或生产关系的变迁就说不清楚。单独摆出一方棋手的着数,怎么能理解全局?

访谈者:按照你对基本关系的看法,血酬定律恰好揭示了暴力集团和生产集团的关系的秘密。人们心中都模模糊糊地知道这种关系,但是血酬定律把这种模糊的感觉清晰地表达出来了,变得可以讨论甚至可以计算了。

吴思:血酬定律正要计算人们熟悉的统治关系:凭什么统治者说了算,凭什么由他们立法定规,为什么生产者俯首帖耳很合算,为什么统治者又会变法改制。血酬定律可以解释暴力手段在博弈关系中的作用,也可以算出这种手段的局限。

规则本身就是博弈的结果

访谈者:《大连新商报》 张悦
时间: 2003年11月23日

访谈者: 现在,"吴思"已成为以另类视角看历史、看官场的"揭灰"代名词了,您对此了解吗? 您听到过类似或其他的读者反馈吗? 读者的反应出乎您的预料吗?

吴思: "揭灰"? 我第一次听到这个词。这个词挺有味道——我们知道那些灰色东西的存在,它们并没有刻意隐藏,也未必装在黑箱中,但我们没有正视它们,没有打上一道强光,于是,视而不见,见而不思,见怪不怪了。顺着这个比喻说,"揭灰"应该是知识分子的本职工作,也是各种科学概念应该承担的功能。譬如看见苹果落地,想到万有引力,也算把灰变白吧? 我觉得这是正道。如果越来越多的人用自己的眼睛去观察世界,用自己的头脑去思考事物之间的关系,这种视角也就不再是另类了。

我经常收到读者的反馈,几乎每天都接到电子邮件。大家都在鼓励我,有的读者对我还有知识方面的帮助。好像没有出乎预料的反应。也有人说我教贪官污吏学坏,但这并不出乎预料。我猜提出这个问题的人都是大好人、善良人,他们不知道贪官污吏比我懂得多。哪里有贪官污吏大学或贪官污吏专业?人在一定的利害格局中,自然会找到实现利益最大化的途径,当事人比外人的信息多,也更知道自己要什么,他们才是最精明的。倒是圈外的老百姓不知深浅,往往被蒙在鼓里。我努力描绘培育贪官污吏的利害格局,但我画出来的只是一般结构,对贪官污吏来说,这种知识实在太粗糙了,没有多大用。

访谈者:《血酬定律》中涉及了很多"匪"的内容,你是怎么想到关注这样一个特殊群体的?这个群体对历史的发展影响轻重如何?可以简单地理解为现实当中的黑社会吗?

吴思:土匪和黑社会都是非法的暴力集团,都是靠玩命过日子的人。我关注他们,首先是为了理解中国当代社会,我们这几年不是经常大规模扫黑吗?可见他们是不容忽视的。其次,中国历史上的太平盛世并不多。太平盛世尚且有黑社会活动,别的时候,土匪之类的暴力集团就更活跃了。理解中国历史,根本就离不开对土匪和暴力活动的理解。更何况官府也是一种合法的暴力集团,有时候他们的活动与非法的暴力集团很难区分。理解了暴力活动背后的计算逻辑,才可以更深入地理解中国历史和中国社会。

访谈者:书中阐述的是这样一个观点,暴力最强者说了算,并且将此作为元规则,也就是决定规则的规则。你随后这样写道:"一针刺出,我感到了心脏的抽缩,全身随之扭动变形,以前所写的文章顿时有了不同的意义,原先想定的本书结构也改变了。"你开始预想的结构是怎样的?元规则的出现意味着什么?暴力和强权之间是直接的因果关系吗?

吴思：我原来把历史想象成一局棋,在我努力描述的这局棋里,有棋手,有策略,有规则,有定式,有胜负,有开局、定局和终局。棋手有明有暗,策略有明有暗,对局也有明有暗,我描述的是"暗局"。这个比喻一度是《血酬定律》的书名。古人有"千年未有之变局"的说法,这是一种富于洞察力和解释力的历史观,如今的博弈论可以为这种历史观提供精确的计算方式。然而,"元规则"的提法迫使我承认,规则本身就是博弈的结果,而且是更原始、更根本、更血腥的博弈的结果。有效的规则总是内生自发的,不是外来的。外来的规则往往水土不服。特别要紧的是,通过血酬定律,这种血腥博弈的结果竟然还可以计较胜负盈亏。我觉得这种见解更宝贵,于是就改变了书名,也改变了全书的结构。

暴力与强权之间当然有因果关系。毛主席说得很清楚："枪杆子里面出政权。"有了政权,就可以立法,可以执法,可以制定规则。在这个层面上活动的,是人类历史上的大玩家。地主和农民,资本家和工人等无权的社会集团,不过是按照人家制定的规则下棋的人,一旦犯规就有生命危险。但是他们也另有对策,那又是一局棋了。

访谈者：在书中,每个社会中的人都在计算做每件事的成本,从而追求自身利益的最大化,但是由于所处地位不同,元规则发生效力之后,最终结果是只有暴力集团和统治者才有追求自身利益的最大化的权力,为了达到这个目的甚至可以选择并修改正义观念本身。这个结论会不会过于令人泄气？元规则对社会的伤害在哪里？它会永远作用下去吗？

吴思：暴力并不能永远控制社会。实际上,人类社会已经发明了一些办法,可以很有效地控制暴力。民主就是民众控制暴力,资本主义就是资产阶级控制暴力,这些都是生产集团控制暴力集团的社会形态。宪政制度和自由制度甚至还可以进一步限制民众掌握的暴力,限制资产阶级掌握的暴力。

另外,统治集团选择并修改正义观念的范围也是受到限制的。他们可以编出一套精妙的说法,譬如,可以说你当牛作马是应该的,我作威作福也是应该的,因为你上辈子造孽了,我上辈子积德了,这是报应。但是请注意,从这套说法里,我们仍然可以发现一些难以修改的正义观念:善有善报,恶有恶报。做了造福的事,就应该得利,否则就不该得利。这是无法修改的。如果可以修改这一点,人类这个物种就会消亡。任何物种都无法修改趋利避害的动机和随之而来的得付对称的观念,否则就要被造化淘汰,就相当于自杀。这并不是令人泄气的结论,恰好相反,这个结论表明,统治集团想说服被统治者甘心情愿地当牛作马,并不是一件容易的事情,他们要付出很大的代价,玩出许多复杂的花样,编造很玄乎的说法,建立很微妙的制度,这才有可能得逞于一时。他们的万岁梦永远也不可能实现。

访谈者: 对于你而言,关注历史的目的何在?

吴思: 我想更深入地理解我的处境,理解现实,理解中国社会。我写历史方面的东西,就是从反省自己学大寨失败的经历开始的。从自己的问题一步步走到社会问题,走到社会问题的来历和根源,这就进入历史了。

访谈者: 潜规则和血酬定律之后,你对下一步的写作以及长期的写作是否有规划?

吴思: 有一个大概的方向,没有具体的规划。我的读书和写作好比是在陌生的荒原上乱闯,虽然有一个大概的目标,走着走着就发现另外一个目标更有吸引力,不久又发现还有更有意思的东西,最后不知就岔到哪里去了。我现在很难预测。即使做出规划也难免改得面目全非。

访谈者:您愿意作为研究依据的史书都有哪些?您建议我们的读者到哪里去读"真正的历史"而非"官方的历史"?

吴思:我觉得最要紧的不是史书,而是心态或眼光。我读的史书就是常见的二十四史,《资治通鉴》,明清笔记。问题在于,我们究竟是用自己的眼睛看,用自己的头脑想,还是放任别人在自己的头脑中跑马。最严重的,大概也是最常见的现象,就是读书的时候连想都不想,根本提不出自己的问题。比较起来,我宁可用心读一页,也不胡乱读一本。除非是消闲打发时间。学而不思则殆,读不出想法来,还不如不读。

拆解人间对局:潜规则的系列概念

访谈者:《凤凰卫视·世纪大讲堂》 王鲁湘
时间:2004年3月29日

访谈者:"问渠哪得清如许,为有源头活水来。"这里是《大红鹰·世纪大讲堂》,我是王鲁湘,大家好!

我们人之所以为人,是因为我们生活在一个有规则的社会里头,强盗有强盗的规则,黑帮有黑帮的规则,警察有警察的规则,我们无论是踢球还是下棋都有规则,如果没有规则,这盘游戏就根本没有办法玩下去。因此,我们说到玩游戏的时候,我们都会想到规则,因此,游戏规则成为这十几年来社会上非常流行的一个词,但是最近又有一个新词冒了出来,叫做"潜规则"。今天就让我们来认识一下发明潜规则这个名词的吴思先生。

我是很多年以前就知道吴思这个大名,我当时想到吴思的时候,我就想起另外一个人叫吴用。有些父母非常会取名字,吴用他父亲就特别会取名字。实际上梁山水泊一百零八将中间最有用的一个人,可他偏偏叫吴用。那么吴思先生也是一样,他实际上是一个很有思想,最有思想的一个人,可是他父母就偏偏给了起了一个名字叫吴思。

我想,你小的时候,听说有一段时期老是被父母关在家里,只是管弟弟,不让出去,是不是他觉得你这个"无思"是假的,其实是"有思",在那个时候思想会给家庭惹来祸害?

吴思:那会儿还没那么多思想。那会儿就在家看书,怕我惹祸吧。

访谈者:那个时候主要读什么书呢?

吴思:大量的回忆录,还有小说,第一本看的是《欧阳海之歌》,然后是《星火燎原》,现在还看。

访谈者:《星火燎原》,就是讲解放军军史的,是吧?

吴思:对。

访谈者:这样的话,是不是就培养了你对文史的一种兴趣?

吴思:好像是,读的第一部书,第一套书就是文史。

访谈者:我想你在当《农民日报》记者的时候,我看了一下你的履历,我觉得一般的人衡量他在社会上成功不成功,总是台阶越上越高,职务越升越高,我看你好像是,至少在《农民日报》,你是职务越做越低。

吴思:好像是。我1984年就当了总编室副主任,然后第二年,就去当群工部副主任了,在报社的排位中……

访谈者:是中层干部了,从高层干部变成中层管理了。

吴思:对。又过了两年又当机动记者了,到机动记者组了。

访谈者:那就到最基层了。

吴思:反正从"要害"来说,是离"要害"越来越远。

访谈者:那你肯定得罪谁了。

吴思:没有,都是我主动要求的。

访谈者：都是主动要求的，就是想接触真实的农村社会。

吴思：群工部每天接触大量的读者来信，直接看到的就是人们正在发生的，一点儿没有加工过的事情。机动记者组在各报社都有点儿"特权"似的，就是你爱写什么写什么，爱去哪儿去哪儿，那就更自由了。

访谈者：那后来为什么又去了《炎黄春秋》呢？

吴思：《炎黄春秋》是1996年去的，那会儿我在家当时失业了，没事干，《农民日报》的老领导，说我们办《炎黄春秋》，你到这儿来，帮帮忙，一帮忙到现在，帮了七年了。

访谈者：那么今天，我们就请吴思先生用讲故事的形式，来给我们讲一讲"潜规则——如何拆解真实的人间对局"。

吴思：我讲的这个故事大家也可以看作是一道社会生活经验的测试题，不妨各位设身处地替当事人想一想，换你们在那个位置怎么做。整个这个故事的来源是一个真实的历史记载，就这个《镜湖自撰年谱》，作者是段光清，他是清代安徽宿松县的举人，他写的这段事发生在1837年9月份。那年9月有一天，段家的一些佃户跑到他这儿来诉苦，说捕役，就是差役，也就是相当于现在的警察传唤他们，说他们家有贼，说他们是窝赃了，这几个人大惊，就到这儿来求助。然后段光清就跟他的哥哥商量怎么对付。

如果我们把刚才说的这个事想象成一局棋的话，现在大家看到有一个棋手是警察，一个棋手是佃户。警察向佃户将了一军，说你们窝赃了，这局棋现在开局了。这一将军是什么意思呢？它是拱卒还是将军呢？按照《大明律例》每一个窝赃的人他应该受什么刑罚？这个幅度非常宽。最重的刑罚，如果你是这一次抢劫行为的发起者、组织者,而且还涉及的数额特别巨大的话。

访谈者:首恶。

吴思:首恶,那这个人是可以斩立决的。最轻的,你只是听说这边有了赃款,你明知道是赃然后你还接了这个赃,最轻的,而且银子数量很小,也是六十板,杖六十。这六十板意味着什么? 那六十板如果我很会打的话是可能致人死命的,不会打的话,这六十板挨起来也不舒服。另外,不管你是挨六十板也好,斩立决也好,当时就要拘留起来,这是跑不了的,一定要进班房,说不定还要进监狱。班房和监狱还是有区别的。

这是中国民间的常规,如果遇到了大事,就要找读书明理的人拿个主意。现在你们的佃户找你们来了,说帮着出个主意。还不仅仅是主意的事,你们如果拿不出好主意来,你们最多是丢人,这书白读了,人家白信任你们了。你们注意这是佃户来找来了,你的佃户来找,如果你拿不出主意,他被人将军抽车,把那个车抽走了,倾家荡产,到年底你还好意思收人家租子吗? 所以大家一定得帮着出好主意。有什么好主意吗? 你们自己心里想,我估计未必能想出像段光清这么好的主意来。

如果段光清想不出好主意,各位也出不了什么好主意,后边的事情,我可以讲这个事是发生在安徽宿松县。在那个同时期,在四川,就经常有这么一种惯例,常规或者叫陋规,我称之为潜规则,有这么一种东西,叫什么呢? 叫"贼开花"。就是如果这一个地方发生了盗案,失主或者是这个贼,就在衙役、捕役,或者叫警察的盼咐下,说你开始咬周围的人,说这个是窝(主),那个是窝(主),或者接赃,咬到谁,谁就处于随时可以把他逮捕,关进去的危险之中,然后这个人怎么样不面临,怎么样摆脱这种困境呢?通常就掏笔钱给那个衙役,衙役接了这个钱。这个到处咬的术语叫做"贼开花",那个掏钱把自己洗干净的叫"洗贼名"。这都是一旦发生了盗案,大家都可以预期贼要开花了,一会儿一帮人解脱自己了,大家知道,洗贼名了,洗干净了。这些事都形成一种惯例,一旦发生,人们就可以知道后面出现的事情。

那段光清当时怎么办呢?他怎么能让人不抽掉这个车,或者怎么不用掏钱、洗贼名,就把这个危机给解了呢?他就跟他哥在一块,两个人首先回顾历史:他说,在嘉庆初年,也就是1795年左右,与这个事将近40年前,我们这一带安徽宿松有一种恶习、恶俗,一旦这一片地方有一个乞丐倒毙了,冻饿而死,当地就会有一些好事的人,一些恶少、恶棍、无赖,马上向县里举报,然后县地方官就带着法医叫仵作,这么一批人就要来验尸,浩浩荡荡一百多人就来验尸了。地方官验尸的锣声一响,当地人,被怀疑的那个人得多少钱呢?一般的一个中产之家上百亩地,就灰飞烟灭了,这个损失非常严重。

面对这种恶习,当时段光清说,他的父亲就联络了当地的一批乡绅集体找到县太爷,向县太爷申请,说以后立一个规矩,再有乞丐倒毙了,只要没有明显的凶杀迹象,当地的地保、村长什么的,就可以报一下案,然后就把尸首掩埋了,无需再验尸。然后地方官就同意了,立了块碑,就把刚才这个规矩立在村口,以后就再没有这么一套东西了。他说,当时的这个恶习是用这个方式给打掉的,现在我们怎么办呢?说那些衙役无非是想敲点儿钱,干脆大家开一个会,大家每一个人掏点儿钱,咱们跟衙役去谈一次,说以后我们固定地每年给你一笔辛苦费,给你几千块钱,你也就别再来让贼开花了,也别再敲我们了,大家一致同意,都踊跃掏钱。这个具体操办的人,找到衙役一商量,这个事就妥了,就这么处理完毕。于是双方都找到了自己最佳的对策,然后一个惯例就形成了,一个默契,大家不说什么,但是以后就固定这么办了。这就是一个潜规则,它就这么诞生了。

吴思:这一局棋我刚才描述完了,一来一回,一个回合,现在我们就围绕着刚才的这一局棋再深入分析,看看我们可以从中发现些什么东西。我们把这一局棋放在这儿,看看可以从中引出一些什么概念,对中国历史可以有更深入的认识、更深入的了解。

最明显的,就是刚才已经几次提到了,就是潜规则。这个潜规则的特征,刚才大家已经注意到了,首先它肯定不合法,它不是正式规则,正式规则是不许敲诈勒索的,但是它就敲诈勒索了。这是第一,它不合法。

第二,它是一个规则,大家都认账,都遵循,甚至于被害方还主动地说,以后你别敲诈我,你这样收我一笔钱吧,收我一笔辛苦费吧,这是大家都认可的,是社会共同遵循的一个规矩。

第三个特点是,这个规则是潜的,不能明说,叫辛苦费,不能叫做免于敲诈勒索费。因为这个东西是违反公认的正义观念,也违反正式的法律制度的,所以这等于是一个三方的博弈关系。我们之间,比如我,给我一笔辛苦费,我说行了,就这样吧,我不敲你了。但是咱们俩的这个交易,实际上都有一种隐含的前提,就是那儿有一个人盯着咱们呢,咱别让他知道,大家都认可,都接受这种,你也不主动,我也不主动。你主动了,虽然你可以免去这一次的损失,但是逮着机会我狠狠地收拾你,咱们是低头不见抬头见。所以这样的三方关系之中,就形成了一种潜规则。这是第三个特征。

第四个特征,潜规则明显地可以降低交易成本,本来我想方设法地要找一个机会敲你一笔,要找一个贼让他开花,还得费心地去吓唬你、诈你,现在这些事都不用了。于是我这个敲诈者的成本降低了,同时被敲诈者也不至于说警察,过来,召唤你来了,先吓你一跳,然后你还得托人找关系跟他说,行了,帮我洗清楚,再掏钱。这些交易费用全都免了,于是大家都照这个惯例行事,心里踏实多了,这可以降低交易成本,于是各方都增加了一点儿利益。

最后我们再看一个特征,这个潜规则的位置是不一样的。如果按照什么都不作为,就是按照"贼开花"和"洗贼名"的那个位置,可以说将军抽车这个边界,我大军压境,你的权利边界被我压缩得最小,你损失最大。仍然你得有损失,但是这个损失要大得多,如果你们努力点儿,让乡绅替你们做一个交易,把大家组织起来,分担这个成本,然后跟衙役有一个谈判,弄得他也觉得合算,这个潜规则的边界,你这一方就能够顶住他一点儿,往后推他一点儿,他不至于敲你敲得那么狠,这个边界就有这么一个差别,都是潜规则,却不一样,如果你们更强大,你们几个是乡绅,联合起来了,找县太爷去了。如果你们这么强大,能够影响县太爷的身家性命,那他就立个碑,说以后咱们按规矩来,以后我们没人敲你,这个边界与你们自己的实力是有密切关系的,于是我们就发现潜规则的具体位置,随着双方实力对比均势的不同,而实际的位置不同。

下面我们再说招数,最有用的招数。从刚才的故事之中我们能发现什么呢?衙役说怀疑各位是窝主。怀疑各位是窝主,他犯法了吗?办案、破案,这是衙役的权力,是他的责任。他怀疑谁谁谁是嫌疑犯,也是他的权力,把嫌疑犯给弄到班房里去关着,仍然是他的权力,他没有一点儿违法。但是对于被害的一方,对于老百姓来说,你怀疑我是窝主,然后要把我弄到监狱里关着,刚才说了,这是有可能出人命的,不出人命也要受尽皮肉之苦,最轻了你也要损失一大笔钱。就是在这样的一个情景中,你发现对手他拿的那个东西,我给它起的名字叫"合法伤害权"。他伤害你没错吧?不违法吧?你没话说吧?最多,他说误认了,误认了知道错了,改了就好。你也不能说,以后不办案了,不许怀疑人了,不许怀疑人怎么再破案啊。所以他这个合法伤害权非常厉害,这是警察手里的。

如果你要到县太爷那儿,在法律有一个词儿叫"自由裁量权"。一说我们判某某罪,判五至七年、三至七年。我判你三年和判你五年、判你七年,对我来说,是我的自由权力,我判你三年,我也没违法,我判你七年我还对。但对你们来说三年期和五年期,还有七年,这差距太大了。

就是这种合法伤害权是很值钱的东西,它能够给当事的加害方,用招数的这方带来巨大收益。被害方也是很愿意掏这个钱来破财消灾的。当然有的时候合法伤害权不那么合法,像刚才说的那个,我嘱托一个贼说你咬这几个人,我让人家去诬陷别人、诬陷良民,这是不合法的。但是我让他这么做了,我的风险很小。我有一种低成本的伤害能力,凭着这个可以伤害在座的任何一个。你说这个东西值钱不值钱?合法伤害权值钱,这个低成本伤害能力也值钱。我们就看到,一旦手中有了这种东西,你是什么感觉?中国古代民间的一句老话叫做"身怀利器、杀心自起"。你手里有这个东西,揣着这个东西,你是很难老实的。

访谈者: 所以民间有一句话叫做"不要轻易练把式",练把式,会两下武功以后,你动不动就想去试。

吴思: 是。这么便宜的东西,这个衙役就凭着这种厉害的招数,想将谁的军就将谁的军,说砸哪儿就砸哪儿,想抽谁的车就抽谁的车。于是这个潜规则、这个边界,真实的权利边界,我这方就要大幅扩张,各位那方面就大幅度压缩,这就是我们刚才从这局棋里看到的第二个概念,一个非常厉害的招数,叫合法伤害权。

下面再讲第三个招数。合法伤害权有多种存在形式,刚才说到的敲诈、勒索是一些办法,低成本、伤害能力,这都是一个抽象的词儿,它具体体现在中国历史非常悠久的一个固定的形态,刚才那里提到了班房。班房跟监狱大不一样。我原来就以为,在我的语感里,一直认为那个班房就是监狱,但是后来我发现这个词这么解释大有问题。

我最早看那个班房,咱不说太远了,明朝就开始用了,指的是官府或者是私人府邸之中,家仆或者是衙役值班的地方,值班和休息的地方,这个用法一直到清朝,在《红楼梦》里还能看到。《红楼梦》第五十一回,大夫到大观园里看了病,然后出了园子就在那个班房里坐了,给小厮们开了药方,那时候那个班房还是非常清晰的,指的是值班室。

比《红楼梦》再晚大约五十年左右,有一个中国历史上非常有名的师爷,叫汪辉祖,他写过一本书,《学治臆说》,这是中国清朝一个著名师爷的著作。他那里再谈班房的时候,就不是《红楼梦》里班房的意思了。他说班房,比如他里提到的几个字,他就告诫官员,当官要注意什么呢?注意,你要建立一个"管押簿",管人、押人的那个簿,在这个"管押簿"之中,要经常查看,查看里边有几个人,是不是该放了,他说"管押之名",就在这个班房里定期的巡视班房,"管押之名,律所不著",就是法律没有这么一说的,所以"万不得已而用之,随押随记",你不得不用这个办法,法律没有允许的办法,你就要注意,押了人把他赶紧记一下,过一段去查查,看看是不是该放了。"律所不著",注意这四个字,它不合法。法律不许你把人扣在这个值班房里,几天不让人回家,这就很有点儿像孙志刚案那个……

访谈者: 非法拘留。

吴思: 我就不让你走,按照中华人民共和国宪法,未经法院许可,公安局执行,是不能够,以各种形式剥夺公民的自由,这都是禁止的。可是我就给你弄到收容所里来了,你不想去,不想去不行,我没逮捕证,没有逮捕证我还可以留你。就像这样的方式,在古代已经源远流长了。这不是合法的,就是你不能说它"白",但是你说它"黑"吗?它也不黑,这是官府的行为。

访谈者: 一个灰色空间。

吴思: 一个灰色空间,我给它起个名字就叫"灰牢",灰色的监狱。它是非正式的监狱,但是你又不能说它是一个黑帮随便押人的地方,它又半合法。这样一个固定的形式"灰牢",是合法伤害权非常密集的地方,特别充分地体现了低成本的伤害能力和合法伤害权的地方。它在实际社会中发挥的作用,比监狱还大,那里发生的灰色处决比正式处决还多,所以最后老百姓用来用去"班房"这俩字,人们都感觉到,真正影响他们生活的,在实际社会中,发挥真实的控制效力的,倒不是正式监狱了,倒不是正式处决了,而是这个地方。于是"班房"这个词渐渐取代了"监狱"的意思,在人们的口语中流传起来,反而喧宾夺主了。从这个词的演化的过程我们可以看到一种加害手段的兴起和繁荣,它是对于正式的社会控制手段的一种替代。有了这种手段,我们就可以看到,在下棋的时候,真正的规则要发生变化,你的权利边界要被大幅度压缩。

说完了这个灰牢,我们再往下说。

如果我作为一个棋手,我可以拿出合法伤害权来对付你,我可以用潜规则来压缩你的权利边界,我可以扩张我的边界。原来比如说我是父母官,大家是子民,这个子民的边界原来在这儿,我给压到这儿来了,我的边界在这儿,我给扩张到这儿来了,我还是父母吗?被压缩的那个还是子民吗?他本来是十平方公里给压缩到一平方公里了,原来是儿子现在成孙子了,然后再压缩,压缩成了奴婢了,原来我是父母,我这么扩张扩张,我成爷爷了,我再扩张扩张,我还成了祖宗了呢,再大成皇上了。随着这个真实的权利边界的移动,当事人的身份也开始发生变化了。

比如说刚才谈到,最初的那局棋之中,这个衙役名义上是什么人啊?衙役名义上是保护平民的人,是抓盗贼的人。但是他把这棋往这一拍,将军抽车,他到底是抓盗贼的人,还是盗贼自己啊?他的行为比盗贼还厉害呢。所以他的真实身份也随着刚才发生的这些悄然变化而变化,他的真实身份已经成了一种隐蔽的身份,我用的词叫"隐身份"。

下面我们再追究一下,这个隐身份,我们都发现可以加害人的这一方,风险很小,收入很高,按照人们趋利避害的这个本性,自然就有大批人向这个集团挤进来,你挡都挡不住,于是这个集团迅速膨胀。比如说刚才那里说到地方官在验尸的时候锣声一响,浩浩荡荡一百人去验尸了,那一百人都是国家正式编制人员吗?在那里提到的比如说,长随、家人、门印,那些都是县太爷自己带来的,长随、家人,他肯定不是国家工作人员,更像这个人各种私人的助手,包括这师爷,他都不是国家正式的编制人员,而是私人助手。但是他吃的这个饭肯定是官家的饭,这是一大批人。

另外还有说那三班衙役。三班衙役,一般地来说,这一个役,比如说明朝的非常著名的一个思想家顾炎武,他就在《日知录》那里说到过,他说每一个县之中,"食利于官者",就是靠官家吃饭的人总有好几百人。他说靠着"恃讼烦刑苛",就是诉讼烦多刑罚苛,这些人就"得以吓射人钱",得以敲诈勒索,于是每一个役,就这一个正式编制的位置上,"恒六七人共之",经常有六七人在这一个编制上。诸位起个名字,这一个正式编制的人我们可以叫他衙役,多出来的那五六个人应该叫什么?古代叫冗员,当代叫超编人员。这是一个非常庞大的社会集团,而且它似乎有一个隐含的前提,就是这个庞大的集团,它没有自己的独立利益,没有自己的脑袋,就是一堆赘肉。实际上这个集团有自己的追求,有自己的固定的收入来源,有谋生之策,按照这顾炎武的说法是"恃讼烦刑苛",就是敲诈勒索。他用合法伤害权去生存,他有固定的社会位置,大家对他都有一些固定的叫法,具体的某个角色都有叫法,但是没有一个整体的对这个集团的称呼,我就借用一个具体的角色,比如衙役,这个人是编制外的衙役,是一个位置上那六七个人,是属于非正式的,那五六个的,大家老百姓怎么叫?老百姓叫他们"白役",白丁的白,白干的白,但是白身白丁,同时又干着官家的事,于是叫白役。同时他也不从官家挣任何钱,他白干,白给政府服务,但是他通过那些别的路,敲诈勒索就够他吃的了,比如说刚才谈到那个辛苦钱,每天他们主动的给一笔费,这一点那一点,最后我的收入比一般的人收入高得多,他们有自己的固定收入,这些人叫白役。

借用白役这个词,白役单讲的是役,职工给注意到了,那干部呢?他忽略了干部,于是我们把干部、职工、蓝领、白领都加在一起,我给他起名叫"白员",固定人员的员,叫白员集团,刚才说的这局棋里,白员集团是一个非常庞大的社会集团。对于中国社会历朝历代都有巨大的影响,而且实际上,由于在这个统治集团的位置,由于合法伤害权的存在,越到王朝晚期,白员集团越庞大,最后就形成"十羊九牧"之局,十羊九牧就是十只羊有九个放羊的,九个牧人,这个词是隋朝人创造出来的。十羊九牧,那羊养活不了牧人了,肯定这个局就维持不下去了,一定要崩溃的,这就是我们在对局分析中、拆解中看到的又一个潜在的、逐渐的在对局中形成的一个庞大的社会集团,白员集团。

好,现在我们这局棋已经看得比较清楚了,那这个局势会怎么走呢?基本的发展趋势什么样的?由于白员集团、合法伤害权、隐身份的这些人他要活,他要改变规则,在资源分配规则中获得更多的收益,而且他不断地膨胀,不断地要扩大收益,于是潜规则的边界就不断地向生产者、向老百姓那方面压缩。这就出现一个非常常见的,不断地一次一次出现的局面。

在明末清初一个著名的文人,叫侯朝宗,侯方域,复社的一个名士。他在明朝亡了之后,眼看着明朝的崩溃,然后在清朝写了一篇文章。他就说,他描述的这个规律、这个现象,我给它起的名字叫"淘汰良民定律"。他说,明朝的老百姓,这一个老百姓"税加之",税收加在他头上,"兵加之",所有的军费或者是临时的抓差,压在他头上,"税加之、兵加之、刑罚加之、劳役加之、水旱瘟疫加之、官吏的侵渔加之、豪强的吞并加之,百姓一,而加之者七"。七重负担,七座大山压到老百姓身上,老百姓做什么反应了?他说老百姓有两条路:第一条路是,我去当白役去,混入那个队伍里,我就成了敲诈勒索的人了,我不会被人敲诈勒索。第二个办法,想办法成为有钱的人家,买一个秀才的身份,上大学,上了大学,有了干部身份了,没人敢敲了。

于是,本来十个人,现在有两个人出来了,一个当了白员,一个上了大学,十个里剩八个。但是那些人还得吃啊,于是原来十个人的负担就加到这八个人的身上,然后里边又有更强的动力往外跑,又跑了两个,还剩六个。这新增的四个人还得吃他们啊,就这么如此恶性循环,他说最后百姓两条路:一条路,当土匪、造反。这回你压不着我了吧。第二条路,死于沟壑,就是逃荒、要饭,死在路沟里了。他说,天下怎能不乱啊?然后天下大乱,然后再出现人打江山,打天下、坐江山,一轮新的王朝开始,又一个新的轮回,然后这局棋再重下。这就是我们历史上非常熟悉地看到王朝循环的故事。

这局棋分析完了,最后我总结一下,在这个对局中我们看到了双方遵循的潜规则,而且追踪了一条潜规则形成的全过程。

第二,我们看到了,在对局中有一方掌握了致命的武器,也就是合法伤害权,或者拥有一种低成本的伤害能力。

第三,这个合法伤害权有一种固定的,非常常见的形式就是灰牢,还有相应的灰色处决。

第四,就是由于拥有合法伤害权的这一方,他带来的收益很高,于是他就不断地吸引人加入进来,然后一个白员集团形成了,越来越庞大,原来的那些人渐渐的身份也发生悄然变化,拥有一种隐身份,而不再是原有的、开局时候的正式身份。于是在这个更大的背景上我们看这个问题的时候,这一切的变化都导致了这一局最后的崩溃。

访谈者:崩盘。

吴思:崩盘。刚才我反复地说这个局,说这个对局,这是在中国历史上一种源远流长的看待历史的方式,李鸿章说"数千年之未有之大变局";比李鸿章再早一百年,清朝一个著名的史学家赵翼,他也用这个局的方式来分析历史,他说"秦汉一大变局";再往早,比如宋诗,有那么一句很有名的诗叫"世事如棋局局新。年光似鸟翩翩过",每一年的时光就像鸟一样翩翩飞过,也是用博弈的、这种局的方式去看待历史;然后,再往早还有,杜甫的诗里就有"闻道长安似弈棋",也是从一种局的这种角度,把局作为一个单位去分析历史,这可以说是一种源远流长"局观历史"的,在我们传统中早就存在的一种看法,用这种方法去分析历史、去讨论历史,就像咱们刚才一样,可以看到很多很精彩的东西。

好,今天我就说这些。谢谢大家!

访谈者: 你刚才说到潜规则,我过去没有仔细地、认真地想过"规则"这两个字,从汉字造字上头,说文解字去解一下这个字,听您这么一说以后,我倒想解一下这个字。规,什么叫做规?规,是一个设定半径和范围的工具。把他拿到我们社会学的领域里边来,实际上讲的是我们人的行为的半径和范围。你刚才其实已经涉及这一点,我到底划多大的半径,然后在多大的范围之内来做这个事情,这就是规。

则的话,则这个字,就是宝贝的贝,一个刀字,实际上指的是一种利益分配。则这个字我没有仔细地去考证过它,它肯定是和货币的分割有关系,实际上也就是说,通俗一点、抽象一点,是一个利益分配原则。但是这个规则如果前面再加上一个潜的话,你刚才说,实际在你说的几点中间,所有参与潜规则这个游戏,这个局里头的人,无非都在怎么样的从这个半径范围跳到那个半径范围,把自己的半径扩张,把别人的半径缩小,最后在这个行为,最终的过程中,无非是利益分配问题。

那么我们现在有时候,在这个法制社会的里头,我们经常会进入一些圈子,比如演艺圈、文化圈,或者是艺术圈,反正会进入一个一个的圈子。我们经常会发现,你一旦进入圈子以后,你会发现圈子里头有圈子里头的潜规则,当然在您发明潜规则这个词之前,大家不会用这个词,大家有一个词叫规矩,动不动就说,你进入这个行业以后,你假如没有按行里头的,大家约定俗成的一些规定办事的时候,就会有老一辈的人跟你说,小子,懂不懂规矩?这个规矩它又没写在字面上,咱们读书人就认字嘛,你没有在字上写着我当然就不懂。所谓这种行里头的规矩,实际上是在老一辈的言传身教中间,以及在混事中间你慢慢地通过教训而得来的。

比如说,像前一段时期报纸上炒得热热闹闹的,一个漂亮的女孩子想进演艺圈必须要和导演"上床"这个事,您觉得这也算是属于你说的潜规则的事情吗?

吴思:是。

访谈者:这个导演和演员之间是怎么博弈的,这个过程?

吴思:首先它是潜规则,就是大家都当个规则来做,都预期我这么做就会有什么什么结果,如果你要违反这个,上了床了你却不用我,那我可要告你了,这事就闹起来了。我专门有一篇文章,叫《惩罚违规者》,惩罚-摆平违规者,就是清朝的官员也有这个事,我该做的我都做了,反过来你该给我的却没给,那我就要给你告状,我要揭发了。潜呢,是因为它不合乎主流规范,一说起来,这事不道德吧,不合适吧,所以它就叫潜。但是实际内部又都遵循,成了一个惯例,所以它是一个潜规则。

这个潜规则我觉得,它这里的利害计算的核心就是,如果我用谁都行,用你也行,用他(也行),如果水平都差不多,我这儿有类似一种合法伤害权或者合法恩惠权。我不用你就伤害了你,我用他就恩惠他了,我实际在拿这个在做交易。但是我这个权也不是我的,比如给老板打工,所以这事我还最好瞒着老板,我要选一个稍微水平弱一点的,那个水平高但是她不跟我上床,那我不选她,我选这个。这事是害了老板,害了投资者,也害了观众,这事就变得代理人的利益在其中起了作用,他买卖其他人的东西,为自己谋取私利,就成了这么一个利害计算。

访谈者：好，下面我想把问题给现场的同学。

观众：吴老师，您好！刚才我听了您的演讲之后，我就有一个问题，就是为什么会有潜规则？潜规则滋生的渊源到底是些什么？这是第一个。

第二个问题是，潜规则它到底意味着的是人们心理道德上的一种腐败，还是一种法制上的不健全或者是腐败呢？

吴思：如果你不用潜规则的话，刚才说了，将军抽车。

访谈者：代价更大。

吴思：你不想被我将死吧？那你就把一个车垫过来，最后你说我车我也不想给，那你总得给我一个卒子吃吧？人们心里做的是一种利害权衡、利害计算。这里有没有道德问题？被害一方是没有道德问题的，你害我我总得避害嘛。人家敲诈勒索，问我要钱要命，我说要命，那你把钱掏出来，这没有什么道德。你说抢劫的人他有没有道德问题，这就是另外一个问题了。

首先他肯定算的是利害计算，有的时候他是讲道德的，他想当一个清官，但是他发现这个清官当不下去，那有一种道德困境。比如说我想当一个好官，对老百姓很好，但是我要是不做这个乱收费，我周围的这些同事，他们奖金就发不出来。然后同事们都纷纷说，咱们编个茬，过年了，收点儿钱去，他们去了，收回来一千，一个人分一百，给我一百，我说不要，因为我要想对老百姓好，那我肯定不是一个好同事，我无形地在指责同事，说他们做得不道德，但是我又不能给他们提供正当来路的东西。于是我成为好同事、成为好朋友、成为一个好的合作者，就意味着我对老百姓不好，我对老百姓好，我就意味着我对同事不好,这种道德困境经常出现。遇到这种道德困境,我想它是没解,它就是困境,一个非常现实的,扎扎实实的困境。

只要我的乌纱帽是上级官员给的,同事要都到上面替我说好话,我就升上去了,一搞民意调查,周围人全都说我坏话,组织部来(调查),十个人有八个人说我不称职,那我大概就升不上去了。这时候,第一,对我重要的是领导,第二,对我重要的是同事,我就得按这个路走,你说我缺德吗?我肯定对老百姓不好,我非常难过,但是我也得养家糊口,我还得政治进步呢,那我就这么走了,很难受,但是无可奈何。

如果我的乌纱帽在各位手里,我一旦害了各位,我就掉帽子了,那时候我的利害计算就改变了,反过来同事在这种情况下他也不敢敲我,他敲了我就耽误我的前程,你这害我不是,大家彼此都知道,不能太过分地去害别人,你要害我,就成了你不够哥们儿了,就在这种情况下,这个道德困境才能从根本上得到解决,才能使这个困境消除。你说的可能是这个意思吧?

观众:吴先生,您好!在我听您阐释潜规则的产生与它的发展,以及各种情况的那种论述过程中,我觉得一直是在讲多方博弈的一个问题,就是在怎样多方的不均势的情况下达到一种最后均衡,或者在这种均衡被打破以后,会得到一种什么样的惩罚?我想问的问题就是,您觉得您的那种"潜规则"的学说跟"博弈论"的学说是一种怎样的关系?有多大程度上的统一性?谢谢!

吴思:博弈论我略知一二,看过两本小册子,博弈论还有制度经济学提到的这个博弈论的方式对我有很多启发。但是我的数学不好,所以我对博弈论研究得不透彻,它经常给我带来的是启发,而很难非常详细地运用它,比如我怎么算均衡,我知道一个基本的理论。更多的启发,比如我围棋下得不错,我经常用围棋比方,刚才说棋手、定式、规则,还有那个策略等等,我用围棋的这个比喻、这个类比,而且我觉得也是中国历史上源远流长的一种认识方式,跟我略知一二的博弈论结合起来,作为一种方法论去看待这个社会。那博弈论对我的帮助就是,它能够更清楚的,比如在它纳什均衡的时候,更清楚地告诉我双方都找到了自己的最佳策略,然后达成了均衡,这个规则就可以生成了,就稳定了,像这些表述都非常清晰,而且非常有力量,它给我带来的启发很多,更多的东西可能就是中国古典的那种思维方式和下围棋那个实际经验带来的类比的那种影响。

访谈者: 吴思先生,你今天已经说了很长时间了,但是现在想考您一下,用一句话把您今天的精彩的演讲概括出来。

吴思: 让受害者拥有得心称手的武器。

访谈者: 好,非常感谢吴思先生的精彩演讲,因为吴思先生今天在演讲中间把潜规则这个坏逻辑的来龙去脉给我们说得很清楚,而且也传达给了我们这样一种感受,就是人不能生活在这样的潜规则中间,生活在这样的潜规则中间,人实在没有自在、自由和幸福可言。

好,再一次感谢吴思先生。

历史对局的终极法则

访谈者:简志忠

时间:2004年7月23日

血酬定律到底是什么,与潜规则又有何不同?

访谈者: 你前次提出来的潜规则,说破了中国官场里不为人知的真实游戏规则,这次的血酬定律则是打破「生命无价」的迷思,直指中国历史深处的终极法则。大家都很好奇,血酬定律到底是什么?它与潜规则之间又有何种依存关系?

吴思: 人类在拿命换钱的时候,或者在以钱买命的关头,如何评估盈亏得失?这是一个古老而基本的问题。血酬定律揭开了潜藏在人们心底的一种计算方式,回答了这个问题。

"血酬"是我杜撰的词。谁都知道,劳动换取的收益叫工资,土地换取的收益叫地租,资本换取的收益叫利息,那么,流血拼命换取的收益叫什么?我称之为"血酬"。血酬的价值,取决于拼命争夺的对象的价值。如果拼抢的对象是人本身,譬如绑票,"票"价取决于当事人的支付能力和支付意愿。这就是血酬定律。在此过程中,人们的核心计算是:为了一定数量的生存资源,可以冒多大的伤亡风险?可以把自身这个资源需求者损害到什么程度?这个道理说来简单,却能推出许多惊人的结论,解释许多令人费解的历史现象,其中包括潜规则现象。

血酬定律可以帮助我们计算改变规则的成本。制订规则,说到底,总要由暴力最强者说了算,这是元规则,决定规则的规则。这个层面的变动,规则的变动,往往要付出鲜血和生命的代价。即使私下修改规则,形成潜规则,也要仰仗伤害能力,而最大的伤害就是对生命本身的伤害。这些涉及性命与食货的利害权衡,在历史事实和现实生活中,都是可以计算的。例如饥民暴动,打出"王法虽重饥难忍"的旗号,分明就是一道饥饿与刑罚的不等式。在重大变革和重大事件之中,这种计算特别重要,不可不察。

中国历史的另类读法:"枪杆子出政权"是历史铁律?相互算计的结果形塑了人类社会的真实面貌?人类的道德与良知应该放在什么样的地位?

访谈者:暴力最强者说了算,既然是一切规则中的规则,然而不管是"潜规则"还是"血酬定律"的核心,似乎都是您曾提过的"利害计算"思考模式。官僚集团蒙上欺下,博取最大利益;黑帮恶霸视收益多寡难易,游移于良民、土匪双重身份之间;毫无反抗力的小民阳奉阴违,能偷懒的绝不多做,宁可花钱消灾了事。在您的观点中,人的行为动机、人际关系的互动、社会制度的建构,似乎都是依循着这个逻辑。不同阶层的人本着各自的利益考虑,结果形成了互动紧密的社会格局,这样的理论体系有点像某种变形的博弈论(又称赛局理论),它可以算是研究中国历史的另一种切入角度吗?

吴思："另类"的说法似乎有点单薄。我觉得,我在继承一种源远流长的思想传统。借用"大局观"、"全局观"或黄仁宇的"大历史观"之类的表达方式,这种传统可以称为"局观历史"的传统。一百年前,李鸿章说"数千年未有之变局",严复说"一治一乱之局";二百年前,著名史学家赵翼用"局"来描述秦汉社会之变;世事如棋局的观点,一直可以追溯到魏晋甚至更早。围绕着这种观点,更积累了数十个甚至上百个精彩概念,如全局、局势、定局、局内、局外等等,隐然成体系之象。至于相关的利害计算,法、术、势等概念的运用,在先秦诸子那里就不新鲜了。我觉得,吸收博弈论、进化论和经济学的思想之后,这种根基深厚的观点极富潜力,可以更贴切地解释中国历史。在行家的评论中,这种研究角度,凭借出色的解释力,很有希望在百家争鸣中脱颖而出。

这个角度并不忽视道德良知的作用。对局者都有自己的价值观,有自己的认知方式,并且根据这些决定行为取舍。无论这些精神层面的东西是误会还是真知,必定影响互动的过程和结局,忽视了就要出错。

贪官当道下的生存之道:贪官的危害是否古今皆然?从历史现象归结出来的规则、定律,对于现代社会中的官场、商场运作,或是市井小民的平凡人生,究竟有什么样的帮助?

访谈者:你在书中提到了明代兵科给事中周钥,因缴不起孝敬宦官刘瑾的贿银而自刎身亡,实在令人讶异官场索贿竟然能弄到这般地步。刘瑾的"抽水机式"超级吸金大法使他在数年中能够敛聚巨额财富,从而跻身全球历史巨富排行榜,而近年来大陆接连传出金额骇人的重大贪渎案件,不知古今敛财秘招有多大的差异?进大陆的台商,其实相当关注潜藏在现象下的当地官商利害格局。能更快从中国历史里看透、适应官场商场运作的潜规则,或许会是台商比外商更具优势之处。

吴思:在贪渎方面,古今官场没有什么重大差异。官吏敛财,总要仰仗规则的制订权和实施权,其实就是划分和分配利害的权力——说给你就给你,说剥夺就剥夺。认清这种格局,可以帮助人们少走弯路。追求改革的人们可以对症下药,努力适应环境的小民可以尽早发现窍门,减少摩擦和时间损失。

说到适应环境,我也感觉很矛盾。就个人来说,顺应潜规则,更容易带来成功。纯正的正义感和大无畏的英雄气概,对做人来说是优点,对办企业来说却未必。企业发展自有逻辑。《孙子兵法·九变篇》把廉洁和爱民说成将领的致命弱点,因为这两种做人的优良品质与战争的逻辑有冲突,很容易被对手利用,导致覆军杀将之灾。办企业也是如此。坚持正义,未必不能战胜一两个小人,但是,用海瑞的话说:"窝蜂难犯。"一个小人倒下了,一大群小人补上来,趋利避害如同水之就下,无须任何勉强。

但是,就社会来说,这条路——顺应潜规则,让贪官污吏得逞之路——终究是一条死路。这是局部或个体受益、整体衰亡之路。整体衰亡,意味着个体的生存环境遭到毁坏。我觉得还是要凭良心去做。在生意之外的领域,平民可以尽力发挥自己的那一份影响,推动好制度的发育,这关系到更深远、更长久的大利大害。

狐假虎威的现实必要性：公司、企业花钱买"平安符"的理由何在？效用如何？要付出的代价为何？另一种挟洋威以自保的新世纪模式？

访谈者：在这本书中，您前后两次提到了一种中国人独有的现象，一个是船商挂洋旗，另一个则是商家巨资收购高官名帖，行为虽然不同，但动机都是花钱买张老虎皮，好吓退黑白两道的勒索。这些现象指出了某种中国企业的一个基调：它们总是处于一个破坏性因素过大的环境，必须用其他的方式来增强抵御侵犯的能力。书中提到的那个时代已经过去，但是，企业与外资合伙以便在市场规则中博得较大的生存空间，究竟是当年挂洋旗的另一种变形，还是保护本地企业的一种手段？今天在许多店家里，仍能见到店主与显贵的合影或是高官的字画，到底是纯粹攀龙附凤的虚荣心表现，还是华人社会中普遍存有如此的需要？

吴思：我不熟悉台湾的情况，从大陆的情况看来，破坏性因素过多的环境依然存在。所谓破坏性因素，主要是官吏们不受民间制约的权力——划分和分配利害的权力，说给你就给你，说剥夺就剥夺，不顺心就给你撕张罚单。黑道也是破坏性因素，但是黑道的生长也要以政府的弱点为基础。在这种环境中，企业掏钱购买专门保护，送干股，买虎皮，拉权势者入伙，都是正常的理性行为。

不过，请注意：什么是企业？按照诺贝尔经济学奖获得者科斯的说法，企业就是一组合约，关于资本、劳动、土地等生产要素的合约，这组内部合约替代了市场交易。譬如我租两层临街楼开餐馆，雇十几位厨师，几十位小工，再请一位总经理，送他一些管理股,这家企业就是投资者与经理、厨师、小工和房东之间的一组合约。可是,我们在中国企业里发现了什么?我们发现了执法官员或黑帮老大的干股干薪,或者,发现了一张谁也不敢欺负,否则就要引起外交纠纷的洋面孔。这些人本来与生产无关,然而,这些欧美国家视为公器或公共安全的东西,却像私人物品一样进入了中式企业合约。试问:这样的企业应该叫什么企业?这样的社会又应该叫什么社会?再追问一句:那些干薪干股,很可能是被迫奉送的,是在送钱或送命的形势下"两害相权取其轻"的结果,这也能算"合约"吗?企业真是一组合约吗?如此提问,可以逼迫我们正视中国社会的特点,正视中国企业的特点,或许还可以扩大我们对一般企业性质的理解。

有了这种理解,就不难判断权势人物题字的性质了。在我看来,许多大陆企业张挂的显贵题字,写的都是同样一句话:"我的后台很硬。"

劣币逐良币,劣民汰良民:良民的唯一下场就是惨遭淘汰?厚黑学是救命良方?

访谈者:《潜规则》里曾提过"淘汰清官"定律,如今你又提出"淘汰良民"定律,是否表示所有奉公守法、行事端正的人注定趋于社会劣势?以往我们认定老实的人只是吃亏,现在听起来似乎变得像是要绝种了。难道唯有加入侵害集体利益的行列,才不会成为被淘汰的族群?当良民汰尽、残存的所有人都奉行"厚黑学"的思考,整个社会最后的结果会是如何?中国历史上有这类的事例可供参考吗?

吴思：其实，无论是淘汰清官，还是淘汰良民，都是一种历史趋势，中间还有相当长的稳定甚至反复，并不是十年八年或者一两代人就可以完成的。因此，中国各大王朝才能有二百余年的寿命。从个人的角度说，老实人也未必个个吃亏。人际关系互动是多领域多层面的，善有善报，恶有恶报，并不是罕见的现象。

我所描述的，主要是专制的官僚制度下，由于代理人对自身利益的追求，由于受害者无权或无力反制，造成了公共领域的报应机制的错乱。于是，良民和清官往往不得好报，贪官和刁民往往不得恶报。但是，在家庭中，在小团体中，在熟人圈子中，报应机制并不那么容易错乱，大家都是识好歹的。即使不谈道德，即使以个人物质利益最大化为唯一标准，我也不认为厚黑学是高明的生存策略。

不过，公共领域报应机制的错乱，已经足以导致毁灭性后果了。一个又一个恶人逃避了恶报，一个又一个好人不得好报，这种糟糕的社会机制，一次又一次给整个社会带来了灾难。在中国历史上，这种事例比比皆是，几乎每个朝代都在重复同样的故事。

（本文作为《血酬定律》台湾版第一版的前言发表）

我的写法就是解局之法

访谈者：朱雨晨
发表时间：《市民》杂志
2006年3月号

"你斗不过农民"

访谈者：我认为您首先是一个历史的亲历者，然后转身去研究历史，寻找历史和现实的联系。您的经历，和书斋到书斋，理论到理论的学者有天壤之别。您在自己的书中也曾经谈到过自己在农村当生产队长的经历。这种经历对您的历史研究有怎样的影响？

吴思：影响很大，在某些方面可以说是决定性的。这得慢慢说。

我下乡的时间不长，但是密度非常高。我们生产队一共57户人家，220多口。当时的农村进行军事化管理，生产队就是一个连，还有一个指导员。我就是这个指导员，按当时的规矩，指导员是一把手。队长副队长老找我撂挑子。所以两年的时间里面，我也难免兼任生产队队长。

很多农村的事情我都经历过。几乎天天要面对的问题就是这边偷东西,那边谁不卖力,罚工分吵架,谁和谁又打起来了。有时候还要给社员分家。最焦头烂额的问题,就是生产队长或者别的队干部撂挑子不干了,然后我就得说服别人去干,或者劝他回来干。为什么他们不干?这里面有一大堆道理可以说。怎么能把别人拉出来干,又是一大堆道理。

于是我面对的是他们最深的算计,他们在想什么,为什么会这么想,怎么让他们改变自己的决策?

访谈者: 您说到"决策"这个词。这是个挺时髦的术语。但是当年您面对这些问题的时候,用什么样的语言和理论去面对这些问题?

吴思: 我面对的多数问题,都是无产阶级专政下继续革命的理论无法解决的,甚至是无法描述的问题。书本当中告诉我们这是阶级斗争和路线斗争,是小资产阶级或小生产的自发资本主义倾向。其实用如今流行的经济学原理来解释,这就是严重的"搭便车"现象。

我在写陈永贵那本书的时候打了这么个比喻:大寨有80户人家,你每刨80镐,里面有一镐是你的。如果你偷懒少刨80镐,分摊到你手中的损失只有一镐。这是非常厉害的转嫁损失,分摊劳动收益的机制。这种利益机制激励人们偷懒,惩罚辛勤劳动。除非管理者用非常强大的道德力量或者行政压力去补足这79镐的利益激励,才能让大家像在自留地里面一样干活。这可不是经典意义上的阶级斗争。

当时大家都是人民公社社员。按说利益是一致的。但我发现贫农往往最敢偷懒,反而是那些中农比较勤快,地主把柄最多,最不敢偷懒。这能用阶级斗争的理念去描述吗?

当然,不是所有的贫下中农都偷懒,但是中农是比较理性办事、会算计的人,否则他当不上中农。他们干活不会太糟糕。贫农里面有的干得好,也有干得非常糟糕的,属于两个极端。但是,最敢占集体便宜的人都是贫农,而且是根子特硬的贫农。

访谈者:可是你和精英知识分子不同的很重要一点,是你承认、确认甚至会推崇农民固有的智慧。你用了平视的视角,而不是像精英知识分子一样俯视他们。

吴思:没错,我和各类农民掐过好几年,我斗不过他们。他们都是利害计算和策略选择的好手。我绝不敢说我比他们高明,有的时候我能有点局部胜利,但是整体而言我是失败的。城里人看不起他们,我觉得那是因为没和他们打过交道,在他们那个环境里面,你和他们斗一把试试?

"我梦见了毛主席"

访谈者:当时您属于一个怎样的信仰?和现实有抵触吗?

吴思:我从中学开始就是极左,到了农村更是极左。当时遇到这些描述和解释的困难,第一反应就是去找经典,尤其是把公私之争扭曲为无产阶级路线和资产阶级路线之间的斗争。

这其实是非常荒唐的做法,"公私之争"在儒家的观念体系里很重要,并不是马克思的经典概念。我们把"私"和资产阶级联系起来,把"公"和无产阶级连续起来,用这个东西来解释路线斗争和阶级斗争。

可是你越认真地去读那些经典,你就越要嘀咕:"对吗?是这样吗?"

到后来就是一种世界观的全面崩溃。这是一个过程,有好多方面的原因。1976年的四五事件中,民兵拿着大棍子冲进天安门广场去砸人。我的中学同学就有毕业了以后分到工厂当民兵,当时参加了这一活动。

访谈者:当时您感到的世界观崩溃,是信仰崩溃还是理论的崩溃?难道当时的理论完全无法把握现实吗?

吴思:我干了两年的基层农村干部,对人民公社的弊病比较清楚。但在我离开农村之前,既不能进行物质刺激,更不能分田单干,这是想都不敢想的。那就靠思想教育,靠道德感召让农民拼命干活。眼前一片黑暗,我知道这一套不管用。

只要与物质刺激有关与承包有关的那些事,我当时在意识形态上都非常抵触,觉得那是在刺激人们的私心,是一条资本主义的道路,强化私有制的道路,——这恰好是陈永贵反对大包干时的说法。同时我也隐隐感到,那可能是不可避免的一条道路,要像列宁签布列斯特条约那样,要做一些妥协和让步。这就是我在极"左"的框架里面安排一些理论修改的方式。当时的理论体系,只能以这种"让步"的方式理解和容纳大包干。

问题是解决不了的,在理智上已经无法相信原来的东西,但是在信仰上还无法扭转,很想获得权威的认可。我曾经两次梦见毛主席。孔子说自己老了,好久没梦见周公了,特别沮丧。我梦见毛主席,则是跟毛主席争论。

我父母曾经在怀仁堂看戏,隔着三排就是毛主席,这种场面不知怎么就跑到我的梦里来了。我梦见毛主席坐在中间稍微偏右的位置,我就探过头去对毛主席说:"毛主席,我能跟您说几句话吗?"

毛主席说:"你说吧。"

我就蹭蹭翻过两排椅子坐到毛主席身边,说:"农村这么弄,真不行,我认真试过,实在不行……"

毛主席用非常怀疑的眼光看着我。我准备接着跟他说为什么不行,不行在哪儿,得像列宁那样做必要的妥协和让步,要向小生产让步。可憋了满肚子的话不知从何说起,就憋醒了。我梦到毛主席是要向他介绍真实情况,我梦想说服他。这是1980年我读大学的时候。

净损失的制度

访谈者:从您在农村的经历中,我感觉您相信每一个人都具有"有限理性"。任何一个制度都给每个人留下了一定的空间,让每个占着格子的人用他们的有限理性去博弈。问题在于历史制度恰恰在扭曲这些有限理性,甚至可以说是逆人性而动,所以会产生"潜规则"。我这样理解对吗?

吴思:这话说得有些大了。

我理解的是这样:比如有个市场交易,你要是觉得不合适,你可以退出,所以这里面完成的所有交易都是双赢的。问题在于有一种交易不是双赢的,也不是能够随意退出的,那不是市场交易,是拦路抢劫,要钱还是要命?这种交易肯定是一方输一方赢的买卖。

说土匪抢劫,卖命来抢东西,是不是理性?不仅仅是中国老百姓,全世界都对卖命得来的东西表现出一种尊重:"人家那是打天下得来的,人家也不容易。"三千万脑袋换来的天下,你不得用几百万颗脑袋去换?这账咱们得认。

在这个意义上来说,这也是人性。是你冒着生命的危险,你得到了你应得的报酬,这里面有一部分合理性。但这里只有一半合理性,另外一半则是不合理的净损失。

在中国的历史中,用暴力损人利己,加害别人的行为,生存空间非常大。在历史上的正式制度中,这些行为甚至有很多安全保障。那些官员可以用自己的公权力去害人,自己得私利,风险非常小。公权害人和土匪害人的道理其实一样,都是以暴力作为后盾。暴力不创造新东西,它和生产、交易不一样,只抢存量,不加增量。而且在抢的过程中还会激发对方的躲避或者抵抗,产生更高的消耗——我一定要杀一只鸡才能吓住猴子。

在这之前肯定有个净损失——你不相信我会烧房子是吧?我一把火就把房子给点了,下回这些人就信了,就把钱交出来了。被烧掉的房子就是净损失。更不用说杀人了。杀掉几个,就算埋藏起来的金子银子都能敲出来。

这种发财的方式,在中国社会中很成功,比如说刘谨为首的那些抽水机,他们都靠着这种方式发起来了。广泛流行的潜规则,实际就是利用这些合法伤害权形成的获利分配体制。

局观史学

访谈者:大学毕业以后,您成为一名记者并做了整整十年。这种新闻式的写作风格现在在您的书里也看得出来,您总是不动声色地讲一个历史故事,让大家听得津津有味,会心微笑,然后您再开始讲您的道理,让读者拍案叫绝。我总觉得您讲的都是常识,是常识进行演绎逻辑之后的结果。你觉得你写的东西是一种理论还是常识?是不是包含了大量常识信息的理论?

吴思:我想是包含了很多理论的常识。我讲的故事其实都是在很多地方都会发生的故事,没有人会怀疑其真实性,我所做的就是把这个故事说一遍,然后抽象起来点破它。

访谈者:您在讲故事的时候,我感觉用了很多工具,历史、新闻、文学、经济学等等。您的经济学工具是从哪里来?

吴思:我读中学的时候数理化还可以,不太怕理论。当记者的时候曾经到中央党校进修过半年,受了一些经济学训练。主要是后来炒股的时候读了大量经济学方面的书。学以致用,非常有效,因为马上就关系到赔钱赚钱。

其实你仔细看我的书,用的经济学工具并不多。一个就是"利"、"害",进行成本收益计算。这谁都会算,任何一个小孩、老头都会算。第二个和经济学有点关系的,就是边际分析,边际成本边际收益,把每一点新增的部分怎么样,亏了还是赚了的都说清楚,其他的都是常识。总之很简单,无非是我老给人算账。用到经济学术语也不发憷。

访谈者:您还运用了哪些分析工具?

吴思:还有些博弈论的东西,其实我也就是知道纳什均衡怎么算。凭我了解的那点博弈论知识,真正用来分析历史的时候也是捉襟见肘,很多概念根本就没有。我就把围棋的东西给拉进来了。

我们拿围棋举例子。要是用博弈论分析,两个利益主体博弈,各自寻求最佳对策,避实就虚,你就是你,我就是我,身份不变,规则也是先定的,不变的。

可是你看实际的历史。实际历史中,规则本身就是会变化的,而不是给定的,它究竟是什么样子,需要进行分析。这个规则本身只是个结果,而不是一个前提。

我们还是用"交易"这两个字来说历史。历史和围棋不一样,交易的任何一方的身份都不是确定的,都会变。当博弈的双方发现换个做法更有利于生存和发展的时候,他就变了:农民可以变成土匪,土匪可以变成农民,土匪还可以变成官员。此外还有数量的变化,一个农民可以变成一群农民,一个土匪可以变成一个军团——古汉语管互斗的双方叫"造","两造",造就是可以人为改变的东西,造着造着就成了另外一个东西。

主体在博弈过程中是可以变的,我不知道博弈论怎么对付这个问题,我对博弈论也是一知半解,恐怕这个问题太复杂了,现在的博弈论还对付不了。任何一个博弈者,规则变了他的性质也变了,或者他的身份变了规则就跟着变了,变了的同时策略也一起变了……这是一个多方面互相联动的家伙,你非要用博弈论理论去解释,大概能把人弄傻了。

可你要是用围棋和你对生活的理解去解释,就说得很清楚了,生活就是这样的。

所以我在用博弈论的时候,只是领会它的互动和均衡的思想,实际的运用过程中我胡乱修改,添油加醋,结果,这东西成了什么?我叫它"局观史学"——把东西看成是一个局,局本身就是两个以上的主体发生关系的一个场,一个领域。它的要害就是一种关系,而不是把棋枰放在这里,形成的一块空白空间。我们要是对着干起来那才叫一个局,博弈中的关系叫做"局"。

我把历史就看成这样的在博弈中不断变化的关系。这个"局观史学"是我起的名字,我杜撰的方法论,我能够自觉意识到的方法论,我的写法即是"解局"之法,不断拆解这个局——谁和谁在博弈?用了什么策略?在什么样的规则下发生的?

随着博弈的进展规则发生了什么样的变形?变形的过程中各个主体怎么因此发生变形?利益是怎么分配的?什么利益生成了?什么利益损失了?对局各方如何分析局势,理解局面?

比如电信公司和信息产业部掐,他们之间的关系就是一个局;一旦国务院要规范行业,影响到他们的共同利益,他们马上联合起来成为一个利益主体,和国务院掐,这就是变局;要是他们联手跟老百姓掐,又成了另外一个局。

马克思主义的辩证唯物论说事物是在普遍联系中运动的。什么叫普遍联系?怎么联系的?如果用这个"局"来解释的话,说得清清楚楚。主要联系次要联系,不能乱联系。谁和谁之间是怎么联系的,在具体的"局"里是可以量化分析的。一旦他们要联盟对付一个新的利益主体的时候,他们之间的关系立刻就开始变形,他们的合作成分在这个领域就升高了。要是他们俩对着干的时候,他们的合作成分就降低了,对抗争夺的成分就增加了。一旦他们之间形成一个协议,各自的招数使完了,形成了一个边界,他们就稳定下来了,一个均衡状态就生成了。

在解局的过程中,你能把相当复杂的,不同层面的联系,不同局的联系讲得很明白,有的时候这个局一下子就扩大了,可以进入人类与自然或其他物种的互动;有时候又很小,小到家庭内部的一次小摩擦,这个工具用来伸缩自如,我觉得很顺手。

"官天下"到"民天下"

访谈者:一切真正的历史都是当代史,你反复写的过去的故事,可以找到现在的故事来印证。你可以不断找到当代史、近代史和古代史都有的,一模一样的故事,你是否不赞同过去那种历史阶段的划分?

吴思：那种划分很成问题。我能看到的东西，秦汉之后是一个样子，秦汉以前是另外一个样子。三代那种样子。二十世纪又是一个样子。

按照古汉语说法，三代那叫封建，分封制，大王、小王叠层架屋地搭起来，下面是士大夫。"废封建、立郡县"之后，可以说是一个历史新局开始了。秦汉到现在，改得东西并不多，毛泽东也说过"百代都行秦政制"。其实还是有一改，就是党国和帝国是不一样的。孙中山仿照苏联建立了党国体制。

这样的话，大的历史轮廓是三个，秦汉之前的分封，秦汉至晚清的帝国，也就是家天下，还有民国的党天下。这么三个状态。

其实以前就有"官天下"这么一说："三皇官天下，五帝家天下"。官天下的官，本意是公，官天下传位于贤，家天下传位于子。问题在于"官天下"是一个不稳定的状态，传着传着就可能传位于子了。民国的"党天下"也是一个不稳定状态，因为人人都是代理人，这个天下到底是谁的？人人都是代理人，谁都不负责，对社会来说很危险。

访谈者：可是，按照您的文章，比如明朝的刘瑾，就是个代理人，您把他比喻成"抽水机"。下面还有小"抽水机"，轰隆作响，他们都是代理人啊。

吴思："官天下"的特征，在于没有一个主子。刘瑾那个时候还有一个主子，罗马史里面，有一个皇帝发牢骚，说这些个大臣啊，只要为了他们的私利他们可以联合起来骗我。这种感慨和崇祯的感慨特别像——别看是首辅，是大学士，照样合伙骗我。

在天下无主的条件下,这个问题就不存在。何必骗你呢?我们把你拉下水一起干不就完了?我骗你干吗?得有一个老板,才有骗的必要。这就像私人老板从来不吃回扣,这就是我的,生意就是我私人的,你别跟我谈回扣。有了部门经理和副经理这些代理架构才会有吃回扣的事情。

其实,再具体深究起来,同一朝代的不同时期也不一样。在王朝初期,是"小农—官家主义"。官家必须依靠关心生产的人,向他们收税,这个"他们"就是农民。到了后期,成了"地主—官家主义",官家仍然是说了算的。地主能说了算吗?有的时候地主会有影响,因为他们的利益对官家有影响,他们自身可能也是身兼官僚,官僚要收税得靠地主,"地主—官家主义"在帝国时代比较贴切的。现代就不那么贴切了,地主的影响渐渐不如工商了。这个道理放到现在看就特别明显。

现在地主还有影响吗?现在中国已经没农业地主了,整个农业产值已经无足轻重了。对中国影响大的是资本。问题在于,到底是资本家说了算呢,还是官家说了算?还是官家说了算。吴敬琏先生说要警惕"权贵资本主义",说得很好,他说出了一个要点。如果中国是资本主义的话,那就是权贵资本主义。但中国不是资本主义,这个国家并不由资本家说了算。

所以最好把这个概念倒过来,应该说是"资本-权贵主义",而不是权贵资本主义。但是这个说法仍然不够准确。权贵是一个很宽泛的概念,究竟谁是权贵?究竟谁在"主义"?仍然是官家。所以,更准确的说法,我觉得还是资本"官家主义"。

和以前不同的是,以前是"小农-官家主义"或"地主-官家主义",官家最需要注意听取地主的呼声和意见。地主是自耕农经济体制中的成功者,是当时经济体制的成功者。现在则不然。一些官僚如今已经兼有资本运营的身份,他运营资本的身份和官家的身份是有各种重合方式的,自己出面或者是儿女出面。无论如何他们不是像过去一样发包土地收租子,而是运营资本,因为他们发现运营资本是一个很好的行当,收益很高。

当我们以"主义"来命名社会的时候,中国其实一直是"官家主义"。无论是帝国还是民国的党国。区别在于,官家依靠的纳税集团是在变化的,以前是小农,是地主,后来是资本家。官家主义不等于官僚主义,官僚是代理人,官家则有当家作主的意思。"官家"是个多义词,我们恰恰要用好这个多义。

访谈者: 您愿意预测将来吗?也许这个问题对于一个历史学家来说很傻。

吴思: 你能预测股市吗?你说这股市明天是涨还是跌?某个股票一个星期以后是涨还是跌?说不清。可是要是说明年这时候,粗轮廓地长时间地预测一下,猜对的概率却高得多。

我的预测是,中国要走向民主化,这在一两代人的时间中是挡不住的,"官天下"早晚得变成"民天下",变成民主社会,组合形态可能很复杂。但官家的地位要下降,受到限制。

另外一个预测,资源短缺和人口压力会让中国和美国、日本大不一样,可能得用技术的创造补偿资源的不足,也可能是用意识形态方面的创造去遏制消费,补偿资源的不足,也可能是多重制度上的创造,和自然达成协调。这种新的文明形态和过去是不一样的。

访谈者: 你有没有一个比较理想的母本?

吴思：民主社会的母本有很多，美国也罢法国也罢。不过，在人与自然关系方面，我实在看不出什么母本。我甚至不敢确信我们能走出新路来，对此我只能保持谨慎的乐观。

中国社会的算计者

访谈者：现在您的身份是个杂志的主编。你是个在历史学界之外写历史的人。你对于现在的历史学研究怎么看？

吴思：说实话我不熟悉现在的历史研究。我没有受过历史学训练，除了文学史方面。

不过，我用了很多历史学的研究成果，比如文史资料。一旦我想要找什么东西了，就看看这方面的书，至少在资料整理方面给了我很多帮助。再比如某些专题研究，关于私盐的，关于陶瓷的，对我都有帮助。

访谈者：这么说，您有自己的一套打通社会科学的体系，历史只是一个载体？

吴思：也不完全是。历史本身就是创造和灵感的源泉。我很早就有这种感觉，当你面对生活的时候，比如你的采访，生活本身的复杂、丰富和精细就蕴涵着强大的创造性。事实和真相具有冲破任何理论教条的创造力。

历史不仅仅是理论和框架的载体，它本身就在创造这些观念和框架。好的历史理论来自丰富的事实和史实，历史不仅是载体还是理论的来源。

我不断挖掘历史，因为它的浓度非常高。你现在去采访，闹清楚一件重要的事情可能需要20天，但是历史里面你花5天就可以多次重复地跟踪这类事情，发现它们的前因后果。

访谈者：最后一个问题,关于身份的定位。您给自己最精确的定位是什么?

吴思(笑,第一次出现较长时间的停顿):实在不好定位,非要说的话,就是个编辑,但编辑不是写作的,作家?常规意义上的作家也不是我这样的。

我就算是一个中国社会的算计者吧。

观念版图的融合

老子曲线
——吴思与刘苏里谈老子

发表于《SOHO 小报》2009 年第 5 期
对话时间：2009 年 7 月 24 日

访谈者：不能肯定，一千人读老子，会读出一千个老子。但一百人解老子，一定解出一百个老子。更远的不说，今人多有解老子者，确是一人一老子。有高明的老子，有陈鼓应的老子，有尹振环的老子，有李零的老子，当然还有止庵的老子，刘笑敢的老子，王蒙的老子，等等。对了，还有一个别致的杨鹏老子。今天我们将看到老子的另一解版本，精彩之极。

老子约 5000 言，多称《道德经》。一般认为它是对统治者的"进言"或"训诫"。古希腊、罗马都有这个传统，色诺芬有《居鲁士的教育》，和《西耶罗或僭政》。于此一点，古典作家不分中外，心心相印。仔细读孔子的《论语》，包括孟子的著述，无一不是对着统治者在说话。古典作家说话的另一共同点，便是教育君主的同时，开出理想国的政治方案。柏拉图的著作干脆就叫《理想国》。现在看来，我们不能把它们都当作乌托邦式的异想天开。

李聃有他的理想国,但不是被通常理解的"小国寡民",否则也不会有他的"治大邦若烹小鲜"之说。但李聃的理想国,跟许多先贤的不一样,它确实在历史上,有被实践的机会,不止一次。像汉代的"文景之治",唐代的"贞观之治"。谁见过地上孔、孟的理想国?或柏拉图的理想国?老子不一般。这或许是老子及其《道德经》比中国其他先贤的言说,被中外更多关注的原因。

西方思想原点,政治方案有替统治者说话的(柏拉图),但也有替老百姓说话的(耶稣)。西方后来的历史,沿着这两条脉络发展,校正。相比较,中国像是只有替统治者说话的方案。但统治者却谁的账也不买,只考虑自己的得失、利益。中国历史的吊诡,不止古典时期,近现代亦如是也。老子方案,似乎就是这一切吊诡的原点之一。它更像是陷阱。

李聃聪明,历史上一部分统治者也比较聪明,多数是笨蛋、傻蛋、糊涂蛋,听不懂老子说什么。甚至以为老子方案是它们追求快活的陷阱。

老子及其《道德经》到底是什么,我们今天请出贤人吴思,来谈谈他的版本的老子。

访谈者: 在展开老子前,你能否就《道德经》的基本情况跟大家作个交代,像版本啊,老子解读流行的几条路线啊等,让读者进入你的问题前有个准备。

吴思: 版本我略知一二,解读路数所知有限,就别露怯了。

我们以前一直用的是所谓"今本",有名的版本,比如说王弼注的《道德经》,还有河上公注的,唐朝傅弈注的。最古的是郭店楚简,2000多字,大概是公元前300年以前的版本。马王堆帛书有两个版本:甲本,乙本。甲本、乙本之间大概差30来年,前者是公元前200年左右,后者大概是公元前170年左右。

访谈者: 你为什么在电脑上读,而不是直接读书?

吴思: 我在电脑里对照着贴了两个版本,一个帛书本,一个今本。在电脑上倒来倒去比较方便,好分类。《道德经》总共81章,按照那81章的顺序读,横竖理不顺内部的逻辑关系。有三五章的逻辑关系能够说顺就不错了。还有好多重复,颠三倒四地说。后来我想,这不就是一个格言集嘛,格言汇总。既不遵守叙事逻辑,也不遵守论文的逻辑,论点论据什么的。既然是格言集,我就可以根据内容给它重新分类。用电脑读老子就是为了重新分类。

访谈者: 你做分类的目的,是想彻底把老子格言化?

吴思: 正好相反,我是想把格言集编辑成一篇文章,不同的章节说不同的事,说完就了,后边不再重复。为此还拆开了原来有逻辑关系的篇章,有好多篇章原来也有逻辑关系,但也就是三四章,最多四五章。

访谈者: 这种情况也不多。

吴思: 既然不多,就重新排列一下吧。按照原来的排列方式,能把人读晕了。我读了五六遍都闹不清楚老子到底说了些什么。

访谈者: 我也有这个感觉。你读来读去,要想对老子思想做一个总结,几大块,主要谈了什么东西,非常难。就像你说的,因为它隔一段就重复一次。你这个分类读法,是很好的思路。按照什么标准分类呢?

吴思： 我在琢磨历史的时候，发现两件事有一个关系：统治者的利益，和他们给予老百姓的自由，两者之间有一种正比关系。比如让老百姓自主经营，自由贸易，给他们比较多的自由，同时，统治者限制自己，减少作为，比如盐铁垄断，开放给民间去做，比如井田制，集体劳动，改成分田单干。这样干起来后，老百姓富了，统治者日子也好过了，省心了，税收也增加了。我就想用一条曲线把这个关系表现出来。我给你画出来看看：（图一）

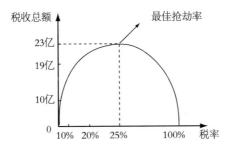

拉弗曲线

这叫拉弗曲线，一个美国经济学家给美国总统讲税率和税收总额的关系，在讲这个关系的时候，他就在餐巾纸上给总统画了这么一个东西。这个是税收的总额（纵坐标），这个是税率（横坐标）。税率提高，税收总额也提高，10%的税，比如说10个亿，20%的税，收到20个亿，25%的税，还能收25亿吗？收23个亿，35%的税呢？又变成收20亿了。70%的呢？就变成10亿多一点，100%的税呢，就没有税了。没人种地了，因为干了都让你拿走了。

老子曲线

统治者收税,或者土匪抢东西,都跟这道理一样,抢劫率超过一个点,抢劫率继续提高,你抢来的东西反而会少。

访谈者: 竭泽而渔,最后是一无所得。

吴思: 对。这是一条线。

我受这条线的启发,就想到另外一个东西,我给这条线当时起的名字就叫"老子曲线",这根线描述"法酬"与自由的关系,法酬就是法规带来的收益,搞垄断就有垄断利润,立法征税,调整税率,这类法规也有相应的收益。(图二)

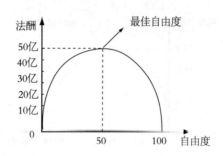

老子曲线

访谈者: 但是法规收益比税率要复杂。

吴思: 制度不一定是直接拿东西,比如搞人民公社,搞统购统销,关闭自由市场。干这些事的时候,统治者的制度收益就是法酬。反过来,不限制、法规放开的那部分,就是自由。

老子曲线的意思是:如果民众的自由增加——大包干,农民爱种什么种什么,自由种植,自由交易,放开限制,那么,统治者的法酬也会增加。农民积极性调动起来了,粮食产量提高了,税收就可以增加,不仅税收增加,管制成本还会下降。

再往下走，官办企业也放开了，承包了，抓大放小了，企业利润就会增加，财政补贴就可以减少。当自由进一步增加的时候，比如外贸和金融领域放开了，整体经济效率提高，统治者的法酬也进一步增加，两者之间有正比关系，曲线往上走。

但是走到一个最高点，自由再增加，比如民众有了知情权，监督权，选举权，自由大到这个份上的时候，统治者的法酬反而开始下降。它靠法规吃到嘴里的剩余逐步消失了。法酬是什么呢？全部税收，减去公共开支，其剩余部分就是法酬。

访谈者：你这个法酬，就是统治者的利润？

吴思：暴力的利润。

如果没有暴力，自由契约，老百姓跟官府做交易，民众交税，换官府的公共服务，取之于民，用之于民，自然没有剩余。自由如果到了100分，连政治自由都给老百姓了，那么法酬为零。统治者要是不老实，贪污受贿，吃剩余，民众可以把他选下去。

访谈者：这时的"法酬"等于彻底的公共开支。

吴思：公共开支是没有剩余的。就是取之于民，用之于民。

老子曲线什么意思呢？前半段，统治者跟民众的关系，有共同的利益，双方是一致的。到了最高点，就开始分道扬镳。

访谈者：这边是增加自由，那边是增加法酬。

吴思：对，这是一致的。但是越过最高点之后，老百姓还想继续增加自由，特别是政治自由，统治者的法酬将要下降，这时候老子说什么呢？愚民政策就出来了。老子整个关于愚民政策说了几句话。

访谈者：也不多。

吴思：不多。跟老百姓有直接冲突的话只有三四段。第三章说："是以圣人之治也，虚其心，实其腹，弱其智，强其骨，恒使民无知无欲也，使夫知不敢、弗为而已，则无不治矣。"这是第一段。让民众保持在无知和无欲的状态。老子不肯跟随民众往下走了，开始抑制民众了。

再往下说，第十二章："是以圣人之治也，为腹不为目。"不让人家视五色，听五音，尝五味。控制民众的欲望。他还说："古之善为道者，非以明民，将以愚之"，直截了当要愚民。"民之难治，以其智多"。总之，剥夺民众的知情权，剥夺他们的认识权，抑制他们的欲望，降低他们的期望值，让他们觉得世间就是这样的，不敢做，不敢想，不再追求更多的自由。到此，老子与民众分道扬镳。

想到这条曲线之后，我就想起来老子的很多话，可以支持这条曲线的话。例如支持前半段的："将欲取之，必固与之"，"圣人不积，既以为人己愈有，既以与人己愈多"——给民众的自由越多，统治者得到的利益也越多。

反过来，限制民众的自由："天下多忌讳而民弥贫。"当年人民公社时期不就是什么都限制吗？限制越多，民众越穷。"人之饥也，以其取食税之多也，是以饥。百姓之不治也，以其上有以为也，是以不治。"上边想干的事太多了，老百姓就不听话了，开始反抗了。而且犯法的也多。"法令滋章，盗贼多有"。

后来改革了，放开搞活了，"我无为而民自化，我无事而民自富"。关于无为而治的论述非常多，我就不举例了。

老子的这些话，描述了统治者和民众之间的共同利益，民众自由增加，好处增加，统治者的收益也随之增加，然后到达拐点。我想到了这条曲线,就称之为老子曲线。但我又有点心虚,老子是这个意思吗?整个《道德经》讲的都是这个东西吗?于是我重读《道德经》。把相关的话归成类。归类可以有许多角度,我选的角度就是统治者跟老百姓的关系。从这个角度去分类。我原来最基本的分类就是"民跟官的一致","民跟官的分歧"。总共81章,跟老百姓冲突的有三章,跟老百姓一致的有四章。

访谈者:一致的只有四章吗?我印象中很多似的。

吴思:以退为进,欲取先予,讲这种反向行动的原理的有25章。这25章里头包括了与民众利益一致的4章。给民众好处,就是一种反向行动,结果是:"以其无私,是以成其私"——统治者越干无私的事,对他自己越有利。这是反向行动部分。

此外还有"无为而治"部分,也可以认为和自由放任的政策有关系,无为而治部分有24章。两部分将近50章,比重非常大。这两部分之下还可以分作几个单元。

在我看来,整个道德经,一级分类有五个部分。还有二级分类和三级分类。

访谈者:一套章节目录?

吴思:看看我的分类目录:

一、什么是道(共15章)

1.1 什么是道,对道的认识(8章)

1.2 道利而不害,(7章,)

二、守道(共63章)

2.1 道之重要(2章)

2.2 无为而治(共24章)

    2.2.1　无为而治(1章)

    2.2.2　无为而治为上,其次的排列(4章)

    2.2.3　无为而治道理之一:守道(2章)

    2.2.4　无为而治道理之二:虚无(2章)

    2.2.5　无为而治道理之三:守静(3章)

    2.2.6　无为而治道理之四:反用(2章)

    2.2.7　无为而治道理之五:柔克刚(1章)

    2.2.8　无为而治:谨慎,逐步,简易(2章)

    2.2.9　不过度,跟随自然而已(7章)

2.3　反向行动(共25章)

    2.3.1　反用术的一般道理,道的特征(3章)

    2.3.2　欲取先予,以退为进,反用的治国术及其原理(12章)

    2.3.3　对民众多予少取反而有利(与民的共容利益)(4章)

    2.3.4　节制暴力,以下为上(国际关系)(4章)

    2.3.5　以合道的方式进行战争,反向行动(2章)

2.4　统治者的修养(与自身的关系)(共12章)

    2.4.1　统治者的自我修养(11章)

    2.4.2　不守道的统治者近似盗贼(1章)

三、与民的冲突性关系(共3章)(右倾)

四、理想统治者和理想世界(共2章)(左倾)

五、对吾道的知与行(共2章)

我稍微解释几句。

第一部分,什么是道,可以分为两个单元:第一单元,什是道,对道的认识和描述,如何难以认识,如何难以描述等等。第二单元,"道利而不害","往而不害,安平泰"。"道生之,德蓄之,长之育之,"总之"道"是建设性的。而且,"天道无亲,恒与善人",只要你办善事,天道给予的回报总是好的,从结果上看,道也鼓励善人。

第二部分,就是守道。守道这一部分就占了63章。这是《道德经》的主体内容。

第三部分,与民众的冲突,在以上分类的逻辑中无处安插,于是单独作为一部分。

第四部分,老子描绘出一种理想统治者的形象,又描绘出一个理想世界。这也无法安插在以前的三部分中,于是单列。

最后是结尾,好像一个后记,老子说他的道甚易知,甚易行,天下莫能知,莫能行,因为人们不虚心等等。这部分有两章。

这就是我做的分类。因为有四章的内容包含了两种以上的意思,需要同时归入不同单元,所以总章节超过81章,各部分的分类加上重复共有85章。

分类之后我发现,所谓老子曲线,总的说来,可以获得《道德经》在思想上的支持。但是又有一些小冲突。按老子的逻辑说,既然"道利而不害",排除了其中的暴力或伤害人的成分,那么,这样的无为而治,自发成长,就应该一路发展下去,但老子又说不让老百姓发展知识和欲望,抑制民众,让他们无知无欲,这是自相矛盾的。这种自相矛盾的内容,我只好单独列为第三部分。

另外,老子又说,理想社会是"小国寡民","鸡犬相闻,老死不相往来"。我们知道,按照历史发展的逻辑,也是道的逻辑,只要你无为而治,顺其自然,利而不害,那么,随着交易增加,专业程度增加,这个社会必将走向繁荣,"我无事而民自富"。另外一种可能,随着人口增加,资源紧张,如果控制不住暴力的话,就会出现战争。如果你把暴力控制住了,就会高度繁荣。所以,在任何情况下,他想象的"小国寡民"都不会出现:有战争时不可能出现,大吃小,将有大国出现,大国就是暴力竞争的产物。如果没有战争,会出现经济繁荣和社会进步。

老子描述了理想统治者:"圣人无心,以百姓之心为心。"如果真是这样的话,老子曲线就会走到头,不会出现统治者与民众的冲突。怎样保证"圣人无心,以百姓之心为心"呢?老子只给了这么一句话,没有给出任何具体的办法。我们知道,民选总统可以保证统治者大体符合民心,民主监督也可以让百姓把不顺心的统治者换下去,换上来的肯定是顺百姓心的,如此,这条老子曲线就可以走到头。但是老子只有一句空话。而且,还有其他一些很扎实的话与这句空话相反,堵住民众不让他们往下走。所以,这条走到头的线,这后半段,只能是一条虚线。

这段无法归类的理想描绘,单独列为第四部分。

分完类之后,我才明白《道德经》的思想有这样一种结构,我才第一次能讲清楚老子究竟说了些什么。

访谈者: 你怎么看老子曲线的后半段?

吴思: 这一段,他实际上只有一句话。在曲线顶点或者叫拐点的位置上有三句话,还与这一句话有矛盾。

访谈者: 对,你刚才讲清楚了,后半段老子只是提出了问题,而且还左右摇摆了一下。何以致此?向右上这条线肯定走不通,或走到"小国寡民",或无限繁荣,都不可能。有一个强约束因素,像你说的人口增长。按当时他们处的自然条件,或者社会环境条件,难以想象。人口增长没有控制会导致什么？一定是战争嘛,以至于"人相食"嘛。

吴思: 我这么理解。我们假定作者老子是一个人,一个很复杂的人,有内心矛盾的人。如果不是一个人,而是几个作者合起来,互相之间更会有差别和矛盾。总之作者自身存在矛盾。但他非常聪明,能反向看问题,在百姓和统治者一致方面,他提的策略都是可操作的,可行的,很有智慧。他就像后来的知识分子一样,在给官方出主意的时候,考虑得很现实很具体。但并不等于这位知识分子没理想,没良心,他有。在给官方提了很有操作性的建议之后,他补充说,您应该克服私心,为民父母,全心全意为人民服务等等。老子提出了这个理想,但是没有制度措施,所以我只能说这是一条虚线。

他描述理想世界也同样很虚,就一句,也没有重复和支持,就是"小国寡民"。

访谈者: 我们就顺着你这个曲线来看老子。如果按照你刚才讲的他不仅把问题讲清楚了,包括细致的方案、怎么做他也有了。以至于这么做的好处也点出来了,可是老子之后的2500年,除了个别历史时段,我们看到老子曲线上半段被呈现出来,最典型的就是"文景之治"和"贞观之治",那比起我们更长段不堪回首的历史,这几乎是一瞬间。

吴思: 还要加上改革开放30年。说实在的,我能画出这条线来,就是在勾勒改革开放给我的印象。我觉得我理解了老子,就是因为我理解了现实。老子也要求你通过这种方式去理解他。帛书本的第14章,他叫我们"执今之道,以御今之有",就是用今天的道理来把握今天的事实,"以知古始"——由此来知道古代的初始状态,"是谓道纪"。这叫道纪。

今天的道理是什么呢?我前一段在读田纪云的《改革开放的伟大实践》,读的时候,我就发现改革者把握了几条规律性东西,这么一场大规模的改革开放,没真正抓住点规律,能取得如今的成就吗?那么,改革者到底抓到什么规律了?我看出两条全党形成共识的规律:第一定律和第二定律。

第一定律:财富创造律。财富创造取决于生产者是不是有积极性,生产者是否有积极性,又取决于是不是多干多得,少干少得,自作自受。自作自受的制度是什么呢?承包制度是浅层的,产权制度改革是深层的。最能调动财富创造积极性的产权制度是:个人自主决策,成功了自己受惠,失败了自己承担结果,自作自受,这就是自由的标准定义。这种自由的深度和广度,与财富创造正相关。两个东西之间稳定持久的正相关,不就是一个定律吗?这就是改革者认识到的第一定律:财富是怎么创造出来的,财富创造的强度与自由度正相关。

再进一步说,如果把市场引进来,优胜劣汰,有竞争,干不好的自然淘汰,留在这里都是能干的,效率不错的,这种自作自受的制度,在整体上必然是一个创造财富非常有效的制度。总之,自由市场制度,自由企业制度,个体层面和宏观整体的自作自受的制度,与财富创造活动的强度,有很强的正相关。这是第一定律。

尊重了第一定律,这个政府就得民心,就安定,政府的财政收入也越来越多,政权越来越稳固。这就是第二定律:统治集团的兴亡取决于你对第一定律的接受和遵从。当然,最彻底的遵从就是民主,让老百姓自己当家作主,维护自己自由,谁侵犯他们就把谁选下去,换上来的人都是维护百姓自由的。目前还没有贯彻他们对第二定律的认识,没有贯彻到底,就像老子似的,表达了一些理想,但只给虚的,下半段还是一条虚线。

这两条定律,老子都讲到了,所谓"我无事民自富",你不去干预,民众就能富裕起来,这就是财富创造律,或者叫改革开放第一定律。民怎么富?统治者少干预,减少苛捐杂税,少垄断,于是财富就增加了。如果政府遵循第一定律,政府也就跟着强大起来,这就是第二定律。老子曲线的前半段,可以根据改革开放的经验,拆解成两条定律,自由度、财富创造、政权强大程度,三者之间正相关。老子曲线的前半段合并描绘了这种相关关系:给民众的好处越多,统治者的收益越高。

理解了这些今天的道理,回过头再看老子说的道理,就发现他说的是这个贯穿古今的道理。"执今之道,以御今之有,以知古始"。你想想,那时候跟现代有很多相似的地方,井田制不行了,后来被初税亩代替,用我们现在的说法,大概就相当于人民公社解体了,分田单干了。老百姓自由了,于是财富创造增加了。初税亩是公元前594年的事,这是《老子》的作者可以看到的历史经验。孔子生于公元前551年,据说孔子曾拜访过老子。

访谈者:你怎么用老子这条曲线解释这样一种现象:中国所谓有钱,或者给人感觉富起来了,实际上是入关(WTO)以后。统计数字告诉我们,入关前的1999年,中国的外汇储备只有1440亿美元。入关8年,超过2万亿。这个增长速度在所知人类历史上是没有出现过的。

吴思:刚才把老子曲线拆解成的两个定律,第一定律是财富定律,"我无事民自富",你给老百姓自由,财富就增加,用这个可以解释加入WTO之后的成绩。

怎么解释呢?第一,破除贸易壁垒了,加入世界贸易体系了,意味着我们的自由可以跨国界了,各生产要素的流动,产品的流动可以自由跨国界了。全世界都是我们的自由空间了。

第二,这个自由必须剔除暴力,所谓道"利而不害",自由也有同样的特点,利而不害,就是不侵犯别人的权利,这个范围之内你是自由的。道和自由有相同的灵魂,就是利而不害。在我们加入WTO之前,中国国内的制度歧视民营企业,设立了种种壁垒,而这些壁垒都是以暴力为依托的,非法集资,坐牢,枪毙。加入WTO之后,至少拆了一部分壁垒,老百姓所受到的束缚,就是强制捆住你手脚的东西减少了,就是老百姓自由的深度增加了。无论在质上量上,中国老百姓的自由都增加了,财富的增加就是经济自由增加的自然结果。

访谈者:好,我们还是回到你这个图上来。人类存在本身所追求的只是前半段吗?还是统治者实际上最希望追求这一段?

吴思:对统治者来说,最佳自由度就到这个最高点,再往前走,其纯收益就要下降。

访谈者:这样就好理解了。统治者在自由这一条线上放一放,并不是他对自由有什么理想追求,顺道增加他的法酬,而是他首先想到如何增加法酬,才发现还有这么一条可以适度扩大的自由线。而我们实际看到的,更可能是在这条线的后半部分来回推磨,收一收,放一放,像是螺旋式运动,实际上既不倒退,也不前进。如此一来,这个自由与人类代代追求、被思想家们不断强调的具有本质规定性的自由,相去十万八千里。

吴思:当然有差别。

访谈者:但你一直在用自由这个词。在我看来,这几乎是一个物欲的自由。统治者增加你欲望的度,将导致他财富或者力量的增加。物欲的自由就是吃饱饭的自由。

吴思:我们在这加一个字:"度。""自由度"在理论上的满分是100分。但对统治者最有利的时候是一半,50分。民众希望100分,统治者希望50分,有50分属于共同利益,还有50分属于分歧。

访谈者:对,用"自由度"。如果你把整条线看成是自由度的话,你怎么看这后半段呢?后半段你用虚线表达,如果虚线坐实了,是不是就是真正的自由了?

吴思:对。

访谈者:后半段统治者不肯坐实,要极力限制民众的权利和选择空间。

吴思:人满足了低级需要,就转向高级需要,高级需要发展下去,就要争取荣誉,自尊心,社会地位,自我实现,最后整天下棋,跟神仙似的,不干活了,追求闲暇。对统治者来说,你光闲着,不给我生产,不给我打仗,这种人没用。按照李零的说法,扣除了那些高级欲望之后,人满足于吃饱穿暖,那是牛马。古代统治者心目中的最好的民众就是牛马。没有更高的欲望。这个分寸对古代的统治者最好。所以这个最佳自由度就到这个顶点或拐点的位置,就给你50平方米的自由空间。再多增加10平方米,你就会有了某些政治权利,要求监督权,要求知情权,要求掌握更多的知识,要求掌握自己的命运。这些要求和欲望的增加,都是老百姓的自由度在增加。但是统治者的法酬就要下降。要真的让老百姓能够选举公仆了,统治者的法酬就会变成零。他们就真成公仆了。这就是民主社会中可能达到的自由度,100分,100平方米。没这么理想也有80分吧。

访谈者:如果说改革开放30年一直沿着老子曲线的前半段走,是开不出后半段来的——把这个虚线变成实线。古典智慧当中,还有谁能给我们从虚线到实线以启发吗?

吴思:我不知道。前半段曲线,我们可以称之为经济自由主义,在经济领域里充分扩大自由。能够使经济发展,这些确实能给我们带来"文景之治",能够给我们带来改革开放的伟大成就。但是,再往前走,自由度再扩大的话,我们历史没这个经验,别说没这个经验,在想象力上,老子也没想象出来。

访谈者:这个叫动物自由。

吴思:动物自由有点狠了,经济自由吧。经济一般都是为了满足一般人的物质欲望。吃饱穿暖。但是再往前走,涉及人的尊严、政治权利,涉及人可以不干活了……

访谈者:这是人的自由的时候。

吴思:主要是政治领域,因为人们一旦能决定自己的命运了,他爱干吗就是自己的事了。

访谈者:也不光是政治领域,包括信仰、艺术创造。

吴思:我们这条线讲的是法酬和自由度的关系。前半段重点在经济领域,经济上的改革开放,经济自由都可以做。再往前走就是政治自由了。这半段是涉及到对统治者的限制和监督的问题,民间增加一点,统治者减少一点,民间增加到100,统治者的剩余变成零,这是不能容忍的。我认为,我们改革走到这一点,就到了这个双方利益一致的最高点,也是从统治集团看来的最佳自由点,到了50分了。再往前走到51平方米的时候,民间自由增加1平方米,官方的收益要降低1寸,这时候分歧开始。这就是我们的改革到现在难以推进的缘故。

有的时候阻碍者是一个利益集团,他的最佳利益和总体统治集团的利益不一样,他到45、47就不肯放权让利了,不往前走了,尽管还有一段利益,比如开放电信,开放金融。尽管整个国家经济受损,他也咬住,就不往前走。于是可能就发生这样的博弈,在各个集团利益的阻击之下,连50平方米的自由空间都达不到,就45到47之间拉锯。

访谈者:现在大体还是40到50之间在博弈。你走到50又能怎样?

吴思:没有质变。走到50平方米,就是老子政策的理想境界。当然不是小国寡民,而是官民双方的繁荣。但是这个繁荣都是没有保障的。

访谈者:谁都没有保障,包括统治者自己在内。今天打住吧。收获很大。多谢吴思!

儒家与自由主义是可能调和的

> 访谈者：《深圳商报》 刘悠扬
> 时间：2008年7月10日

北大学者李零的著作《丧家狗：我读〈论语〉》一石激起千层浪，学界上下，批判与赞赏者各执一词。本报记者专访了著名历史学者、《炎黄春秋》杂志社副社长吴思，在他看来，"丧家狗"之争存在着重大误解，双方缺乏实质性的冷静对话。

在对儒家的"名分"分析的基础上，吴思向记者预测了中国传统文化将来可能的走向，并表示，对传统资源的借用，绝不仅限于儒家这一家，儒家与自由主义的分歧也不是不可调和的，二者之间的分寸调整和彼此借鉴可能为中国社会创造出一种新的人文价值体系。

我赞赏李零对于"原典"的解读

访谈者："丧家狗"之争首先是书名的争议，其实质是人们希望看到一个什么样的孔子，您认为李零对孔子的解读公允吗？

吴思：实际上，书名之争是有误会的。"丧家狗"首先是孔子的自嘲,而李零在用"丧家狗"这个比喻的时候,借用了孔子的自嘲,并不是当作一个贬义词来用的。现在大家在讨论什么呢?讨论这个词对于圣贤是不是足够恭敬,而不是谈论这个比喻背后李零真想说的——孔子的那套观点和主张在现实中不能落地,在现实世界找不到精神家园,所以成了没有"主"的"丧家狗"。就我所看到的批评李零的文章,包括网上针对我的一些跟贴,好像自说自话的成分更多,没有就对孔子的解读和对儒家的认识进行深入交流,并不是有深度的批评和讨论,只是宣泄自己的不满情绪,这是没法儿结出成果的对话。

访谈者:相对批评者而言,力挺李零的学人多半由于"批判意识"与当年的孔子、今天的李零产生了共鸣。因此除了字面上的误解之外,在批评者与赞赏者之间还会不会存在心态上的差距?

吴思:我不敢肯定。比如批评李零的那些人,也并不是在现实生活中没有任何忧虑,他们也可能有找不到精神家园的感觉。说他们对孔子当时的处境没有理解,没有认同,没有同感,可能不准确。另外,赞成李零观点的人,比如说我,也未必强烈地感到自己在现实生活中是一只"丧家狗",未必找不到自己的精神家园。我可能更赞赏李零对孔子处境、见解的描述和解释,很有知人论世的妥贴,更赞赏他的文本,他对"原典"的解读。这本书实际上是对《论语》的注释和解读,至于孔子是个什么人,用一个什么符号,是用"丧家狗"还是"圣人"把他勾勒出来,那是第二层甚至第三层的意思了,首先应当关注的,是孔子说了什么话,是在什么背景下说这些话的,这些话究竟是什么意思。这是最扎实的工作,李零做得挺好。

"丧家狗"之争存在重大误解

访谈者：有观点认为，《丧家狗》一书引发的争议已经远远超过了书本身所具有的价值，折射出当下种种文化思潮看待儒学和传统的心态，您怎么看待？

吴思：我看争论的价值不大，因为争论中存在重大误解。迄今为止，我还没有看到双方的冷静对话。尤其是批评方，他们对于批评的对象是想象的，与李零表达的核心意思有很大距离。

当然批评者表达的情绪本身是有意味的，即对圣人要尊敬，对传统文化和遗产要敬畏。这是批评者的主张。那么，是不是李零就不尊敬、不敬畏了？从知人论世的角度看，我觉得他对孔子很尊敬。那么，是不是说我们要充分敬畏传统文化和圣贤的遗产呢？是不是说孔子的遗产不容批评呢？这需要详细分析。

我们深入讨论一下：对传统是敬畏到100%还是10%呢？这中间差距很大。如果要求100%的敬畏，要求者会忽略一个最基本的事实，即在最敬畏孔子的时代，孔子的主张也没能解决中国的核心问题。中国始终走不出治乱循环。如果完全蔑视传统，可能也会忽略一个问题，即儒家在中国社会的稳定中发挥了巨大作用，儒家的很多概念现在还活在中国人心中，还流行在我们生活和语言之中，作为评价事物的指标，让很多中国人在那里找到安身立命的理由，而无须到上帝那里寻找。恰当的方法是找到一个度，找到恰当的分寸，仔细分辨在孔子的传统里吸纳什么？修改什么？如何在传统的基础上重建我们的世界观和价值观？这些都是可以深入讨论的，靠动气和骂人解决不了问题。

人文精神如何重建

访谈者：在这一场讨论之后，隐藏着更大的背景，即近年来迅速兴起的"国学热"。和李零唱反调的学人，大多基于对中国现状的焦虑，希望能借"国学"这一灵药解决目前中国的人文精神危机。

吴思：你实际上谈了两个问题，第一个问题是：中国人文精神匮乏，需要重建；第二个问题是怎么重建。

第一个大体上是个真实的问题，现在大家都活得没根似的，心里不踏实的东西不一定能用钱解决，但那东西是什么？用儒家的东西能解决吗？再深说一步，在中国古代，即使在儒家盛行的时代，人们都有精神家园吗？人们都不贪婪吗？也未必。只是一些精英在寻找人生终极意义的时候，能得到一个比较现成的、没有太大争议的解决方案，即儒家的方案。任何时代、任何文化、任何社会，需要解决这些问题的人都是一小撮人，更多人没有那么强烈的精神需求，他们更多面临着生存问题。

过去的意识形态的确是崩溃了，新的东西没建起来，精神支柱就这样没了，至少对精英来说，这是实实在在的问题。但他们也各有各的高招，各有各的解决办法。

总的来说，人文精神的问题虽然存在，但我认为中国当代和古代的差距，并非远到一个南极一个北极。这只是一部分人的问题，而且只是这部分人的部分问题。更多的社会问题都是体制所致，而不是道德危机所致。

第二个问题，现在需要重建的人文精神，究竟如何重建？在多大程度上要从传统中寻找资源，又在多大程度上向西方寻找资源？我认为将来在中国建立起来的新的观念体系，应该更多立足于中国传统资源。以儒家为代表的中国文化传统，一直向内心、向人世、向我们生活的天地自然寻找归宿，而不是向上帝寻找。这种最根本的寻找归宿的方向以及相应的概念体系，很合乎中国人的心理特点。这种追寻方向可能是未来文化重建的主导方向。

但传统中的许多粗糙、不足之处，又需要西方学说的补充，它一定是个杂糅的综合体，当然，这个综合体大概还是立足在我们的传统基础之上。至于其中的比例分配，是个挺技术性的问题，就看未来的创造者对于中国传统文化理解的透彻和转化的高明程度，其中掺杂了极强的个人色彩与偶然因素。

中国传统文化的主体是"官家"文化

访谈者：现在"儒学即国学"似乎已经成为压倒性的声音，儒学真的是国学的精髓所在吗？它真的能代表中国传统文化的全部吗？

吴思：一提起中国传统文化似乎就是儒家，其实儒家仅仅是被选择的一家。从孔子孟子个人的坎坷遭遇，到汉武帝"罢黜百家，独尊儒术"，选择者的利益在哪里？被选择者是主导力量，还是选择者是主导力量？这里有很多误解。历代选择者都是官家集团，是官僚，是皇帝，是衙门，即使要拒绝孔子，让他成为一只"丧家狗"，也是他们在拒绝。在历史上，孔子和儒家的命运经常是由官家来决定的。中国文化的主导者其实不是儒家，而是官家，一直是官家在决定要多少儒家的东西，要还是不要，或者表面上把儒家作为掩护、内在却装了一堆法家的东西，中国古代社会"外儒内法"或"阳儒阴法"，是有道理的。

准确地说，中国传统文化的灵魂和主导者一直是官家，是他们根据自己的需求决定儒、释、道、法家等不同比例，综合创造出官家文化。他们实际上在"阉割"儒家，把儒家改造得更合他们的胃口。儒家地位的高低，某一个主张的地位高低，它能不能流传开来，在很大程度上取决于统治者的宣扬或压制甚至扼杀。必须看清这个重要的力量，即官家集团的利益所在，他们对自身利益的认定。从官家利益最大化的角度来考虑，选择哪种说法，限制哪种说法，限制到什么程度，接受到什么程度，才更符合它的长远利益、长治久安，这一整套选择的标准才体现了中国传统文化的灵魂，儒家等诸家学派也只能是被选择的配料，并非选择的主体。

在这个意义上，谈到对中国传统的吸收和再创造，对于体现了暴力集团主张的兵家、法家，就应该有自觉的批判意识。

自由主义和"新儒家"是可能调和的

访谈者：有人认为，此次以《丧家狗》为导火索，激化了近年来"新儒家"与自由主义的冲突，他们之间的争论对于解决中国社会的问题有什么需要反思的吗？

吴思：自由主义和"新儒家"的分歧其实不是不可调和的。什么是自由主义？它是把"权利"和相应的"自由"看作至高无上的价值，认为所有的社会结构、政治体制都应该把"自由"看作第一位值得尊重的东西。而儒家怎么看待呢？儒家最重要的内容是"礼义名分"，"礼"即礼法结构，"义"即规则，在礼法结构中每个人都有自己的位置，即"分"，要求人们"安分守己"，这个"分"，用自由主义的语言来说，就是权利、义务。

如果从这个概念生发出中国现在的社会哲学或政治哲学，就能把儒家体系和自由主义的见解综合起来，还能取长补短。双方都有对人的"分"的尊重和强调，自由主义偏向其中的权利和自由，儒家比较注意其中的义务，但两家都不反对权利和义务的平衡。儒家的长处是，对"守本分"的必要性的证明无须求助上帝，人的权利、义务不是天赋的，就在社会关系之中，那么平常那么自然，当你服从了这一切，就会感到整个人生都是和谐的，不会再有额外的焦虑和不满。儒家在人们的内心和天地万物的体系中寻找"分"的终极根据，给人们提供安身立命之地。这套论证方式很精彩。

但是儒家思想体系又有现代人无法接受的内容。"三纲五常"的具体的划分很不平等，君要臣死臣不得不死，父要子亡子不敢不亡，这种君臣父子的"分"，在现代来看就很"过分"。这就应该调整它的分寸，本来一平方丈的得压缩到一平方米，本来半平方米的你给它扩张到一平方米，方方面面大体都相等，儒家的礼义体系就可以和当代的权利、义务体系接轨了。在这个意义上，儒家与自由主义的分歧，并不是对抗性的，不可调和的，我们可以把这种分歧转化为一种分寸问题。

调整分寸之后，你会发现儒家那套论证方式、对"仁义"的根据的追寻，很有道理，很对中国人的胃口。

做这种分寸的调整，是可能创造出一种新东西来的，双方的优点都可以吸纳进去。

自由主义有一个儒家缺乏的优势,它告诉我们,让人们守本分、限制人们过分扩张的时候,仅仅靠自律是不够的,要有民对君的"反制",还有权力之间的分权。这样的制约机制比良心和仁义道德教育更可靠。这一套政治设计及其背后的理论支撑,儒家就相当缺乏。

总之,我们的讨论涉及到学术体系的融合,涉及到概念的调和、涉及到观念体系的再创造,这些都是非常具体的讨论,而且是扎扎实实的一个个概念的探讨,这才是学人们需要冷静下来去做的事情。

对传统资源的借用,不仅限于儒家这一家,"分"和"权利、义务"的接轨,只是传统创新、传统再创造的可能的根基性概念之一,在这些根基之上,能够开启许多传统和西方、传统和现代融合的实质性工作。那将是一个长期的逐渐积累的过程。

《中庸》可以和自由主义接轨

访谈整理：《深圳商报》 刘悠扬
时间：2010 年 11 月 18 日

从唐代宫市到儒家核心价值观

我今年的阅读主要是两个主题。去年年底延伸到今年年初的一个主题是，唐朝的"宫市"，推而广之就是"官市"。与此有关的阅读有《文献通考》的相关部分，延伸到盐、铁、茶、酒专营和粮食籴粜制度，捎带回顾了当代的粮食统购统销制度。还有《新唐书》中记载的相关人物，比如王叔文、柳宗元、白居易、唐德宗、杜佑等人。

当年，德宗朝有一套"宫市"的制度，后来为何取消这个制度，背后的利益关系又是怎样？我想搞清楚有权力介入的市场是如何运作的，权力是如何介入市场的，有什么样的介入形式，介入之后权力的估值又如何体现。同时阅读的还有价格史部分的资料，比如"半匹红纱一丈绫，系向牛头充炭值"，"半匹红纱一丈绫"值多少钱？值多少粮食？一车炭又值多少粮食？宫使强买打了多少折？还有后来"宫市"的命运，怎么被取消的？总之，寻找与此有关的人物和史实，还有相关的文献记载。

另一个主题是我今年花费大半年时间在做的事,阅读与核心价值观来龙去脉有关的各种书。比如说儒家部分,核心就是"四书五经",其中,《中庸》读了五六遍,读出了新东西。《礼记》以前没有看全,好多细节跳过去了,今年也通读了。这是儒家原始言说部分。对儒家原典解说并发挥的,比如朱熹的《朱子性理语录》,张载的几篇文章;还有后人整理的,比如张岱年的《中国哲学大纲》,原来只是片段读过,今年看完整了,感觉甚好;以前读过两遍冯友兰的《新原道》,这次又重过一遍;当代学者写的,比如陈来的《宋元明哲学史教程》也过了一遍。阅读这些,是为了看看后人对中国历史上各家学说和基本价值观是如何整理和评论的。之后再看看对于价值观的纯理论探讨,印象最好的就是王海明的《新伦理学》。当代核心价值观部分,以前看过哈耶克的《自由秩序原理》,今年又翻了一遍,还有与自由主义相关的那些书,像密尔的《论自由》,斯金纳的《自由主义之前的自由》,钱满素的《美国自由主义的历史变迁》等。

活在老百姓心中的儒家概念

这一阅读主题的起因是年初我应邀参加《经济观察报》的"观察家论坛",他们提议我谈一谈中国文化的未来。这个题目大得没法谈,我就把这个话题给分解了,单谈核心价值观。而且按照古训"述往事,知来者"的方式谈。我从中国传统文化的核心价值观出发,开始梳理过去是怎么走过来的、现在有什么问题、未来一旦解决了这问题又是什么样子。只是一个很短的发言,勾了一个轮廓。但是谈完以后,意犹未尽,想把记录稿整理成一篇文章。就在整理过程中,又不断地回过头去读书,去深究，重看以前读得不太细的书，每当说一些概括性的话时，还想看看他人是怎么概括的，就这么陷进去了。讨论传统文化核心价值观这个问题，对我来说是力不从心的，现在后悔动手早了，过早陷进去了。我原以为岔开一两个月就能把这篇文章整理好，没想到一下岔进去快一年了还没完成，至少文章还没整理好。这段"岔路"至今还没走完。

在价值观领域，我的基本想法是，任何一种核心价值观都不可能凭空虚造，一定要借助一些基本概念，而且是刻印在人们心中，能调动他们感情的概念。既表达事实，又能让老百姓动感情，那样的概念才寄托了这个民族的文化价值。这样的儒家概念，在老百姓心中显然还有很多是活着的，比如中国人骂人，最强烈的诅咒其实不是说脏话，而是"丧尽天良"、"天理不容"之类的话。这些概念体现了中国人的价值观。"良知"是心学的核心概念，"天理"是理学的核心概念，这两个儒家不同派别的核心概念，现在仍然能调动起我们的感情来。再比如说到权利和义务，老百姓有些隔膜，但一说"这是我的分"，"你太过分了"，那个"分"可是能动感情的。"权利"有什么我们说不清楚，但"动了我的分"我清楚得很。什么是我的本分，按照名分什么是我的，什么不是我的，我们都明白。于是我们知道，代表权利的"分"，以及外在的支持这个名分的"天理"，内在的维护这个名分的"良知"，这一整体的儒家核心价值观直至今日仍然是有分量的。

传统与当代的价值观如何接轨？《中庸》开篇有三句话："天命之谓性，率性之谓道，修道之谓教。""率性之谓道"，用现代汉语怎么表达？——人性的自由发展就是道。这三句话，简直可以构成自由的基本教义。一,人性是造化的产物。二,人性的自由发展就是道。三,教是有关人性自由发展的修习和调节。这种教义对我们的要求是:一,深刻理解人性的内容和来历。二,尊重人性具有至高无上的价值。三,创建让人性自由发展的制度和条件。《中庸》的后半部强调诚,至诚尽性,由此立天下之大本,赞天地之化育,在天地社会和人性中建立一种良性均衡,各安其分,达到中庸的境界。这种综合性框架非常高明。这个框架将人生理想和社会理想融为一体,极高明而道中庸,很有启发性。

这些主张可以跟西方的自由主义接轨,同时又扎根在中国的本土传统根基之中,近似一种"主义式"的宣言。我们知道,马克思恩格斯的《共产党宣言》也表达了同样的理想:保障每个人的自由发展。

总之,有了当代西方各派理论的启发,有我们这么多年的历史经验,再去做一些西方外来理论体系本土化,同时将本土概念提升转化的努力,在价值观领域,很可能会融合出一种新的东西来。

(此文收录时有删节)

谎言的成本和收益

> 访谈者：《新周刊》胡赳赳
> 时间：2010年4月26日

有一种体制易撒谎

访谈者：我们这次聊的话题是历史与谎言的关系。这让我想到老子说"智慧出，有大伪"。我不知道"伪"能不能理解成"谎言"？

吴思：可以。或者是伪君子，或者是谎言，都行。

访谈者：这就存在历史观的问题，什么样的历史是真实的？

吴思：事实就是，有一种体制特别容易生产谎言、制造谎言。而且制造谎言是合理、合算的。你看咱们历史上的这个体制：一个皇帝，下面一堆官僚，面对全部农民，农民信息渠道不畅。打天下、坐江山的这个人，不管是秦始皇、朱元璋，还是刘邦，他们必须解决的问题，就是怎么坐江山？最高层的统治者有两个选择：一个是用赤裸裸的暴力，强制；一个是用说服力，德政。这两者还有不同的搭配比例。单凭着暴力坐江山，这个江山是很脆弱的，不容易长久，或者说长期收益不看好。于是就部分采用儒家的那种方式，说服、劝导，让你内心认可。

访谈者：然后这又变成历史上统治者的一套谎言。

吴思：这就是一套理论。如果统治者真的遵循这个理论，它就不是谎言，至少谎言的成分不高。如果他不遵循这个理论，我们就可以说这是谎言。

访谈者：这个分析得太对了。

吴思：那他遵循不遵循这个东西呢？他一定不遵循。——也不是说完全不遵循，一方面要求你完全遵循，一方面自己不完全遵循。比如君仁臣忠、父慈子孝、夫义妇顺。我的义务就是你享受的权利，而你的义务也是我享受的权利，咱们俩是对应的。虽然你的权利偏大，我的义务比较多，但是你是君，我是臣，你的责任也大。我认这个账。这就是儒家的三纲五常，听起来也说得过去。不过在实际上，强势的那一方不愿意受约束，很难甘心就范，也很容易堕落。经常是不仁不慈。很少有仁君，历史上明君的比例很低。不过，我不仁，不许你不义，不容你不忠。这就不能太讲理了。需要王霸道杂，儒表法里，表面上是儒家，说得很好听，很有说服力，讲究各方面对应的规范。实际上让你就范，我不就范。我不仁慈还不能让你知道，还要宣扬我如何仁慈。如果有人跟我叫板，二话不说就灭了他。实际上行的是霸道。

你看这个体制，说服力是很重要的，能够降低统治成本，提高统治收益。能够形成对人们内心的约束，对被统治者内心全面的约束。不仅降低了成本，提高了收益，提高了长期的稳定性，而且整个的这个体制，还能生出神圣的、辉煌的感觉。这个说服力是如此重要，自然不能放弃。

具体说来，成本收益如何计算呢？收益就是臣民自觉遵守规范,成本就是自己遵守规范,以身作则。以德治国的收益非常大,靠说服治国,动动嘴皮子天下就太平了一半,这笔收益要照单全收。至于成本,以身作则的成本很高,不能照单全付,又要显得全付,甚至超额地付,还不许人家揭穿老底,于是以身作则的成本就转化为暗自收拾几个人,把反对意见,或者揭老底的人给封喉。至于吹牛拍马的,不招自来,不用操心。在这样一个说谎的收益很高,成本又很低的制度下,从最高层开始,就注定了会出现大规模的说谎。

谎言共同体的形成

访谈者:第一个最大的谎言就是君权神授,所有下面的谎言都是从这个根上来的。因为它一下子确立了统治者合法的地位。你生来就是天子,你是老天的代理。下面这些文官、官僚集团又是帝王的代言人。

吴思:说得没错。君权神授这句话本身就包含了谎言,但这个谎言也是讲条件的。不是说老天一次性永久授权于你,正宗的表达是天命所归,归于有德的人,不是谁都可以当天子。你有这个德,天命归你。你无这个德,那天命还可以扭转,还可以革命。那你就要伪装有德。然而,恭恭敬敬地祭祀上天还不够,天视自我民视,天听自我民听,天是通过老百姓来看到你感受你的,于是就要对全民撒谎,显得你有德。然后天命就归你,觊觎权位者也死心了。利益所在,大势所趋,这就从根本上决定了这是谎言必定出现的制度。

访谈者:最后谎言在中国形成了一个谎言共同体,这种谎言共同体就意味着从上到下基本上每一个人,都有说不出的秘密,有时候撒谎不是为了害别人,就是为了保护自己,为了保全我自己的性命,我都必须撒谎。

吴思:不乱说,不让人抓住把柄攻击你。

访谈者:知识分子这个系统里头,如果我们可以分几类,比如说一类是比较人文的、社科的知识分子,一类就是自然科学、技术类的知识分子,还有一类是官僚知识分子。你觉得这三类当中,哪一种知识分子更容易生产谎言?

吴思:官僚知识分子肯定是。

访谈者:他日常所需。

吴思:对,这是统治的必要,但还要看具体的时代。比如说在毛泽东时代,尤其是53年以前,官僚知识分子的主观感觉是,他们掌握了真理,不是谎言。他们信心百倍地去改造别人。而那时自由知识分子是改造对象,很多人隐藏自己的真实想法,说一些违心的话。究竟什么是真理,什么是谎言,在主观标准上似乎很有利于官方。等到了"大跃进"之后,谎言破灭,造成了极其惨重的后果。那时候,即使从主观标准上说,官家知识分子也是谎言的主要生产者。但是那时候,心里明白的自由知识分子照样不敢说三道四,反"右"之后压力太大。于是他们从另一个角度生产谎言——伪装相信。

谎言与人格分裂

访谈者:后来巴金写《随想录》,说要说真话,你怎么看他的这样一种作为?

吴思:巴金说了一点真话,他私下说——我忘了在哪儿看到的——说我也就说那么一点儿真话,没敢全说真话。按他自己的说法就是尺度再宽一点儿,说得再狠一点儿,就发表不出来了。或者是,出来了也要被掩盖住。这个真话也有一个尺度问题,十分的真话,三分的真话,还是一分的真话?他那个真话能说到五六分,就算很不错了。比起一两分时肯定进步了。不说假话就是进步。

访谈者: 你刚才说历史上的中国是一个容易产生谎言的体制,我在想,谎言这个体制在中国历史上为什么能保持那么长时间?

吴思: 它成本很低,收益很高。这个体制的核心是打天下、坐江山的那批人,要低成本的、有效地行使统治,那他采用这种策略是非常自然的了。另外,所谓谎言,无非是说这个统治或制度多么合乎民心。如果这个制度改变成了一个民选政府的制度,变成了老百姓和公共服务的提供者之间的一个交易,那就是一个交易的体制,当选的自然合乎民心,就用不着编造谎言了。而且在这个交易的体制之中,各方面一定盯着你是不是诚实地履约了。于是这个体制恰好是一个消灭谎言的体制,如果你违约,还撒谎,一般是得不偿失的。

访谈者: 生活在这样一个谎言体制里,我自己都有感觉,就是你的人格是分裂的。

吴思: 分裂的可能是这样的:你必须说一些你不赞成的话,你又完全知道它是说谎,可是你还要说,这就形成了分裂。这样做,你必须处理说谎问题,把它合理化,找到那么一种内心的、精神上的策略。处理不好就容易分裂。还有一种状态:虽然要求说谎,但是我不说谎,我就说真话。到了那个必须说谎的领域,我不能说真话了,我就不吭气了。这也可以不分裂。

我走到我力所能及的地方,然后我就站住不动。

访谈者:我在想吴思老师自己对待说真话的态度是什么样子的?比如说从不撒谎,尽量不撒谎,还是偶尔撒撒谎,还是怎样?

吴思:咱们得把这个局限在政治问题,就是国内政治观点,我就是说真话。说不了真话的,不说假话,就是这样。你要说平常,比如问你病好了没有,明明病着,别让爹娘着急,就说好了。这样所谓善意的谎言,是免不了的。

我对几个基本概念的理解

访谈者：杨伟东

时间：2010年1月18日

访谈者： 您是怎么理解劳动这两个字的？

吴思： 我们学到的标准定义我当然能谈。马克思主义的定义是，劳动是人类制造并使用工具，改变劳动对象，使之适合自己需要的活动，有目的有意识的活动。关键是制造并使用工具。工具出现之后就进入了劳动。劳动又怎么创造了世界，创造了价值，创造了语言和意识，最后创造了人类自身。这是我们学到的教科书上的定义。

我个人看法和这个有点儿不一样。如果以工具为特点，有的动物也会制造使用工具，比如说大猩猩，把树叶撸下来，弄一根小棍探到白蚁窝里，钓出白蚁来吃，这个动作既制造了工具，又使用了工具。那么，我们是否可以说大猩猩也在劳动？我觉得马克思恩格斯以制造使用工具作为劳动的特征，再以劳动作为人类的特征，已经被后人的新知识证明有问题。

另外，马克思说劳动创造了价值，我对这个说法也有不同意见。价值是什么？能够满足人们的需要，又是稀缺的东西，就是有价值。比如一条鱼你说有没有价值？通常都会说有价值，它怎么来的？你说是我养的，我付出了劳动，于是它凝结了人类的劳动，它是有价值的。那我说鱼是在荒野的池塘里野生的，像北大荒人们刚去的时候"棒打瓢子，瓢舀鱼"，拿个瓢水里一捞上来了，那里没有凝结人类的劳动，这条鱼它有没有价值？现在一般人会说更有价值，因为是野生的。于是，劳动创造不创造价值，在这个问题上就会发生混乱。

我的解释是天地生财，这是中国古人的说法。天地就能够创造价值，鱼就是天地创造出来的，天地创造出来各种植物，然后是昆虫，鱼吃植物和昆虫长大。鱼对人类是有使用价值的，又是稀缺的，于是人们愿意付出一些东西换取，这个鱼就有交换价值了。如果自然界天生的鱼被捞得差不多了，人不得不付出生产劳动，自己去养鱼，投放饲料，那是对天地生财或者自然生产的促进和补充。人类的劳动生产是什么呢，就是对价值和财富的追求，这种价值和财富是人们通过生产劳动在自然界天生的那部分之上补充追加的。

劳动和生产又有区别。比如说人们使用工具去采集、狩猎、捕鱼，那是劳动，因为他付出了，但是这些人通过这种付出攫取了天地创造的植物或者动物，他并没有创造。如果鱼是我养的，麦子是我种的，然后我去收割，而不是到野外去采集野麦子，这个劳动就变成了生产。生产是创造，而不是简单的攫取。生产是人类特别发达的一项活动，不是说别的物种没有，比如，有的蚂蚁也生产，切叶蚁把树叶切下来，拉回窝里去培养一种真菌，使真菌成长，然后它们吃那个菌，这也是一种生产行为。

回过头来谈什么是劳动。谈劳动，最好在一个历史序列里,跟许多概念分开谈。比如牛吃草,虎狼捕食,这些活动叫什么呢?这些物种的活动与劳动有相似之处,它们付出了自己的血汗、生命、时间等各种代价,但是一般只叫动物活动,而不叫做劳动。然后,人类来了,采集狩猎,和牛羊虎狼差不多,有的时候更复杂一些,比如要使用甚至制造工具,于是一般的动物活动变成了劳动。在动物活动与劳动之间还有一段模糊地带。例如,不使用工具的采集,摘果子,算不算劳动呢?恐怕也要算。在果园摘果子怎能不算?但是在荒山老林里摘果子算不算?如果算,和猩猩的活动有什么不同?沿着历史序列,劳动再往前走,就变成生产。这已经不是从自然攫取而是要生产创造新东西了。劳动就是这一系列活动进化过程中的一段。它既有别于动物的觅食,又和生产有点儿区别,但它又贯穿了动物活动、人类活动和生产活动,始终都强调的是主体的一种比较高级的付出。细分起来,不用工具采摘果实是劳动,动用工具采摘果实也是劳动,尽管这两项劳动并没有生产创造果实,然后再发展,高级阶段的劳动可以生产和创造东西。劳动就是这一系列过程中的贯穿始终的一种高级付出。换个角度说,也可以把劳动分成三个阶段,一般活动的阶段,纯粹劳动的阶段,还有劳动生产阶段。马克思的定义重点强调了第三个阶段。至于刚才说到的劳动创造价值和人类特征等等,扯太远了,劳动本身大概是这个轮廓。

访谈者: 刚才您谈到的这种劳动,我感觉可能是人类追求的一种方式,现在感觉劳动已经成为我们的一种负担了,而且大家感觉到劳动是一种痛苦。

吴思: 其实劳动并不违背人的本性。比如英国贵族去打猎消遣,就把打猎看做一种乐趣。有的人把种植、养殖也看做一种乐趣。比如我,也把写作当做乐趣,给我稿费很好,不给稿费我也会写。我估计你画画也会有这个感觉,这是我们的创造性活动,符合我刚才说的高级阶段劳动的定义,它创造了一种东西,而且这种东西是有价值的。这既是劳动又是生产,它并不完全是一种痛苦的付出。最原始的采集狩猎,还有人们比较回避的像打工、种地,像工人建筑,这些我们为了换取生存资源而作出的付出,我觉得也不完全是痛苦。

纯粹从生物进化的角度来说,按照人类自身的设计,如果逼着这个人整天躺着不动才是痛苦。人每天最好活动一个小时,现在健康专家就会建议你散步要超过六千步,最好达到一万步,这是标准的活动量。有这个活动你才能维持健康,整天坐着对你健康不利。在这个范围之内,他愿意付出,你让他整天坐着,他宁可花点儿钱也要游游泳,走走路。不是为了挣钱,他宁可化钱去做这些事儿。如果我们的劳动,时间限制在一两个小时这个范围之内,很多人会觉得这种付出是一种快乐。纯粹体力的付出也是一种愉快,如果干的活本身还有更多的艺术创造色彩,那就更加愉快了。

这种一两个小时甘愿付出的设计,大概合乎我们人类形成之初的原始环境。这种环境,比如说现在非洲的那些靠采集狩猎生活的人,他们大概每天平均工作四五个小时,就可以获得一天的食物。这些人现在被逼到不那么好的环境中,最适宜生存的地方已经被现代文明占据了。我们可以想像,在人类形成之初,在向全球的扩展过程中,他们享有的资源比现代非洲原始人丰富得多,他们大概每天还用不着工作四五个小时,一两个小时就够了。这一两个小时的付出量,恰好就是他每天生活下来,并且延续几十万年上百万年的一个最佳状态。在这个状态中,他们不觉得劳动是一种痛苦,甚至觉得这种付出是很愉悦的。现在有些人还会觉得如果每天只有一两个小时活动是愉悦的,包括钓鱼,园艺,都可以看作这种本能的延续。在这个意义上,劳动要过量了,从两个小时加到六小时,八小时,十二个小时,才会变得越来越痛苦。

访谈者:您是怎么理解"为人民服务"这五个字的?

吴思:这要看什么时候。我原来的理解和现在的理解有很大的不同。

比如说在"文化大革命"中,你是哪年生的?(访谈者:我1966年,)我比你大十多岁,1966年我已经上小学三年级了。那时候我们已经开始学雷锋了。雷锋说过很多话,至少让我们这一代人印象深刻,其中有一句就是:"人的生命是有限的,为人民服务是无限的,要把有限的生命投入到无限的为人民服务当中去"。这句话赋予了"为人民服务"一种地位,这种地位具有不朽、伟大这一系列的特点。每个人的内心深处都感到自己渺小卑微,人生短暂,用一些心理学家的话说,这是一种根本性的焦虑,我们知道我们是要死的,我们人生很短暂,我们个人那么渺小无力,于是就有一种反方向的追求,我们想不朽,希望伟大,希望强大,不是有限的而是无限的。在时间和空间上,雷锋说的这句话就表现出他存在这种根本性焦虑,他希望自己有限的生命能进入一种无限的境界,而为人民服务就是进入无限境界的一个途径。

我们还熟知的一段话,就是保尔·柯察金的名言:"人最可宝贵的是生命,生命属于每个人只有一次。人的一生应当这样度过:当他回首往事的时候,不因虚度年华而悔恨,也不因碌碌无为而羞愧。在临死的时候,他能够说:我的整个生命和全部精力,都献给了世界上最壮丽的事业——为人类的解放而斗争。"这又是一个"为人民服务"的最伟大的事业,这个事业就像上帝一样,我们融进去,把我们献给他,把我们的全部生命融入这个无限伟大的事业,于是我们就安心了,我们就坦然了。

回想当年,虽然当时还没有能力清晰地表达,我对为人民服务的理解就是:它为我提供了一条克服内心根本性焦虑、进入到无限和不朽境界的途径,而且这条途径有一套逻辑严谨的证明。这是当时的看法。

后来的看法又有所改变。三十年改革开放,整个社会、每个人都发生了变化。我现在觉得,为人民服务在人性中的基础没有那么强大。

人性非常复杂,比如,告子说"食色性也",孔子也说"饮食男女,人之大欲存焉"。孟子又说:"恻隐之心人皆有之"。恻隐之心就是同情心,它是仁之端。我们把同情心发扬开去就变成了仁,仁者爱人。同时又说食色性也。我们贪财,我们好色,我们也有同情心,我们还有正义感。儒家认为,人性是天赋予的,人性体现了天理。人心中的天理就是良知,天生就有。我们天生就知道什么是对的,什么是错的;什么是好的,什么是坏的;什么是善的,什么是恶的。只要按照这种良知行事,所作所为就是仁义,就合乎道德。

我想发挥一下,补充一下,把恻隐之心及整个良知放置在完整的人性之中,不仅尊重良知,还尊重全部人性。然后,按照儒家经典《中庸》的说法,率性而为,并把这种充分发挥人性的主张当成一种主义。如《中庸》所说,天命之谓性,率性之谓道,修道之谓教。

人性这个概念不仅包含了仁义。为人民服务是一种人性的发挥,我们诚实地面对自己的本性,可以感受到同情心和正义感,这是为人民服务的生理和心理基础。为人民服务就是我们这种同情心、正义感的正常发挥。但是我们还有其他方面的人性,其他的欲望,比如好色,喜欢美食,贪玩,犯懒,超过两个小时的工作就不想干了,这些东西也是真实人性的一部分。这些欲望还经常有冲突。比如我现在口渴,同时看见你也渴,那这杯水你喝还是我喝,发生了冲突。这种冲突一般的解决方式是:如果我渴到80分,而我对你的同情心只有30分,那么我自己喝。如果我渴的程度只有20分,我的30分的同情心就闹着让我让给你喝。这就说明,当我们衣食足的时候,不那么饥寒交迫的时候,我们的同情心就会相对突出,我们的选择就更加善良。如果我们饥寒交迫,可能就显得穷凶极恶,没那么多礼貌,没那么多的同情心。

那么,我现在怎么看为人民服务?我不把为人民服务看做人生唯一的追求,或者是主要的追求。它只是人性中各个方面的一部分。它有它的根基,应该发挥,它是善良的好东西,但是我们的其他欲望,比如说我们饥寒交迫,我们要吃要穿,食色性也,只要不过分,不侵犯他人,都应该获得充分尊重。我自己的欲望应该获得尊重,其他人的欲望也应该获得尊重。我把整体人性看作公民的自由和权利的基础,我认为最值得尊重的是这种作为公民权利基础的人性。在这个基础上建立起来的社会结构是更加坚实更加完整的。

总之我认为,把为人民服务作为人生的全部意义,这种主张也有人性的基础,但不够完整,应该得到调整和充实,在此基础上建立更完整的人生观。

访谈者: 我在2009年第五版《现代汉语词典》里查到对人性的解释,人性是人所具有的正常情感和理性,这是它对人性的定义。您能给我们谈谈您对人性的理解吗?

吴思: 人性当然应该包含正常的感情和理性。我把人性想象为一个100平方米的空间,那里有各种划分方式,例如感情和理性这两大块,或者七情六欲,可以划为13个格子,有13种"性分",每一种性分所占的面积不同。比如同情心占了7平方米,食欲占了20平方米,性欲占了15平方米,然后还有寻求温暖或适宜温度的欲望,寻求安逸的欲望,更有对死亡的恐惧,等等。我们可以开列一个名单。这些东西都是正常人性的一部分,而且这些东西都能得到生理学心理学方面的证明。比如大脑中的某一个部位管口渴,一部分是管饥饿,一部分管同情心。管同情心的那一块叫镜像神经元,它可以对别人的感觉作出镜像一般的反映,我看到你被水烫了,你一皱眉我也能感到你的痛苦,你喝一杯茶显出非常陶醉的样子,我就知道那很好喝,我也想尝尝。这就是同情心的生理基础。正义感也是,正义感在我们中脑系统的尾核壳核,那一部分管各种成瘾性的行为,比如吸毒、烟瘾酒瘾,医学上叫鸦片报偿区。你冒着危险像大侠一样路见不平拔刀相助,会感到很过瘾。我们看金庸小说,看侠义行为的时候也觉得特过瘾,这本身就是一种报偿,就是一种乐趣,你冒险去干这种打抱不平的事儿,因为他让你觉得愉快。

对名的追求在我们大脑中也有一个固定的位置。你挣钱了,有人表扬你了,这个位置的神经元会被激活。不管你收获了名还是收获了利,在大脑中被激活的是同一块。在这个意义上,名和利可以有互相替换的关系,使人能够感到同样的快乐。这些都是人性中的不同成分。

这些性分的存在应该是无可争议的,可能出现的争议是:哪个东西重要,这些性分之中究竟谁占主导地位。哪种性分占据主导地位,与社会条件有关。如管子所说,"仓廪实而知礼节,衣食足则知荣辱"。人们对于荣誉的追求,跟"衣食足"正相关。人们的同情心、正义感、礼貌教养,和"仓廪实"正相关。当你饥寒交迫的时候,你表现出饥民或流民的行为,可能缺乏同情心,会抢别人的食物。当我们的物质欲望满足程度高的时候,我们的道德水准也相应的提高。这是哪一种性分占主导位置的一种规律性的东西。这就是我对人性的理解。

访谈者:我们在采访著名的哲学家张世英先生的时候,他就谈到从1949年到1979年,这三十年是不准讲人性的,只讲阶级性,如果要讲人性就是资产阶级,但是马克思说共产主义是人性的全面回归,马克思他直面了人性,如果是这样的话,从1949年到1979年这三十年是不是对人性的解读是进入了一个误区?

吴思:是这样。那时批判人性论。当时的说法是,没有抽象的人性。好像没有抽象的杯子,只有瓷杯,铁杯,纸杯。同样,人性体现为各种阶级性,是小资产阶级的人性,还是无产阶级的人性,还是某个腐朽堕落的阶级的人性。人性体现为某种具体的阶级性。那时候大讲阶级性,雷锋的说法是:对同志要像春天般的温暖,对阶级敌人要像秋风扫落叶一样无情。不过,那个春天般的温暖难道不是人性吗？当然雷锋说的是对阶级兄弟的阶级之情,但仍然是人性的一种体现方式。所以,说那三十年讲不讲人性,如果也用当时的理论来说,人性已经体现为具体的阶级性,那他又很讲人性。当然他讲的那种春天般的温暖实践起来挺勉强,有点过分,于是就有点假。同时又把一部分人划在这个圈外,对他们一点同情心都不能讲,对敌人的同情就是对人民的犯罪,在那个意义上又完全不讲同情心。但在实际生活中,对所谓的阶级敌人,普通百姓未必就没有同情之心。这套说法和实践需要详细拆开了讲,混在一起说不清楚。

访谈者：就是那个年代不管是无产阶级还是资产阶级,就是他有一个作为人来讲最基本的规律,就像您刚才谈的,把人性放在这么多格里头,这个我觉得不管资产阶级还是无产阶级像这些东西都是大家共享的一个最基本的条件,您觉得我的这种理解对吗？

吴思：在生理基础上来说,不管哪个阶级的人,大脑的不同脑区的功能和位置在解剖学意义上都差不多,没有阶级之分。你的解释没问题。

访谈者：历史是自然界和人类世界的发展过程,您能给我们讲讲历史的作用吗？

吴思：历史的定义至少应该包括两个方面。第一,就是词典所谓的发展过程。我们的今天是历史的延续,我们来自一个长长的生物进化的过程,倒退一百万年我们不是这个样子,我们更适宜爬树,那个时候没有衣服,我们身上一层厚毛。我们现在这个样子,是一代又一代的几万代的进化的结果,我们就生活在这个结果之中。那历史是什么呢?我们身上的一切都是历史发展的产物,刚才我说的人性的构成,包括同情心,都是历史进化的产物,有同情心的人有更强的合作能力,对于同伴的各种反应能做出精确的理解,与他们建立更有效的合作关系,于是他们的死亡率比较低,后代比较多。作为那些人的后代,他们的那些特点都遗传到我们身上来,于是我们能够在这里谈人性,谈为人民服务,谈"食色性也",我们身上有这些适宜生存的东西。如果我们渴了不知道去找喝的,饿了不知道去找吃的,我们早就死光了。饿了是什么感觉?满脑子都是吃的念头,你必须去觅食,保证不被饿死。我们有这么一种强大内在的动力推着,使我们不仅能活下来,还能生养儿女,还能对他们的想吃想喝做出反应。在这个意义上,历史就是我们今天的一切的基础,我们就是历史的延续。明天则是我们今天的延续,这是历史的第一个意义。在这个意义上,我们就是历史的一部分,甚至我们根本无法把历史分开,我们刚才说过的话,刚刚消失在这里的声音,那就是几秒钟之前的事情,那就是历史,我们现在接着谈,我们就是顺着历史的方向走,我们正在延续一分钟前的历史。这是历史的第一层意义,它是一切物质性实际的延展和发展。

历史的第二个意义,就是对上述过程的叙述。我们谈历史或学历史,读一本历史书,办一本历史杂志,开一门历史课,就是追寻并描述以往的那些事物的。追寻或叙述过去的事物有什么作用?主要作用是我们经常说的鉴往知来——了解过去能够帮助我们理解现在并且预测未来。在核心结构上,过去和今天往往是一样的,我们研究清楚了历史上的官民关系,就知道今天的官民关系大概是什么样的。出了一件事情,比如黑砖窑,我们在历史上就能找到这种黑窑,看到它是怎么出现的,后来又怎么解决,不同解决方式的效果如何,等等。通过这番研究,我们就可以断定今天会不会出现黑砖窑,会在哪些地方出现,用现在的这种方式清理整顿会带来什么结果。这些东西我们都能在历史上找到。历史的作用就是成为我们的一面镜子。

访谈者: 我在采访一个电影评论家的时候,他说真实的历史是相对的,历史常常是由胜利者来书写的,如果这段历史对胜利者是有利的,常常会写得很清晰,如果不利,他就会写得很模糊。这样的话真实的历史肯定是很残酷的,有的时候甚至是很血淋淋的,您觉得我的理解合理吗?

吴思: 这是他的理解。大意不错,但不完全对,然后,你这个理解就更片面一些,问题就变成双重的。历史是胜利者书写的吗?不一定,我们有一大堆野史,包括今天我还在外面的书摊上看见一本陈伯达回忆录,陈伯达不是胜利者,他是失败者,而失败者也在写历史。还有一本陈布雷回忆录,陈布雷也是个失败者,国民党整个失败了,但现在的书摊上就摆着两本,一个陈布雷回忆录,一个陈伯达回忆录,怎么能说都是胜利者书写的呢?再说了,中国讲究为前朝修史,前朝的人,例如海瑞罢官之类的史实,无论是胜利者还是失败者,在清修明史的时候早已死去,修史者既不是胜利者也不是失败者。所以他说的这个话本身就有问题,然后你的理解就更偏了。

访谈者: 有这么一句话,反思是智慧的开始,就是您觉得忏悔跟反思有什么相同之处吗?

吴思：一般在中国人的语言之中,忏悔是说我做错了,我有问题,反思未必有这种认错的成分,这种语义辨别还用说吗?我觉得挺明白的。

访谈者：您有过这种忏悔的经历吗?

吴思：我专门写过一篇文章,叫《我的极左经历》,说的就是我插队的时候怎么样,学大寨的时候怎么样,怎么卡农民自留地的水,先浇集体的,然后再浇个人的,恨不得取消自留地。后来我才知道自留地有多么重要。在20世纪六十年代之初,在1959年、1960年自留地被大量取消的时候,饿死人,原因之一就是没有自留地。这话不是我说的。曾有一位国家领导人到信阳看到一片惨象,村村都有人饿死,一片萧条,他发感慨说,我们如果保留一点小自由,比如说自留地,哪怕有阶级敌人捣乱破坏,人也不会饿死这么多。后来我读历史的时候才发现我做的事多么愚蠢,无知无畏。也算有过一点忏悔。

访谈者：在当下我们应该用怎样的视角和立场去回顾历史和审视历史呢?

吴思：每个人都会有自己的视角。每个人都会根据自己的需要选择一个视角。选择什么样的视角,在很大程度上取决于你想干什么。我们杂志和我们的作者,很想寻找我们在过去的几十年一百年中摔那么多跟头的原因,找到病根,然后把那个毛病纠正过来,避免再摔跤,避免重蹈覆辙,为此而读历史、研究历史。因此,对于一路顺风、一路高歌的那些东西,一般就不怎么看。既然走得挺好,我们也不必去反省,不必去自吹自擂。这样,我们选择的角度经常是找问题的角度。

访谈者：道德是人们共同生活的一切行为准则和规范,您能给我们讲讲道德在人类社会生活中的标准和作用吗？

吴思：人类生存繁衍需要很多资源，资源有限，会有冲突。所以人们在打交道的时候会形成一些规范，通过什么方式，付出多少东西，得到多少东西，划分出清晰的边界，这个边界就叫"分"。每个人都有确定的"分"，每个人都要安分守己。比如你的分面积十平方米，出了那个范围就叫过分，叫逾分。你出了自己的十平方米，占了我一平方米，就是犯分。这个分如何正当，如何合理，还有一系列的论证。比如你是当大哥的，有大哥的名分。我是当小弟的，有小弟的名分。君有君的分，臣有臣的分。官有官的分，民有民的分。夫妻父子朋友都有各自的名分，于是就形成了伦常关系。这就是道德。如果你不守这个道德，犯分，这社会就会乱套，就会打起来，形成强迫力量，迫使你安分守己。如果讲道德，彼此相安无事，就不必动武强制了。

但是分的边界，或者道德的标准，始终处于变化之中。有明变还有暗变。比如，按照规定，官的分是 15 平方米，民的分是 10 平方米。这个官通过各种方式，通过"潜规则"的方式，把他的 15 平方米扩展到 20 平方米，把我的 10 平方米压缩到 5 平方米。这就是过分，逾分，犯分。但是我要抵抗，比如我要上访，成本非常高，我要付出 8 平方米的价值，还不一定把丢的那 5 平方米捞回来，只有 2% 的可能捞回来，那我就忍气吞声，就让官分从 15 平方米扩展到 20 平方米，接受我的 10 平方米压缩到 5 平方米的现实。这就是暗变。习以为常就见怪不怪了。

还有明变。君臣父子的名分不同，有大有小，这种规定的整体就叫做礼。但是，有人认为这套名分规定，这套礼法结构，维护这套东西的道德体系，本身就大有问题。因为它不平等，它赋予你侵犯我的便利,剥夺了我反抗的权利,使我的反抗成本很高,使你侵犯我的成本很低,风险很小。这时候,你说我应该遵守这个道德,不遵守这个道德就对社会不利,我就会说你这个社会秩序有问题,这套道德也有问题。即使从你的角度看,你的权利太大也会走到自己的反面,因为这样下去的结果是你越来越扩张,我被压缩得越来越小,最后一平方米都没有了,压缩之下强烈反弹,弄得天翻地覆。你这种道德本身就有破坏性,道德内部蕴涵了巨大的风险和收益分配的不稳定性,使这种道德站不住脚,最终发生变化。所以,谈论道德,就得讨论到底是什么样的道德。三纲五常那种道德总是走向自我破坏。因此就有人公开主张把这种道德标准,这套名分、这套礼法结构,做一个大调整。比如说,每个公民都有自己的权利,你是 10 平方米,我也是 10 平方米,官和民的面积相等,官是老百姓选出来的,你太贪了我就把你选下去,在这个过程中显示我们的权利和义务是相当的。这样的社会体制能够持续稳定,这样的道德才是正当的,应该遵守的。这种道德的功能,就是维护长治久安的正当的社会体制,而破坏这样的秩序,违背这样的道德,就是对整个人类的侵犯,就是违背基本道德。

访谈者: 您是怎么理解"知识分子"这四个字的呢?

吴思: 这四个字是外来的概念,中国本土的近似概念就是士。但知识分子所谓的知识还包含了自然科学方面的知识,而中国的士,讲"士志于道",他们只以道、社会秩序、仁义道德那套东西作为自己学习实践的志向。知识分子的概念之中包括这一块,搞社会科学的,搞人文的,搞政治的,但是又多出一大块,搞自然科学的。在字义上,我对知识分子的理解就是这样。

访谈者：我在采访一个音乐家的时候也探讨过知识分子，他说在中国有很多知识分子是不道德的，他说你不要跟我谈知识分子，他说甚至以你现在管我叫老师我都不爱听，你觉得他是一个什么样的态度？

吴思：他可能受了什么特别的刺激吧。我觉得，不管是说工人、农民、知识分子，还是公务员，企业家，在我心目中大体是中性的，只是一种职业分类。没有哪种职业身份特别道德，也没有哪种身份特别不道德。如果在这个分类之中带点儿感情色彩，我觉得官员这个概念贬义更强一点，因为官员是掌握权力的人，而这个权力又不怎么受制约，绝对的权力绝对导致腐败，官员集团相对来说更容易走向腐败。知识分子这个集团的权力少一点儿，因此腐败的程度就会低一点儿。一些教授的社会地位整体比较高，但也要受舆论监督的制约，报道他们禁区比较少。中国知识分子的比例最大的应该是中小学教师，他们也能搞一点腐败，但他们的权力很有限，尤其是农村教师的日子过得很苦，也很令人同情，在整体上知识分子的不道德程度未必高于社会平均水平。我猜这位音乐家说知识分子的时候，心里想的可能是某大学或艺术院校的高层，那里的知识分子权力多一些，腐败色彩更重一些。于是他就有了这么强烈的反感。假如换一个地方，生活在小知识分子例如民办教师之中，他可能就会说，他对知识分子充满了同情。

访谈者：我在采访一个艺术家的时候，他谈到，如果你把我称之为艺术家，我能接受，你要是把我称之为知识分子，我认为我不够格。我说在你心目中谁能称之为知识分子呢？他举了两个例子,他说一个是胡适一个是鲁迅。后来我的理解是,知识分子要具备独立的思考、对社会的质疑和批判的态度。才能称之为知识分子,您认为我的理解对吗?

吴思:说胡适、鲁迅是知识分子这没问题,如果说只有他们才配称为知识分子,我觉得不对。我觉得这不是在说知识分子,而是在说文化英雄。这是非常高的标准。知识分子是一个中性词,说的是以知识的创造传播为生存策略的那么一些人。比如说知识创造,知识传播,这些人如果不叫知识分子,那他们叫什么呢?你总得编一个词称呼他们吧。我觉得已经有一个现成的称呼了,就是知识分子,非得说他们不够知识分子,那你说他们够什么?你认为够的那个东西,就是我心目中的知识分子。

访谈者:知识分子通常分成两类,一类称之为公共知识分子,一类叫专业知识分子,我跟他沟通,其实胡适和鲁迅应该划归为公共知识分子的范畴,但是他在解释专业知识分子的时候我就觉得这一类的知识分子,他们具备了他的专业范畴很高的修养,同时他们也具备良知的存在,但是当一个很尖锐的问题出现的时候,他可能回避了这些问题,他自愿地把自己归类为专业知识分子,从而不发表这种立场和态度,您觉得这种划分对吗?

吴思:没问题,知识分子是一个大圈,里面可以分成好多类,专业知识分子、人文知识分子、社科知识分子、工程知识分子,怎么划分都可以,划分标准取决于你的选择。人文社科生物医学,都可以这么划,也可以把这些统称为专业,但也不好说社会科学和人文就不是专业了。也可以根据人们所受的教育程度划，比如说大学毕业就算知识分子了。或者根据靠什么生活来划，靠知识生活还是靠体力劳动生活。从不同角度可以有不同的分类。对知识分子的说法不同，只能说明这个标准定义在人们心目中还没有形成，还比较混乱。如果形成了标准定义，然后问某人是不是知识分子，就会很清晰，争论就没有了。

访谈者：前段时间钱学森去世了，我在王康先生的生日晚会上看了他写的一本书叫《俄罗斯启示录》，当中就有一篇文章谈钱学森，我从中看到这么一段，他把爱因斯坦和钱学森相比较，爱因斯坦研究大规模杀伤性武器有对人类的警示，而钱学森的研究成果是在大饥荒饿死人的时候得到的，您觉得这种现实存在吗？

吴思：我没有看过这篇文章。但当时的确出现了大饥荒，大规模的饿死人。当时在核武器研究开发过程中，由于大饥荒，当时的核基地、当时的研究队伍，也同样吃不饱饭，几乎要解散，然后紧急求援，从不同的地方，尤其是从新疆生产建设兵团运了很多大豆，还打了许多黄羊，来维持他们的生活。其实，这些人不管他们搞不搞核研究，不管是研究核武器还是研究理论物理，他们都要吃饭，都要消耗，他们没有抢别人的饭。至于核研究，肯定有一笔投资，这笔投资投了多少，比如说占当年国民生产总值的百分之三、五、十，我不知道，或者零点一，零点五，总有那么一个数。这个数字如果很大，我们就可以说他影响了民众生活，这笔钱可以用来进口粮食。如果很小，就无足轻重。假如进口的粮食只能养活几万人，活不了几千万人，就不能说这几千万人饿死是因为研制核武器，数字对不上。要详细谈论这件事儿，需要更精确的数据，我们才能做出清楚的判断。当然,你也可以问,为了研制核武器,可以饿死多少人?这个问题不太合理,这么问的前提是,在饥荒年代,除了吃饭和生存,不应该做别的事,甚至不应该有农牧业以外的活动。事实不是这样。那场大饥荒是大跃进和极左政策的产物,我们批评这种政策和执行这种政策的体制就可以了。

访谈者: 在这本书里我也看到所谓的饥荒的那个年代,据说是因为年景不好,但从书里我却看到那三年其实都是风调雨顺的。

吴思: 对,我们一直说那三年是三年自然灾害,实际的气象学的考证,那三年是中性偏好。中国这么大,哪年都有一些地方闹灾,笼统地说那三年是自然灾害不对。不过,用这个说法去说服全国人民的时候,每个具体的人都无法辨别这个说法是真是假。比如说你生活在安徽,你不知道山东是不是闹灾了,你只知道自己这里没闹,各地的感觉就是我这边没闹,但是别的地方闹了。所以这个说法,全国人民是无法反驳的。但气象学家可以反驳。我们还说苏联逼债,大饥荒的第一原因是天灾,第二原因是苏联逼债,反正不是我们的错儿。刘少奇说三分天灾七分人祸,实际上是说我们自己有错,我们至少要付70%的责任。在七千人大会上他是这么说的,但是会下干部议论,就有人说这个估计太高了,应该说是九分人祸一分天灾。后来的历史学家就会说,这是100%的人祸。刚你说的气象学的考证就可以支持这是百分之百的人祸,不是天灾,甚至老天对你比往年还好一点,人祸应该是百分之一百一,而不是百分之一百。

这个人祸是什么?是制度上的大跃进,首先是把农民跟土地的关系全部斩断,原来一家一户自己种自己吃,现在生产单位变成初级社,高级社,变成村,人民公社,你多干了别人占你便宜,你少干了你占别人的便宜,这是一个激励人们偷懒的大锅饭。那时候大锅饭已经不是一个生产队,也不是一个村,已经扩展到一个公社一个乡镇,最大的扩展到一个县,这一个县如果有一百万人,我要刨一百万镐,其中一镐才是给我自己刨的,割一百万镰刀,才有一镰刀的粮食归我。反过来我偷懒,我少割一百万镰刀,摊到我头上才损失一镰刀,这是多么激励人们偷懒的制度!这样的制度,造成了劳动果实和劳动努力之间的分离。然后,这些劳动力又归一些官员调拨,他们头脑一发热,挖水库,炼钢铁,砍树,去干那些后来大量报废,基本都是无用功的事。同时还放开肚皮吃饭,吃饭不要钱,办公共食堂。一方面大量消耗,一方面胡乱支配劳动力,再把劳动和劳动成果完全分开,饥荒就是这么造成的。反过来说,饿死人,就是这种大跃进,这种制度大革命的结果。

(此文收录时有删节)

从历史看现实

黑窑事件与地霸秩序

访谈者:《南都周刊》 陈建利
时间:2007年6月29日

山西黑窑事件被媒体曝光以来,评论界快速作出强烈反应,从不同角度向事件的核心问题探进,舆论的道德勇气与理性力量构成了解救窑奴过程中最令人欣慰的亮点。如今,救援的力量已经动员起来,但对事件的剖析与反思不应该停止。我们一直在寻找一种更有纵深感的视觉来打量黑窑事件,我们找到了吴思先生,这位从浩瀚史料中发现了"潜规则"与"血酬定律"的史学学者,他的理论为今日的黑窑所验证:那些冷血黑心的窑主与地方官员,所信奉的不就是灰色的"潜规则"与血淋淋的"血酬定律"吗?黑窑的最后终结,也将取决于当地血酬秩序的终结。面对黑窑事件,吴思先生提出了一个新的概念——地霸秩序。正是在地霸秩序之下,黑窑才会遍地开花。

中国自古有黑窑

访谈者:从山西黑砖窑事件透露出来的信息看,童工、智障者、尸体、狼狗、打手、村支书、95%的无证经营等,看到这些,你感到震惊吗?

吴思:不震惊。这事不仅山西有,其他省份可能也有。历史经验表明,这种事在中国广泛存在。而且,以前的解决方式和现在的都基本一样,靠从上往下的监督。如果中国没有这种事了,我反而觉得奇怪了。因为权力的核心结构没有变,还是对上负责的金字塔结构。这事的曝光不过再次印证了我的判断。

访谈者:从历史上看,此类事件早已有之?

吴思:随手给你读几个我读史摘抄的片段(见吴晓煜《煤史钩沉》)。嘉庆四年(1799)十二月,嘉庆谕:"西山煤窑,最易藏奸。闻该处竟有匪徒名为水工头者,往往哄诱良人入窑,驱使残恶致毙。"皇帝命令顺天府会同步军统领衙门,派人严密查访,"如有此等恶棍,即行查拿具奏,按律治罪。"

于是,一位姓卢的府尹带领兵役人马,"遍历数窑,各锅伙遭锢之煤丁,悉轰然投出,"并把煤窑锅伙尽行拆除。据记载,当时获得解救的煤丁"皆欢呼额手"。西山煤窑就在今天北京的门头沟。

这类事不仅发生在嘉庆年间,在乾隆年间也曾发生过。"宛平西山有门头沟,京城所用之煤皆产于此。煤窑二百余所。开窑者皆遣人于数百里外诓雇贫民入洞攻煤,夜则驱入锅伙。锅伙者,食宿之地。垒石为高墙,加以棘刺,人不能越。工钱悉顶两餐,无所余。"这种窑还有专用名称,叫"关门窑"。

从清朝到民国,这些问题没有得到彻底解决,都卷土重来过。同时,地域面积也不限于北京的门头沟,湖南耒阳县、河南密县、鲁山县、陕西都相继发生过。在湖南,当地窑主往往雇佣地痞恶棍当把头,专管水工车水工作,称之为"水承行"。

光绪年间湖南一地方官在一份报告中描述的:"水承行,多系当地奸民充当,穷凶极恶,并串通地痞……逼令(穷民)卖身入窿。""又间有平空哄骗,强捉客民之事。水承行筑有土室,幽暗深邃,外立木栅,挨窿处仅留一窦,出入启门,由水承行主之,名曰设鼓。将诱买哄骗强捉之人,关禁鼓内名曰水蛤暮。概行剥脱衣服,专令轮班车水,昼夜不休,饥寒不恤。稍倦,则鞭殴其脊。欲逃,则刀刺其足。且窿内阴寒气盛,工作又奇苦非常,故弱者往往一半月即因之毙命。壮者不数月亦足烂腹肿。不容休息,不给医药,坐视其毙。"

地霸秩序的利害关系

访谈者:那此类问题是如何形成的呢,为何屡禁不止?

吴思:清朝曾立法严禁。道光二年(1822年),经顺天府复议,刑部议定,朝廷批准颁布了《办理煤锅伙章程》,严禁开设"关门"锅伙。"所设棘墙全行拆毁。"此外还定下律条:"诓骗良民,逼勒入窑,关禁不容脱身者,照凶徒棍例,分别首从科断。窑户知情纵容者,照知情藏匿罪人例治罪。"

但法律也不可靠。当时的刑部尚书那彦成担心:"恐积久生懈,有名无实,"而且"不肖生员得受煤窑规礼,故行疏纵。"为什么这些问题屡禁不止,卷土重来?那彦成说得很清楚,故行疏纵,这是第一个原因。

同时,这与中国历史上地方的"地霸秩序"有关。在中国历史上可以看到一个一个的地盘,国法虽然有规定,但这个地盘内有它自己的规矩。在官场里叫潜规则,在黑帮中叫横规矩,我称之为地方的"地霸秩序"。这些地盘是怎么形成的？如果什么都畅通，政府管理都到位，这些地盘是形成不了的。

举个例子，比如山西黑窑可以看做一个地盘。在这个地霸秩序中谁是受益者呢？我们可以从利害关系，从成本收益上来分析。

首先，受益者肯定是这些窑主。从新闻媒体的曝光看，窑主得到钱，首先是买通官员，然后再往上串通不同的部门，不同的层级。拉人入伙者也能得到好处，这样就形成了一个利益链条。有钱的、有势的、有权的和掌握信息通道者都是受益者。只有一个受害者，就是奴工。对这个秩序的维持者来说，只要收益大于成本，这个秩序就会建立、维持甚至扩张。

再看地方官员，其收益也很明显，但风险在哪儿？风险来自于高层震怒。官员应对风险的办法也有很多。一是隐瞒。官员不上报，不处理，假装看不见，故行疏纵，这是打信息战。二是打程序战。拖延，推委，忽略，阻挠，刁难，对抗各种指示，压制反对者。河南电视台的那个记者不是说了，他去调查最大的阻力来自山西当地的政府，有些部门甚至把解救出来的人悄悄再卖给老板。但是他们不会坚决抵抗高层震怒，他们也就这点收益，丢了乌纱帽就不划算了。但他们也有对付运动的办法，一些官员不是在本应下去排查时，在办公室打牌吗？

谁是地霸秩序的受害者，谁就是坚决的反对者。这事最高层没有任何收益，只有丢脸。这事出来后，中央又是开会，又是批示，要追究地方官员的责任。奴工是地霸秩序的最大受害者。他们应该是最有力的反对者，但奴工反对成本有多高？是否合算呢？在这个秩序中，他们不团结或者没有办法团结，零零散散,没有工会组织,没有信息通道,面对的是一个单线的权力。不是说他找地方政府不成,可以找法院;法院不成,可以找代表;代表不成,可以找媒体,哪条线都有解决的可能。这事的解决最早是由媒体引发的,后来才引起高层的震怒。幸亏付振中是河南电视台记者,地霸秩序制服不了他,若是山西的,恐怕付振中会成为高勤荣第二。

怎样打破"地霸秩序"

访谈者:在中国当前的行政架构中,农村,尤其是行政村一级的行政组织仍然存在,农村也并没有出现权力真空,但黑砖窑事件暴露出,基层政权充当了黑窑主的保护伞,与黑窑主合谋而无视国法人权。

吴思:基层政权是怎么产生的,是选出来的还是任命的?按照目前的基层架构,村长是选出来的,村支部书记是任命的。被撤职的那个村支书王东己实际上是一把手。当然,这事的出现与基层政权建设是什么关系,现在还不好说。不能说民选能解决这个问题,但很可能是不民选造成了这个问题。从媒体报道看,村民都说这个村支书霸道,按说要是民选,他可能选不上。他还是县人大代表,这个人大代表是民选的吗?也不清楚。

其次,民主也未必能解决利益群体的问题。这个村对内民主,但村民不一定会维护外地民工的利益。不能光指望选民的良心,选民的良心也未必可靠。

访谈者:那如何才能打破这一利益连接而成的地霸秩序呢?

吴思:要维护工人权益,最根本的还是靠受害者自己。首先要降低其获取信息的成本,电视、平面媒体和网络都降低了信息成本。这次受害者家属能组织起来,天涯网功不可没。虽然与以前相比,获取信息的成本降低了,但与理想状态还是有差距。其次,要降低受害者的告状成本。一个律师曾算过民工讨薪的账,若通过法律解决全国拖欠民工的1000亿元工资,则需要花费3000亿元成本。如果不走告状这条道,还可以允许受害者组织起来,可以壮胆,也可以加快信息流通,降低成本。或者鼓励发展NGO、民间维权组织,这些组织都是保护弱势群体的,把他们组织起来是对抗权势者的有效方式。

魔高一尺,道高一丈,也可以通过降低对抗力量来打破这一秩序。这个方式就是民主,可以投票把恶棍选下去。还可以分权,不能一个人一手遮天,有独立的纪检部门,有独立的司法部门,有独立的立法部门,让权力内部互掐。

当然,最要紧的是要进行体制改革,提高人民监督政府的权力。如果村一级可以选举,镇一级可以选举,虽然是外地人被奴役,但为了选票,也可以把这事给抖出来,让本地的官员丢脸,下台。同时,要给新闻媒体更大的自由,让扒粪者有利。如果付振中今年能拿长江新闻奖,那就对路了。

只有这样,才能从根本上打破地方的"地霸秩序",法律的承诺才不至于仅仅流于纸面上,真正的公民社会才能建立。面对地霸秩序,如果解决的方式还和以前一样,是高层震怒,是靠自上而下的问责机制,那只能解决一时或局部,解决不了全部或根本。

访谈者: 这件事实际上是由媒体捅出,并进一步跟进,后来才引起高层重视,公权力介入,迅速行动,到问责到领导道歉,并由此掀开了全国性的"扫黑行动",你如何看待媒体在整个事件进程中的表现?

吴思:与以前发生的此类事件比,从曝光到解决,媒体的表现可能是少有的亮点之一,突破点就在此。实际上,媒体在一定程度上分担了受害者及其家属与地方"地霸秩序"对抗的成本,成为了一种可供选择的方式。

资本贪婪,权力也贪婪

访谈者:有一种看法认为,将此事的发生归罪于资本的贪婪,在中国改革开放前是不会发生这类事件的。你如何看待这一观点?

吴思:资本的贪婪是毫无疑问的一件事。资本贪婪,权力也贪婪。任何人都是贪婪的,工人、农民也贪婪。工人的贪婪是多给钱,少干活。人人都如此,问题是该怎么制约。你是指望其自我约束呢,还是靠制度来制约。这些黑窑主是资本家吗?不是,他已经类似于奴隶主了。他的贪婪是希望这些奴工少吃多干。对于资本的贪婪来讲,最主要的制约来自于工会。如果这些资本家违法用工了,犯罪了,那制约应该来自于政府,来自于警察。如果警察还不作为,那就应该考虑制约权力了。

访谈者:黑砖窑事件完全符合强权逻辑,也符合你所定义的血酬定律。窑主除了占有奴工的劳动外,甚至完全占有其身体。但将此事拓宽一点,可以说是中国劳资关系的一个极端表现。在媒体报道上,我们时常可以看到,强制劳动,搜身,劳动环境恶劣,超时劳动,欠薪等事的发生。有人将这类现象归结为"发展中的问题",中国迈向现代化"转型的必然代价"等,你如何评价这一"发展代价观"?

吴思:这怎么会是"发展的代价"呢,这恰恰是"不发展"的表现。二百年前的事又重现,这是"发展"吗?

"发展"实质上是扩展每一个公民的权利,发展首先是一种权利的发展。中国农业的发展,首先是农民权利发展的结果,大包干了,农民可以支配自己的劳动果实了,也允许农民外出打工了,允许农民远程贩运了,这些权利过去都是被"收缴"的。工业也是如此,原来都是国家的,现在个人可以开厂了,资本家获得了应有的权利,所以工业发展了。现在工人受气,在劳资关系中,权利时常被侵蚀,这怎么是发展呢?

访谈者:在劳资双方的博弈中,现实也一再昭示,原子化的个人往往很难对抗强势的资方,在你看来,应如何发挥当前工会的作用?有一种声音认为,在当前全球的利润链条中,中国还处于末端,若工会真有与资方讨价还价的能力,则必会导致中国劳动力成本的上升,从而丧失在全球市场的竞争力,这对中国经济的打击是致命的。

吴思:我在去年还专门写过一篇文章,就是计算民国期间的枣庄煤矿,有工会与没工会条件下工人的工资差距。没有工会前,工人被剥夺得厉害,有了工会四五年后,工人的净工资长了32%。工会是一种政治权利,政治权利是值钱的,是能当饭吃的,值的钱数就是他们原工资32%。第二个问题是,涨了工资以后,老板受害了吗?利润下降了吗?就他们那个枣庄煤矿而言,没有下降。

我同样问过两个老板,如果在5年内,你们公司的员工工资长了30%,你们的公司会怎样,会丧失在国际市场上的竞争力吗？他们都说中国在国际市场上的竞争力优势,尤其是成本上的优势,不是一点半点。现在中国产品倾销全世界,靠的也就是劳动力成本上的优势,这也造成了其他国家工人的不满,甚至已经成为了一个国际秩序问题。

我算过一笔账,假设中国目前有农民工1个亿,若工资都增长了32%,给民工整个家庭带来的收益是取消农业税的5倍。这些钱就会变为购买力,中国目前的一个问题是生产过剩。即使在国外市场的竞争力减弱,刺激国内消费带来的好处也足以弥补。

黑社会是怎样挣钱的

访谈者:《新世纪周刊》陈良飞
时间:2009年10月29日

禁忌越多,"血酬"、垄断利润就越多,就越有人去争抢这块利润。黑社会的形成,就具有一个更广阔的基础、更肥沃的土壤

一个黑社会团伙要维持下去,一定有其独特的"生财之道"。

黑社会团伙的"血酬"越高,他们的供养者,老百姓们就会失"血"越多。与老百姓们有着共容利益的政府及其官员们在这一过程中扮演何等角色,引人注目。

黑社会是怎样挣钱的

访谈者:20世纪30年代,美国兴起禁酒运动,但美国人没少喝酒,很多人死于假酒,更多的人死于贩酒引发的犯罪。禁忌和黑社会的壮大有无直接关系?

吴思:有。中国历史上如贩私盐的曾经出过称王的人、打天下几乎成功的人。一些大的商品,如盐、茶,凡是有禁的,都

有走私团伙。

所有的黑帮、黑手党吃的,我一般都称之为"血酬",即暴力掠夺的收益,吃的是卖命钱,这个钱政府也能吃。政府说,所有的烟、酒只能专卖,烟、酒一专卖,就有百分之几百的利润,还有盐的专卖,成本很低,它得加上十几倍、二十几倍的利润。还有一些干脆就禁的,比如毒品,毒品要是放开流动,绝不像现在这样高的价。它一禁,就禁出了高价。

访谈者:是不是可以这样理解:禁忌越多,黑社会的势力就会越强大?

吴思:禁忌越多,"血酬"、垄断利润就越多。黑社会就具有了一个更广阔的基础、更肥沃的土壤。

中国古代盐是专卖的,而且垄断得非常厉害,五代时为了几十斤私盐就可以判死刑。严刑峻法,保证了官盐有十几倍的收益,这就叫"法酬",实质仍然是血酬,是血酬的升级版——你要敢染指,我就让你掉脑袋。这么大的空间和利润,就是黑社会成长的肥沃的土壤。

访谈者:禁忌的选择是不是有讲究?为什么选择盐、毒品和烟?

吴思:不管价格涨到多高,人都得吃盐。政府垄断了盐之后,不用担心价格由一毛钱涨到了两块钱而减少销售量。毒品也是,只要上了瘾,多少钱一包,人们都会买。烟、酒也类似。

凡是价格弹性低的、价格不敏感的商品都可以。比如说火葬,人死了,收你100块钱的火葬费用,还是1000块,或者5000块,反正你不能自己烧,所以价格弹性极低,这也是可以形成垄断的行业。很多黑手党就办火葬场。墓地也是一种。

还有一个特别容易出黑手党、出黑帮的地方,就是沙石场和码头。这些地方成本非常低,价格大致固定,远处沙石的运费高,因此价格是有垄断性的。而且参与者只要凭一身力气,投资不多。

访谈者:如果黑帮不欺凌当地民众,反而给民众们做一些事情,甚至提供政府不能提供的服务,民众会不会很拥护呢?

吴思:完全可能。政府本来是吃盐利的,假如盐卖两块钱一斤,而成本是两毛钱一斤,私盐贩子用三毛钱一斤收了,这对于生产者是有利的,一块五一斤卖,对消费者也是有利的。吃亏的是官府,只有官府严厉打击私盐贩子,而消费者、生产者都欢迎他们。

访谈者:这时会不会就出现了政府和黑社会的勾结?

吴思:但私盐贩子要有先抗住政府打击的能力,今天扣了我两只船,晚上就要让那个缉私警察的孩子被绑、房子被烧,形成这样的反制,双方才有了讨价还价的空间。

如果是流动性的、长途贩运的私盐贩子,他一路收买,可能开始比较困难。你要来,我可能真的真刀真枪打一场,你们50个人,我们100个人,有了这样的威信,再谈判,就好谈多了。

访谈者:有没有公权力的行使者本身就在走私呢?

吴思:有。国家把盐的垄断交给某盐商,盐商当然要掏一笔钱买那个盐引,就相当于包含了盐税的经营许可证。比如该盐商每年有100吨的运输证和许可证,他发现私盐贩子生意很好,就想用100吨额度,卖200吨,半船是正货,半船是私盐。一查,我就把票拿出来,不查就是私盐。

很多盐商,官家盐商、官家企业也干起了走私的买卖。他们都成了半个"黑帮"。

访谈者：禁忌之外，黑帮还"吃"什么？

吴思："吃"商贩和消费者。比如说他垄断了一个农贸市场，每个摊位交两块钱保护费，这就是等于在"吃"所有的小商贩，小商贩要把这钱转嫁给消费者。这种黑帮、黑手党，那时候在天津叫"混混"，这种"吃"法他们叫"平地抠饼"，无中生有，在平地中抠出一个饼来"吃"。

《水浒传》里"浪里白条"张顺就是吃鱼贩子的，所有的鱼打上来了都要给他，由他批发给所有的鱼贩子，所有的鱼贩子都不能和渔民直接交易。他就平地抠饼，中间愣"吃"一道，收中间的加价，像这种都是标准的"黑帮"。吃亏的不是政府，而是消费者、小商贩和渔民。

访谈者：除了"吃"政府和"吃"民众外，黑帮还有其他利益来源么？

吴思：吃黑帮同行。比如一大伙海盗把其他海盗都给镇住了，我保证这个地方天下太平，绝不会遭到抢劫。这个时候他挣的是社会治安的钱，他就像警察一样，他收了税，收了治安费，他真的提供了保护。当然，如果维持治安的成本是100万，他可能收150万，多出来的50万就是血酬的升级版——法酬。

访谈者：是不是可以说，他扮演了政府的角色？

吴思：可以说，他行使了政府的职能。有的土匪兔子不吃窝边草，方圆几十里，他不抢，不收税，也不许别人来抢，当地的老百姓感恩戴德，给他们送粮送草，通风报信。

"血酬"定律的解释力

访谈者：您提的某些概念，比如"血酬"定律，是从哪获取灵感的？

吴思：我有一段时间研究土匪，研究打天下、坐天下的暴力集团行为，专门研究这个。看与他们有关的材料——黑手党、混混、土匪、青洪帮、山大王，包括没打下天下时候的暴力团伙，或者军阀。研究他们的时候，很需要一个概念，来指出他们的收入是什么。

找前人的表达方式，只找到一些很"江湖"的表达方式。比如山东土匪，把绑票"吃"的这个钱叫"吃红钱"。江湖黑话把钱叫"血"。如这个人钱多，他就说这个财主"血旺"，说跟他弄点钱来，就说给他"放放血"；给官员、警察行贿，就叫给他"上上血"，但是你要一说"血"，把它引入正式语言，也有点说不清。叫"血"不妥，叫"红钱"也不妥，叫"战利品"也不妥，叫"卖命钱"，还有"买命钱"呢？如果叫赃款，军阀和打天下坐江山的收入也不能包括进去。

这就逼着我造出一个词来，这个词就是"血酬"。

访谈者：再来分析暴力集团行为时，更有解释力了？

吴思：对他们的收入好分析了。比如过去说，收的是赃款，这赃款怎么构成，就不好分析，一个词就全掩盖了。现在呢，你就可以把它分析为"血酬"，你还可以把它分成"买命钱"、"卖命钱"，就分解了。

以前"血酬"是拦路抢劫、刀刀见血，这叫买路钱，现在建立一个收费站，不管是水路、海路，你交一笔钱，我保证你安全，方圆这100里你放心走,不会有别人抢,这时就提升了,我就称为"法酬"。

黑帮何时想变成政权

访谈者:所谓的"成王败寇",土匪做久了就有转变成政权的趋向,其身份如何界定?

吴思:流寇,抢几天就走,其最佳的抢劫率是百分之百,一锤子买卖,以后不来了。对于被抢劫者来说,跟流寇之间没有任何共容利益,就是不共戴天,完全敌对。共容利益这个概念,是美国经济学家奥尔森提出来的,用来分析流寇和坐寇。

如果是一个土匪,要在这里长期抢下去,甚至称王称霸。他抢,他儿子还抢,子子孙孙抢下去。最佳的抢劫率,比如20%比较好,第二年生产者还能够养家糊口,还能够种地,抢完之后,还可以维持简单再生产,不至于逃荒要饭。

这20%怎么花呢?他可能还要拿10%来维护当地的治安,不让其他的土匪、强盗过来把我这里的农民给抢了。他再往自己兜里揣10%,净收益。于是我们跟他的共容利益就是百分之90%。

他要是再好一点,别把10%都给贪了,用5%养家糊口,当一个勤政廉明的好皇帝,或者好官,或者好王,我的前任都娶了100个妃子,我只娶5个,我也不要1万个太监,我只要200个,于是他就是一个节俭的、爱民的好皇帝,把税从20%降低到15%。这时候,我们农民和他的共容利益就变到了95%。

这时候,"吃"10%治安费的官员和警察,如果向我们百姓敲诈勒索,皇帝还要管他们,还要维持治安。在老百姓看来,皇帝跟我的共容利益是95%,贪官多收百姓一点钱,都是额外的,他跟我们百姓的对立都是100%。

本来应该就交100块钱的税,这贪官敲诈勒索多拿走10块钱,这10块钱就是绝对的对立,100%的对立,于是老百姓只反贪官,不反皇帝;恨潜规则,不恨王法。

皇帝要是管得好贪官污吏,我们百姓和皇帝的共容利益就是95%;管不好,他就是个坏皇帝,或者是个无能的皇帝,因为贪官污吏又多刮了5%,皇帝和我的共容利益就不是95%,退到90%了。

如果天下大乱,遍地土匪,动不动流寇就来了,一抢就是一片。这个皇帝严重失职,造成了匪患遍地,我们80%可能被抢,只有20%幸免于难,皇帝和我们的共容利益就退化到20%,他已经在80%上退化到跟土匪差不多了。

访谈者:共容利益的比例越来越低时,揭竿而起的人就会多起来?

吴思:有关系,但并不是直接的关系,最关键的还是老百姓收入的绝对值。

比如共容利益越来越低,我挣10000块钱,让政府变相拿走了6000块钱,其中1000块钱通过各种服务返还给我们了,其余的5000块钱都揣兜里了,我们的共容利益才有50%。

每个月的收入有10000,他拿走了5000,我还能活,我不造反,我忍气吞声。但是我总收入如果只有1000块钱,他拿走了500,剩下的500就没法养家糊口了,我就非抢不可,这时候共容利益还是50%,但是我就会造反,因为活不下去了,就要去抢。如果别人造反,我就一定跟着造反,反正也没有什么可损失的了。

我将这个绝对值称为一条"血线",一旦低于这道线,流血的、卖命的概率就会大幅度上升。

访谈者:梁山好汉是否可以看成黑社会性质的团伙呢?

吴思:就是黑社会,就是黑帮团伙。晁盖上了梁山,林冲火并了王伦,后面发生的故事就是山下的喽啰来报,有一个商队,二十多辆车子,从山下经过,抢不抢?晁盖马上说,抢,但注意别伤人,下去就抢了。

抢下来之后就开始分配,这财物是抢来的,梁山好汉是靠抢劫过日子的。抢来的东西怎么分配呢?是标准的土匪分配方式。

访谈者:他们按照什么样的方式分配呢?

吴思:梁山好汉真正的分配方式是按阶层分,就是首领和喽啰两大阶层。抢来的财物分成三堆,中间一堆是金银财宝,左边一堆是绫罗布匹,右边一堆是各种杂货,把这三堆全分成相等的两部分,拿走一半,进公库,维持梁山好汉生活的正常运行。剩下的一半,再重新分作相等的两部分,当时的 11 个首领分一半,所有的喽啰分一半,大概有 750 个喽啰,750 个喽啰分的和 11 个首领分的是一样的,分配差距是 1∶68。

美国黑手党的分配比例大概是 1∶44,梁山好汉更黑。但是中国有一些小土匪就不太黑,比如 1∶8,1∶6,这个黑不黑取决于团伙的规模。如果这团伙十几个人,老大和最小的喽啰,分配差距也就十倍。如果这个层级比较多,到几百人,就有几十倍的差距了。梁山好汉和美国芝加哥的黑手党大概都是 50 倍上下的比例。

如果团伙更大,比如上万人,一个军阀,或者打了天下,称王称霸,分配差距就不是几十倍了,就是成百上千倍的差距了。

地霸秩序如何被彻底打破

访谈者：黑势力建的砖窑、煤窑是否古已有之？又为何屡禁不止？

吴思：古代就有黑煤窑，让送上门的或抓来的良民百姓下洞，下了洞就不让他上来，牛羊似的养着，背一筐煤上来，给一个馒头，或者给一个大饼。再背一筐上来，再给一个。

对于矿主来说，用一个大饼换一筐煤，假定是一块钱，要是正式发工资，大概是两块钱一筐煤，他肯定愿意用一块钱来换一筐煤，他追求利益最大化，这是很自然的。

问题是你把人扣在这，当牛做马来使唤，人逃跑你就要杀他、打断他的腿，这是违法的。

这时，矿主们可以官商勾结，让周围管得了他的人都睁一只眼闭一只眼，而他为此付出的钱又低于他省下来的工资钱，他就可能干这个事情。

访谈者：地方政府扮演了什么样的角色？

吴思：政府如果被买通，睁一只眼闭一只眼，不严格执法，就有可能使得这种暴力压榨的方式成功，大规模出现。

如果他们没被收买，执法森严，这种盈利模式一定不会出现，因为它得不偿失。

这种盈利模式应该是玩黑的，违法、杀人、暴力带来的收益应该刨去他付出的成本还有利可图。

访谈者：您提出的"地霸秩序"存在条件何在？

吴思：在中国，太平时期，某些地区，也有一个黑帮老大的头子，或者一个贪官污吏，黑白两道通"吃"的一个人，可以像山大王一样,有一笔固定的暴力收入,比如法酬或者"血酬",我就把那个地方的主导秩序称为地霸秩序。

地霸的存在条件,第一就是有的可抢,有老百姓,有财源;第二个就是老大,或者皇帝、官府对他睁一只眼闭一只眼,不去追究他的违法行为,不让他为此付出代价。

访谈者:如何才能打破这种地霸秩序呢?

吴思:打破这种地霸秩序的方法就是让当地每一个受害者,每一个老百姓,被迫交纳保护费的这些人,用很低的成本反抗盘剥。

什么样的成本最低呢?比如说当地的一把手是他们选出来的,一把手对地方黑社会打击不力,就换一个打击有力的,只要那个人说我保证把它打掉,就选他当。只要一次投票,就可以保护自己的利益,而且无法收买。

你怎么收买每一个选民,他们就是受害者,你对他们的收买就是不害他们。你不用给他们好处,不害他们就可以了。打破地霸秩序最有效的方法就是民主选举。

黑社会与群体性事件

访谈者:近年来的群体性事件中,官方通报经常提及有黑社会势力的参与,这类事件一定和黑社会有关系么?

吴思:在强制拆迁或者土地廉价收购时,农民或者居民反抗,如果有一个合法的组织,他们就会合法地反抗。如果没有一个合法的组织,他们就串通联合。如果政府对这些东西都不能容忍,都要打压,这时候只有一种人敢挑头,就是黑帮。他知道怎么隐藏,知道怎么躲避,怎么杀人灭口,这种江湖、帮会,或者黑社会就可能构成组织、反抗的核心。

黑社会通常是合法组织无法存在之后作为一个抗风险能力特强的组织，又能在这个过程中盈利，或者获得社会尊敬，这时候他们才顶替上来，成为一个替代品，填补这个空间。

访谈者：黑社会势力对中国未来社会秩序有没有大的影响呢？

吴思：如果走向民主制度、司法独立，行政效率降低的话，随时都可以换人，这时，黑帮会有，但不会太疯狂，这是假定完成了政治体制改革的情况。

假定政治体制改革没有完成，这时候就会出现两个极端的结果：或者是黑道、白道相勾结，变得更黑；或者是官方可以不择手段地去搞运动，去打黑社会，严刑峻法，可以打得特别彻底。

掠夺性策略的利益关系

访谈者：环球时报英文版
时间：2009年11月3日

访谈者：在现代中国，黑社会为什么还会产生，存在，甚至壮大？什么是他们生存发展的土壤？

吴思：如果把黑社会理解成一个靠暴力吃饭的团伙，只要有利可图，黑社会就会存在。有利可图来自成本和收益两个方面。一是受害者被迫向他们提供收益。黑社会去抢劫，敲诈，被害者反抗能力有限，要钱还是要命呢？要命，那就掏钱吧。另一方面是黑社会的抢劫成本低，负责维持社会秩序的政府对他们镇压的力度不够。没有使黑社会付出惨重的代价，没有使暴力掠夺行为得不偿失。这两方面是黑社会存在的条件。

访谈者：那如果有一个强势政府的话，就应该能把黑社会抑制下去，为什么黑社会还会存在呢？

吴思：强势政府掌握的资源多，可以为所欲为，不太受各种规则的限制，它们本身也是规则的制定者，可以任意修改规则，执行起来也可以越界。无论是他们做事的范围还是力度都显示了它们的强势。如果这是强势政府的话，它和黑社会的关系有两种可能。

第一是可以凶狠地打击,不惜制造冤假错案,也免不了制造出大批的冤假错案。这样有可能把黑社会铲除干净。但带来的问题可能是众多的无辜者受害。无辜者受害的程度可能超过黑社会加害无辜者的程度。这从历史上强势的皇帝就可以看出来。汉武帝对付有些黑社会色彩的侠客,例如郭解,说杀就杀,只要他足够有名,找个借口就能灭族,连像样的证据都不要,不讲什么法。这样的好处,是便于打击甚至消灭黑社会;坏处是,对无辜者造成的伤害可能比黑社会还要多。

第二种可能是,强政府不受民间的限制,谁也监督不了他,他就可以为所欲为。如果黑社会来收买官员,串通一气,造成的伤害更大。官府通过黑社会榨取一些它榨取不了的利益,帮它干一些政府不方便干的事。民间既对付不了黑社会,又对付不了政府,这是双重的受害。于是黑社会就能在一个官员或是一个地区政府的庇护之下,发展得非常强大。

访谈者:那上海的打击黑车的"钓鱼事件",是否可以看成部分地方政府人员和黑社会合作的例子呢?

吴思:那些线人即"钩子",在一般的定义中不算黑社会。黑社会是利用非法暴力的组织,而这些线人是利用政府的合法暴力来牟利。在政府的眼中,黑车是黑的,钩子当然不是黑的,是政府的线人。

出租车行业准入的门槛非常高,出租车公司吃的是垄断利润。黑车想分享这个利润,他们在政府眼里是非法的。但这个非法是政府垄断造成的,老百姓也为此多付了钱。如果坐黑车,本来要10块的8块就可以坐了,那么百姓就不恨黑车。

政府反对黑车,为了打黑,手伸得很长,甚至不惜制造冤假错案,宁可错杀也不放过,于是就用钩子钓出了无辜者。出租车是用行政垄断获得高收益,来自行政垄断的利润应该进入公共财政,补贴公共交通。但是这笔钱往往进了一个公司,成了私人财产。私人公司为什么能吃行政垄断的暴利?因为他们和政府或官员有特殊的关系,可以拿到牌照,这里就可能有利益输送的关系了。虽然这样的公司在名义上不算黑社会,但他们也是依靠以暴力为后盾的垄断获取利益的,在我看来也是变相的暴力掠夺,也够黑的。

访谈者:在黑社会发展中,黑社会是不是也可能干涉地方权力和秩序?

吴思:黑帮也要维持秩序,它维持的秩序是对它有利的秩序。比如在建国以前,在重庆的轿夫也要划分地盘。如果有的轿夫越界,侵犯了别的轿夫的利益,而政府又不管,维持公共秩序的功能在这就缺少了,轿夫自己的办法就是打,而袍哥即黑社会组织就开始发挥作用。这里就体现了它们维持各自的秩序利益格局的一种功能。如果这个秩序对民众有利,我们可以说这是个公共秩序;如果只对黑帮各自的地盘有利,对民众不利,它起的作用虽然也是维护秩序,但是和政府的功能有些区别。但是也有重合,因为没有造成无政府状态,还是有规则,通过内部的谈判或火并来解决问题,建立规则和秩序。

访谈者:你在和《新世纪周刊》的采访中说到黑社会也想分享官府的垄断利益,但是政府也在寻求这种垄断利益,比如在很多朝代盐、漕运等都是受管制的,政府已经强势介入了,但是黑帮还是存在,这又是一种什么关系呢?

吴思：这时政府就打黑。但是打黑也有一个收益成本计算的问题。政府挣了一百万盐利，拿出五十万来打私盐贩子。如果五十万甚至一百万也不能把私盐贩子打光，政府只能适可而止。

政府，老百姓，黑帮三者之间的关系是这样的：老百姓最理想的状态是正常的没有障碍的产盐，买盐，卖盐。这是一个市场状态。交易成本越低越好。两毛钱一斤生产了，三毛钱一斤卖了，还包括运费，老百姓觉得合适。但是政府不容忍这个状况。政府要从中吃一大笔税。所以政府制定一个盐的专卖政策。两毛钱一斤就要卖两块钱一斤。不论多贵，老百姓都得买盐。政府就通过这个方式非常简易地征税。这个发明早就有了。老百姓和政府的利益在于多交税还是少交税，关系极其简单。老百姓希望没税，政府希望多征税。

而黑社会看政府的利大，也要分享这块利益，等于在和政府抢吃的。政府和黑帮是竞争的关系，政府是要灭黑帮的，但是代价太大，就得睁一只眼闭一只眼。在政府、民众和私盐贩子的关系中，民众总是希望用最少的钱买盐。如果私盐贩子能提供便宜的盐，就愿意去买私盐。于是买私盐、卖私盐在政府看来都不能容忍，买的犯法，卖的更犯法。政府就跟双方的行为都作对。这就是三者间的关系。老百姓总是受害者，只是买私盐受害的程度稍微轻点。所谓受害，不是说官府不该征税，而是征税的用途，并没有取之于民用之于民，大笔税收用来修陵墓，养后宫，修后花园，修建官府自己享用的楼堂馆所了。

访谈者：现在很多人提到地方公权的沦陷问题。有些地方政府形成了特殊的地方利益集团，有没有可能和黑社会合作，既损害中央政府利益,又损害老百姓利益?

吴思:有。这是始终存在的。地方政府或是某个部门,他们有自己的独立利益,和中央政府的利益不同,和民众不同,搜刮民众。如果在这个过程之中,他们和黑帮勾结起来,能有利于自己的利益扩张,就会结成一伙。在自己的区域之内庇护黑帮。这样他们可以搜刮更多的钱,把法外的利益收到手。同时上级官员如果对他们有不利的行为,他们还可以利用黑帮的力量反抗。地方政府和黑社会只要能互相提供利益就可能勾结起来。

访谈者:现在和历史上的群体性事件都有黑社会或非法组织的涉入的现象,你怎么看这个现象?

吴思:历史上群体性事件,比如工人罢工,要求涨工资,现在也常见。民国初年山东枣庄中兴煤矿,那时工人要求涨工资,要和老板谈判。他们面对的老板是很多军阀,官僚。虽然是私营煤矿,实际是权贵煤矿,在劳资竞争的时候压榨工人。工人要罢工闹事,他们去镇压。如果工人无法通过合法工会谈判,那就会出现两种结果。一种是江湖帮会出来代替合法工会,结成团伙,联合工人和老板对抗,闹出群体性事件来。合法组织被打掉后,需求还在,非法组织就会顶替它的功能,它们更有跟政府作对的经验,更有暴力抗争的经验。还有一种可能,就是地下反对党介入。

访谈者:黑社会势力对中国未来社会秩序有什么影响,政府应该如何应对?

吴思:黑社会,不管是组织还是从事暴力掠夺的个人,是很难打干净的。假如从小规模的拦路抢劫到大规模的黑帮活动有一个从零分到一百分的空间。我们只能说用多大代价,控制在什么范围之内。

如果在民主制度下,黑帮活动的程度到了40分了,影响正常生活了,老百姓可以选举一个他们认为打黑最有力的官员。官员承诺把黑打到十分,还不加税。这是民主的政府情况下的打黑。

还有就是政府和黑帮的勾结。更多的搜刮民众。黑的程度到了60分,老百姓还拿这个没办法。去上访没人接待,去起诉整个司法系统就在黑帮的控制之下。这是另外一种可能。伤害更大。

如果是一个民主的政府,10分的黑是免不了的。因为既要保障人权,不能滥杀无辜,制造冤假错案。把10分打到3分、4分要付出的代价太大了。就是要用合理的成本来达到最佳的结果,边际成本和边际收益平衡了,到此为止。

官职交易的三种机制

发表时间:《中国新闻周刊》2005年4月,第13期

中华人民共和国建政初期,曾有一位国家领导人就说到一种现象:"有人把自己负责的地区和部门看作个人的资本和独立王国。"50多年之后,这些"个人资本"和"独立王国"的官爵已经在一些地方进入"市场"流通了。

不过,假设绥化市真成了马德的独立王国,他一定买官鬻爵吗?其实未必。因为这样做不合算,前人算过账的。

清朝有纳捐制度,一旦遇到战乱或灾荒,财政困难,朝廷就大开捐例,卖官应急。这时反对者就会替皇帝算账,说这种生意不合算,人家花钱买官,一定要加倍捞回来,搜刮百姓,最后毁了江山社稷,吃亏的还是皇上。皇帝也认账,但他另有理由:既不能听凭百姓饿死或反叛蔓延,又不能抢劫富人,只好卖官应急。缓过劲来就不卖了。总之,在正常情况下,大家都认为卖官不合算。

马德卖官与皇帝卖官不同。首先,官职并不是他家的,他卖的是自己临时代理的人事权。其次,收入完全归己,而不是用来救灾。再次,天下不是他马家的天下,卖官的恶果也不用

他马家承担。

在这种对比中,我们可以看出一种比"家天下"更糟糕的卖官机制,即"官天下"的机制。

李刚向部下卖官,他在卖别人的东西。马德向李刚卖官,也在卖别人的东西。韩桂芝向马德卖官,卖的仍是别人的东西。至少在可以考证的四个环节的交易之中,每个交易者都不是主人,都是临时代理人,都在追求代理人的眼前利益。

在官天下的机制里,人们只能指望官员凭借超人的道德对抗利害趋势。这种对抗肯定是有效的,但马德认为效果有限,他甚至建议纪检官员下去进行破坏性试验,看看他们能否顶住买官和送礼潮流。

如果我们不把马德看作天生的恶棍,我们就没有理由漠视失足者的惨痛经验。

从公共物品的角度看,税收与服务,官职与选票,本质上都是一种交易。交易并不可怕,可怕的是缺乏一报还一报的对应机制,吃亏者不能反击,背德者不遭报应。

这种报应关系密切的机制,我们可以在村级海选中看到一个雏形。在那里,即使在最糟糕的情况下,在出现贿选的时候,卖官钱进的也是民众的腰包。在这种机制里,人们无须指望超人的道德,只要当事人知道维护自己的利益,不甘心一次再次地吃亏,大体公平的交易就会实现。譬如,在贿选的情况下,选民发现自己选出来一个贪官,100元卖出的选票导致了200元新增的苛捐杂税,他们就会汲取教训,不再做这种亏本的买卖。主人买卖自己的东西,自然会选最好的货色,争取把自己的权力卖一个最高价。这就是公民招聘公仆的机制。

| 官职交易的三种机制

改革开放三十年的社会进化

访谈者:《中国经营报》 murong
时间: 2008 年 9 月 25 日

从我们以前成功的经验来看,对媒体和社会舆论的开放会是一个突破口。它一旦出现将会是一个现实体制之外的独立的激励源泉和判断标准,只要保持这种独立性,对社会就有影响。

30 年产生了新物种

访谈者:中国的改革开放进行了 30 年,你观察这 30 年的进程,最大的变化在什么方面?

吴思:每个人都有自己的观察角度,我选择的是生物学进化论的范式,简单地说就是"遗传变异、适者生存"。从这个角度去看中国过去的 30 年,无论是经济还是政治最大的变化就是变异出了几个新物种——即新的阶级出现了。

30 年前的中国没有自耕农式的农民,有的仅仅是人民公社社员,在这条路走不通的情况下才恢复了农民这个物种、恢复了小农阶级。之后他们走得有声有色,从中分化出了大批的农民工——真正的无产阶级,所建的乡镇企业又分化出了一批资本家和商人,这可谓是精彩纷呈的社会进化路径。可以说中国的农村,经历了一个后退又继续前进的过程,符合生物进化的规律,一种生物形态——人民公社社员——失败后再重新开始。

30年前的中国城市没有资产阶级,是官有、官管、官办的官有企业的天下。没有工人,只有职工——以做工为职业的官办企业的雇员。管理者也不是资本家,而是国家干部、官员,商业企业也是一样的情境。这些都是上世纪50年代公私合营之后的局面,历史证明这是失败的。所以政府就开始有限地放开一些,允许部分回城知青和劳改释放犯等城市无业者当个体户,经过发展分化逐渐出现了两个新物种——资产阶级和工人。随着私营经济的茁壮成长、迅猛发展,使官办企业遭遇了强大的挑战和竞争,其资源、地盘和生存空间都在不断萎缩,低效率的官办企业被大量淘汰。顺应这种形势,政府的对策是抓大放小,收缩阵线。

访谈者: 这种转变给中国社会带来了什么?

吴思: 从生态学的角度来看这30年的最大变化,则是由单调的人民公社社员和官有企业职工、干部的单一生态开始,变得非常丰富,有各种各样长得茁壮的新物种出现,生态结构也变得更加复杂。这是一个非常喜人的场面,生态丰富、复杂了,变异就多,变异就是创新。生态也基本稳定了,不会因为个别物种的消亡而导致生态体系的剧烈波动。

官有企业消亡了还有民营企业在发展,民营企业出问题了还有股份制企业在生存,各有各的适合自己的生存空间,包括个体经营者,可谓适者生存的环境已经建立。在这个过程中,政府、官办的物种的相对份额不断退化、萎缩。比如,农村人民公社取消后改为乡镇,政府对村级政权的控制力下降,乡镇这一级的职能也大大削弱,很多经济职能几乎消失了,部分政治职能也消失了。取消农业税之后更是如此。企业形态上也发生了这样的变化,无论是被动、主动还是讨价还价、双方博弈的结果,总之官方在很多领域是退缩了。

政治生态日益丰富

访谈者:经济上的生态是丰富了,政治上的变化又体现在什么地方?

吴思:政治上亦是如此。权力的控制由原来官员的一统天下到渐渐有了新兴阶级的渗入。首先是意识形态的让步,容许私营经济的存在、允许雇工、提出先富带后富、效率公平等,最后干脆不争论,允许其悄悄成长。意识形态先调整,思想先解放,有了说法,政策再跟上、再调整。调整至今,中国社会依旧是官方主导的社会,而不是资本主导的社会,但这个社会与历朝历代的官家主义社会又有所不同。

现在社会财富的创造者已经不仅仅是农民,而来自工商业。工商业的主导者、领袖、组织者就是资产阶级,所以现在形成的不是小农-官家主义、地主-官家主义,而是资本-官家主义。

我们这30年来政治改革所取得的成绩是:意识形态、政策都做了大幅度的调整、适应了这个社会的变迁,为各个新物种的出现创造了大概还不错的生存发展环境,这都是政治进步的标志。

完成民主的建设不仅仅是适应变化的问题,而是要解决各方面的矛盾和不安的关键所在。让国内的资本家觉得这是我们的国家,我们可以放心的继续投资;让工人觉得我们也可以组建一个工会,同资本家讨价还价,政府不会帮助资本家侵犯我们的权益;同样农民也可以成立农会,土地和房屋不会被随时圈走或拆掉;官员的任用也可以走上正轨,行使职能时问心无愧,不用看上级的眼色,真正可以为人民服务。一旦将政治体制改革这个坎儿跨过去,一条路就铺平了,就顺了,就和谐了。不仅以前的成绩都水到渠成、顺理成章的为现在的改革做了铺垫,而且这个坎一过,前面可谓是一马平川。

访谈者:你觉得政治体制改革的突破口在哪里?

吴思:这同我们以前的经济体制改革的进程可能比较相似:不要硬改官有企业,允许个体户发展起来就行了;也不用去硬改人民公社,有人想大包干你别禁止就行了。其实都是所谓增量的变化,出现一个独立于体制之外的东西,让它渐渐长起来就能成功。

从我们以前成功的经验来看,对媒体和社会舆论的开放可能会是一个突破口。舆论的力量会进行自己的选择。"千人所指,无病自死",大家都骂他的时候他自己也如芒在背,至少能感觉到受威胁、见不得人、抬不起头来。如果大家都跟着追捧,他自己也会信心倍增。民间的、非官方舆论的激励、痛斥,对人的行为有重大的影响。它一旦出现将会是一个现实体制之外的独立的激励源泉和判断标准,只要保持这种独立性,对社会就有影响。

而且这种舆论监督本身就在民间存在着,只要政府少说几个不许,多来几个可以,让它能活、能成长起来,中国的政治体制改革就能推进,这是成本极低的一个转型方式。就好像当初经济体制改革那样试探着一步一步来,渐渐成了气候,有了一个法律的保护,则中华民族就有了一个新的生长点,政治体制改革的动力源泉就获得了民间力量的支持和推动。这是我能想到的一个很简单、很简易的突破口,能减少社会大的动荡。

言论受到抑制谁是受益者?不是中央政府,而是各个地方、部门的既得利益集团。这害了老百姓其实也害了中央政府,等于是在拿党的权威和声誉来换取私利,这对民、对党都不利。让社会舆论监督能走出来,有益的不仅仅是老百姓,对中央也是非常有益的。让社会舆论来给中央当眼睛、当耳朵,这是很好的一个自我竞争和自我抑制的生态局面。

当然仅仅走这一步还不够,如果胆子大一些还可以两三步一起走。那就是乡镇和县级自治,直接决定乡镇命运的就是民众的选票,舆论进行监督。而且县一级的选举和自治对中央的稳定毫无障碍,县一级的组织稳定了,也不会形成像现在这样最让人头疼的到处都上访的局面。这样就会形成中央政府省心、社会安定的局面。这又是中国安定的一条很容易走的路,而且实施起来风险也不大的一条路。

"一个人的革命"

访谈者: 如果说以前的改革仅仅是权力的分配,现在的情形则完全不同,既得利益集团的阻挠会不会成为继续推进改革尤其是政治体制改革的难题?

吴思: 过去政治体制改革是人们敢不敢做,有没有勇气的问题,而现在很多是利益的问题,不是精神上的事了,是要做利害选择。过去是信念不同,现在是利益不同,再往后就是生死不同,对抗力量会升格、会强大,这就是我们政治体制改革不能推进的深层原因。

其实,无论官方是否推动政改,资本已经在局部改变了中国的政治格局。我将这种局面称为"一个人的革命"。很多时候,我们看到的资本和权力的结合是这样一种方式:资本用不多的钱买通一个政治代理人,这个人在定政策或立法的时候就会考虑他的利益,在执法的时候也会考虑他的利益,在行政的时候会给他一路绿灯,这就意味着资本在一定程度上通过权钱交易掌握了立法权、执法权、行政权,所以说这是"一个人的革命",在这个局部已经是资本说了算了。

事实上,在某些场合资本是敢跟官员"叫板"的,而且他做得到,当然这个还是有代价的。从官员的角度说,他也在每次的交易中不断地在出售手中的权力,也在不断地用这个方式来完成权力的市场化,这是一个互动的过程,其实最终是老百姓和中央在吃亏。

如果继续这样往下走,资本通常都希望维护这样的格局,但腐败的官员往往三五年就要换人。所谓一朝天子一朝臣,一任知府一任商,现在的投资短期内就会失效。所以这种"一个人的革命"对资本来说有两大不合算,其一是时间短,虽然投资不大,但见效期很有限且不稳定,不能形成一个长期发展的格局。其二就是不安全、风险大。那么他们的长远利益就是让他们正常做生意,宁可不吃这块超额利润,但可以保持一个稳定的预期,只要有本事就能活下去。生意上能成功的商人其实不担心又来一个公平竞争的人,而是怕来一个用公共权力对其进行打压的人。如果都按规则出牌、在法律的框架内来做生意,大家都会选择正路而不是歪路。所以说如果看全局的话,除了个别靠行政垄断吃饭的商人以外,资本家不会是民主法制的反对者,而会是强有力的支持者,因为这些合乎他们的长远利益和根本利益。

所以我认为在一个往前走的进步的社会里,不用担心资本有多少权贵色彩,无论其"一个人的革命"进行得是否成功,他们大体都是一个推动的力量。但是,如果放任这种趋势,最吃亏的就是没有能力和官方做交易的小民。资本和官员分享权力,走到极端处,也会出现马克思描述的那种经济危机:钱都让你们赚了,谁还有钱买你们的东西?因此,为了公平,为了长久,即使出于自身利益的考虑,政治体制改革也应该全面启动了。

访谈者:很多人担心,在基层实行民主选举,会出现贿选和黑势力操控的局面。民政部就曾经指出,中国村委会选举工作中贿选、腐败和暴力选举等不正当或非法行为在进一步增多。另外人们的情绪是否会被利用,而做出于社会公共利益不利的选择?

吴思:贿选的问题可以说已经出现了,但这涉及怎么看待的问题。我认为,比较起来,这并不是一件坏事,至少这笔钱是用来贿赂民众而不是更高一级的官员。贿选也同样会有竞争者出现,经过三届,民众就会知道自己手里的权利到底值多少钱。选举就是一种关于公共产品的权利交易,你不能要求农民一上来就知道这个权利值多少钱,你得允许他有一个观察的过程,逐渐了解行情是什么,这样经过三至四届就会明白极了。

这就是民主的学习和选民成熟的过程,没什么不好。

打击暴力选举或者是黑势力则应该是公安局的事,一个黑势力的形成是有后台的,归根结底还是选举制度的问题。社会总会有黑势力的,哪里没有流氓、小偷?不能因为这个就说民众没有选举素质、说选举制度不好,要找对问题的根源。

个人经历与研究兴趣

我的心病与我的写作

访谈者：《南方周末》 杨瑞春
时间：2003年10月23日

2003年，吴思出了一本新书，输掉了一场官司。新书名为《血酬定律——中国历史中的生存游戏》，与那本著名的《潜规则——中国历史中的真实游戏》一脉相承。与前者相同，该书保持了深挖历史、细密分析和制造新概念的传统以及亦雅亦俗的写作风格，也像前者一样，甫一面世便得到诸多好评。

官司也是因书而起，2002年4月下旬，《北京青年报》连载吴思的《陈永贵：毛泽东的农民》一书，因书中写到抗日战争期间，陈永贵曾经参加过叫"兴亚会"的日伪特务外围组织，并曾做过大寨村伪维持会的代表，吴思和"北京青年报"社被陈永贵的夫人和儿子告上法庭，称书中大量情节与事实不符，许多情节是作者无中生有，任意杜撰的。2003年4月，北京市西城区法院宣布，吴思和北京青年报社侵害陈永贵名誉权的事实成立，责令吴思向陈永贵亲属赔偿精神损害抚慰金2万元，"北京青年报"赔偿2千元。吴思和"北京青年报"社不服，立即上诉，2003年7月15日，北京市第一中级人民法院开庭审理此案。

一场意外输掉的官司

访谈者：关于这场官司一审的输掉，你认为最大的疑问在哪里？

吴思：最关键的是，法庭对我提出来的4条证据都认为权威性不足，认为不足以证明陈永贵参加过兴亚会、当过伪代表是事实。

访谈者：你所提出的证据应该大多是当事人回忆吧？对于一个类似这样的历史问题，什么样的证据才更具有权威性，也更能被法庭认定为事实呢？

吴思：我们后来也提出这个问题。我认为自己提出的几个当事人的证据，特别是权威当事人的证据是很可信的，而且这几个证据互相交错，互相支持。我手里最硬的证据，来自于当时山西省革委会主任、省委书记谢振华，他也是中共九大代表资格审查小组的组长。他在自己的回忆录里写到，陈永贵曾经向他哭诉，自己参加过兴亚会，当过伪代表，还曾经说"我要到北京向毛主席请罪"，这次二审我们又得到了他签字的证词。还有当时写著名通讯《大寨之路》的作者之一、新华社记者范银怀，他说他奉总社之命去查陈永贵的入党时间，因为谁也说不清楚，后来就去县委组织部查档案，查到当时的入党申请表，在曾参加过何等反动组织一栏里，就填着"参加过兴亚会"。这也有一篇回忆文章，这也是一个一手证据。而作为间接证据的，还有陈永贵的儿子在《回忆我的父亲陈永贵》的文章里写到，大意是，我的父亲当过伪代表，但其落脚点是，在那种特殊的情况下，这种行为客观上保护了大家。

访谈者：这回告的是这个儿子吗？

吴思：不是，告我的是幼子，写文章的是长子。但是幼子后来让长子出了一个证明，说文章不是他写的。可是他那篇回忆文章登在山西省文史资料选辑里，谁谁口述，谁谁记录写得清清楚楚。

访谈者：那么，二审阶段你还能拿出什么更强有力的证据呢？

吴思：我们现在拿到了一份1980年中共中央转发中组部的文件，这份文件就是《关于陈永贵同志历史问题的审查结论》，最后有陈永贵自己签名同意。我书里面提到的陈永贵的历史问题，这份文件里都有，而且讲得更具体。

访谈者：那么你现在对于打赢这场官司有信心了吗？

吴思：没有，我们的证据呈送上去之后，到现在也一直没有消息。有了一审的失败，我现在不敢太乐观，因为你并不知道在什么地方又会有什么情况发生……

访谈者：据说你一审根本没有请律师？

吴思：是啊，太不重视了，在法庭上我是自己为自己辩护的。因为我觉得这事我铁板钉钉地赢啊，我想这还不简单吗？当时我自己归纳了一下，发现有六七条可以互相佐证的证据，我就从中选了四五条。我想，律师还能比我干得好吗？对方说我杜撰、无中生有，损害名誉权，我可以充分证明我根本不是编造。其实当时如果稍微下点功夫，就应该能拿到更多的东西，但当时都懒得去弄。

访谈者：那你当时在法庭上表现怎样呢？

吴思：气壮如牛（笑）。当时我一条条陈述自己的证据，对方回答每次都是"不是事实","不是事实"。下面听审的人最开始还很安静,说到第二三遍"不是事实"的时候,就有点叽叽喳喳,说到第四遍的时候就都哄笑。所以讲完之后,我就问《北京青年报》的律师,"得赢了吧?"她说:"不能肯定。"我想,这律师的思维怎么这么奇怪啊,怎么到这个份上了还说不能肯定?所以最后宣判完出了法院的大门,我又问《北京青年报》的律师,"你觉得奇怪吗?"她说,"不奇怪。"我说,"这太奇怪了,怎么就输了呢?"

访谈者:这件事情是不是对你触动很深?

吴思:我有一种被宰割的痛快,也就是,不仅有痛感,还有快感,觉得这可真来劲。因为这把现实真相展示得淋漓尽致,毫无掩饰。通过这件事对中国司法现状和各种关系运作的了解已经足够补偿这一段痛苦了。

访谈者:对于一位研究潜规则的人来说,对这样的现实还感到吃惊,是不是显得有些天真?

吴思:如果平常泛泛而谈,有这样的事吗?有这样的潜规则吗?我觉得毫无问题,肯定会有,这样的事情在历史上不罕见,今天也不罕见,但是我老觉得,人真是要把一切伪装都抹掉,也真挺不容易的。所以逻辑上讲和发生在自己身上差别特别大,这是一种非常饱满的情绪,发生在别人身上,你会觉得当事人那种愤愤不平你都懂,但是真正发生在自己身上,那种涌动的情感、微妙的东西你才会体会到。这就是认识和体验的差距。

"心病"得解

访谈者：有意思的是，曾给你惹来一场官司的那本书是一本十几年前的旧书了。

吴思：是啊，这是1992年写的书，也是凑巧，那年《北京青年报》缺连载的东西，不知为什么就想起来这本书了，开始连载，于是就告我了。为什么以前不告呢？可能怕告了之后反而炒热了这本书，但北青报一连载，社会影响就大了。

访谈者：你最初是怎么想到要写一本关于陈永贵的书？

吴思：那时我在《农民日报》工作，也是副刊想连载一个作品，当时报社就鼓励我尝试写个三五万字的东西，但当我把陈永贵的所有的资料看完之后，就发现这些材料足够支持一本很像样、很完整的书，于是就把它写了出来。

访谈者：从《陈永贵》到《潜规则》再到《血酬定律》，这三本书之间有什么联系呢？

吴思：其实我的关注点一直只有一个，就是解决我内心的问题。

写陈永贵是因为，我当年学大寨学得特别认真，插队的时候我是极左的知青，当大队副书记，带领社员学大寨，我就像工头、奴隶主似的逼着大家干活，并且还像个悲剧演员似的，不怕苦不怕累，起模范带头作用，但是最终我失败了，社员干活都不肯出力，我怎么也调动不起大家的积极性。这事我一直耿耿于怀，我一直在思考为什么失败？写陈永贵其实是在回答我这个疑问，写完之后，我的心病解开了——这不是我的事。当年的我像当年的陈永贵一样，对抗的是一种非常强大的力量。大寨农民共80户人家,从物质激励的角度说,人民公社体制与大包干大不相同。大包干下你干多干少全是自己的,而在集体制度中,你卖力刨80镐,自己才有一镐,偷懒少刨80镐,自己才损失一镐。只靠领导的道德感召力和行政的压力不能长期稳定地补足那79镐,于是,公社社员的生产能力、劳动热情一定会被大包干比下去。当你和这么强大的人性进行对抗的时候,我的失败就很好解释。整个当时农业政策的失败、陈永贵梦想的破灭也很好解释。

这个问题解决之后,下面就是我当记者的时候碰到的问题,那个时候就发现你真正碰到的贪官污吏其实都不是很坏,跟他们打交道的时候会发现,你要是在他们的位置,也很可能干下他们干的事。当你把他打倒,再过两个月回来看,很可能会发现问题还在,这个地方还是那样,只是那个人,因为遇到你倒霉了。我那个时候当记者,也很理想主义,就像唐·吉诃德一样向风车呼啸冲去,但是当我退回来的时候,发现了这个大难题,所以我当记者也失败了,并且遇到了人生的第二个问题。《潜规则》这本书就是解决这个问题。

访谈者:《潜规则》取得了巨大的成功,那么怎么又会想到《血酬定律》呢?

吴思:我在《潜规则》这本书里讲到,很多人类行为背后的依据不是求利冲动,而是避害冲动。避害冲动的后面又是什么呢?在内心深处发生了什么样的权衡和换算呢?想不出词了,想不下去了,就僵在这里了。这是逻辑发展的困难。另外,"潜规则"探讨的是官和民的关系,但看看《水浒》,看看《三国》,谁都知道历史从来都不只是这两者之间的关系,而且这两年黑社会渐渐进入到我们的视野,他们也加入了社会分配。合法暴力和非法暴力都在参与资源分配。对这种分配总要有个解释。有一段时间我整天在想绑票这事,总想把绑票这事给解释了,突然有一天想到,绑票这种行为不就是卖命吗?土匪冒死卖命,被绑架的人则是掏钱买命,而且还有"票价",价格高低取决于当事人的支付能力和意愿,有的人便宜,有的人贵,命价大不相同。那么,这种卖命钱或买命钱如何称呼呢?我曾经想过十七八个词来表达这个意思,后来就想到"血酬",就认准它了。有了这个概念,很多问题就迎刃而解了。我们知道,劳动的报酬叫工资,资本的报酬叫利润,有了这些词,思想就有了着落,分析就可以进行了,剩余价值之类的发现也就成为可能了。

访谈者:是不是可以说,潜规则讲的是"官场",而血酬讲的是"匪道"?

吴思:其实胜者为王败者寇。很多官家的东西追溯本源,也是来自血酬。刘邦和朱元璋打天下的时候,拿什么激励将士卖命?想想现在拼人力资源的高科技公司,他们拿什么激励员工卖力?给员工一些期权,干好了,将来公司上市,大家手里的股票增值,人人发财。打天下是典型的空手套白狼生意,特别需要这种激励制度。一旦打下江山,贡献最大的封王,其次封侯,最底层的士兵,按照刘邦的政策,也给你分几亩耕地。什么是贵族?就是拿血本换来的值钱的身份,好比可以带来回报的股票。清朝的铁帽子王每年干拿上万两银子,世袭罔替,那就是在吃他们祖宗的血本。清八旗的普通士兵也有固定收入,人称铁秆庄稼。皇家子孙就更不用说了。在相当大的程度上,皇粮、国税就是创业血本家打天下的回报。

我说透了历史

访谈者：看你的第三本书的时候,我觉得很有启发,但是又有点失望。

吴思：为什么?

访谈者：在《潜规则》这本书里,你告诉大家的是一个很新鲜的东西,就是说,这种现象,这种规则,大家都注意到了,或者有意无意地身在其中,但是只有你把它以这样的方式拎了出来,真让人有一种恍然大悟的感觉。在《血酬定律》这本书里,你讲到了"元规则",也就是暴力决定一切的原则,但是这不就是社会达尔文主义的原则吗?不就是我们平常所讲的"物竞天择"的原则吗?所以我觉得你到了"元规则",讲出来的是大白话,是常识。

吴思：在我的自我感觉里,"血酬定律"其实比"潜规则"更精彩,说出了更要紧的东西,而且是"人人心中之所有,人人笔下之所无"的东西。猴子冒死争夺猴王的地位,由此获得进食和交配的优先权,这是什么意思?这意味着它们心里完成了生命与生存繁衍资源的权衡和换算,有胜算就争,就打,损失惨重就不争。这种权衡的历史比人类本身还要悠久,也是普遍存在于动物心中的常识,但是把这个意思说明白可不容易。关于市场运行的常识已经存在了数千年,但是微观经济学用供求曲线把这种东西说明白,不过是近百年的事。"血酬定律"可能就有这种作用。有了这个词,就可以进一步分析生命与资源的交换关系了。有了血酬定律,就可以计算暴力的价值了。在这个基础上再讨论元规则,它就不再是一种模糊的常识,而是可以证实或证伪的知识。

访谈者：可是所谓弱肉强食的丛林规则不也是如此吗？你能不能更明确地谈一下元规则和丛林规则的差别？

吴思：关于丛林规则我没有系统的了解，我只看过英国哲学家霍布斯所写的《利维坦》，他很强调暴力，著名的霍布斯丛林，就是人人相互为敌，互相抢劫偷盗的社会。但是他并没有把这个理论贯彻到底。按照他的描绘，大家发现这样互相抢劫活不下去了，不合算了，就同意都让渡一部分权利给一个主权者，只有这个主权者才能合法使用暴力，维护公共秩序。霍布斯的这个理论还是建立在契约论的基础上，大家协商办事，而我认为这个基础是不符合历史事实的。真实的历史恰恰是打你没商量，我所谓的元规则恰恰是暴力最强者说了算，而不是作为西方社会理论主流和基础的契约论。

访谈者：你怎么定义你写的这种文体，当我们看《潜规则》和《血酬定律》的时候，总觉得有些疑问，它是学术论文？是散文？还是有点《厚黑学》似的劝世文章？总之，它有点四不像的感觉。

吴思：我一直不知道我是什么，有人说我是学者，我说我没那么大学问，人家学者做一个朝代，所有的人物关系、历史事件都是扎扎实实研究，我从来没有那么认真地研究透任何一个朝代。我也不是作家，也不是记者，可是我觉得我返璞归真了——庄子怎么写作？孟子怎么写作？你说那是文学，是寓言？是历史？还是谈话？那时候文体还没今天这样的分类，我只是想说什么，就把它说好就是了。我觉得我这么讲东西能讲好，而且大家还喜欢看，那就这么写，管它是什么。

其实这种方法也就是讲述历史事实,把事实背后的真相说透,尽可能把它一般化,提炼出来。人们的生活、人们的认识都是这样感性和理性搅和在一起,我们的写作应该合乎人们的认知方式。

访谈者:你的写作风格是不是和做过记者的经历有关?

吴思:可能和当记者所接受的文字训练有些关系,就是怎样把一个故事讲好,讲朴素,别耍花枪。实际上,最集中的训练就是写陈永贵,当时我手里的只是一堆档案和材料,我要把每件事都集中在一个有头有尾的故事上,于是陈永贵这本书就成了五六十个首尾相接的故事。在一年的时间里,我每天都要面对这些枯燥的档案资料,有的连事件都不是,有的就是一篇讲话稿,那你就要把它背后的东西看出来。更准确的说法是,当一个事件发生了,看起来像一团乱麻,但你从某个角度看起来,就是一个故事。就看你能不能找到这个角度。

访谈者:"潜规则"实际上是你创造的一个词汇,但是很奇怪,不过几年的时间,这个词好像已经被大家作为一个基本词汇在使用了,这种情况应该说并不多见。你有没有想过,为什么这个词有这么强的生命力?

吴思:因为这个概念表达了大家心中普遍存在的感觉。谁都知道有这么个东西,生活中广泛存在这么个东西,好多人在那里憋着要讲清楚。可能是我运气好,碰巧把这个词给说出来了,而且嗓门比较大,然后,火星就落到了干柴上。别人说出来,其实效果也是一样。我估计早晚会有人造出这类概念的。但我觉得,"血酬定律"这个词就不能靠运气,要呕心沥血才能造出来。这个词恐怕不那么容易流传,但是可能扎得比较深,留得比较久。

心还是热的

访谈者：你认为自己是历史学家吗？

吴思：如果你只是写一个陈永贵，你能说你是历史学家吗？但你写一个王安石，你是不是就是历史学家了？打个比方，如果对于500年前的事，你能有对现实生活、人事关系一样的了解，你就是历史学家。

从史料的累积和掌握上来说，我根本够不上历史学家，但如果说对历史的看法，对历史的判断，我觉得中国那些很有名的历史学家也不见得比我好。他们经历的许多事情我也经历过，他们受过的许多苦难我也受过，他们所缺乏的理论武器我现在比他们还多一些。所以我觉得在见识上并不比他们弱，说不定还比他们强。

访谈者：对，我看到《血酬定律》这本书里的后面，有你和甘琦的一个对谈，意思就是黄仁宇的《万历十五年》没说出的东西，你说出来了。当时感觉这人真自信———刚才讲的那段话能发出来吗？不怕挨骂吗？（笑）

吴思：可以啊，我就是这么想的。其实我很尊重黄仁宇，他的写作方式其实对我影响很大，但是关于他的数目字管理和中国是一个三明治结构的理论我很不赞同，这些都是莫名其妙的说法，这人毕竟是只打过仗，没搞过生产，不知道日常生活中真正的要害在哪里。不像我们这一代，把人类最奇怪的试验都经历过了，我们看到的都是人类历史上很罕见的大起大落，通常人类历史上经过三五百年才有这么多大起大落。经历了这些，真是曾经沧海难为水嘛,是我们的一种幸运,如果我们有了这种幸运并且还有这么多前人的积累,再说不出一点超出前人的东西来,反而不正常——我在大放厥词,口出狂言(笑)。

访谈者:你担不担心像《潜规则》这样的书可能会被人当作《厚黑学》一类的书来读,成为什么"官场进阶"之类的?

吴思:那我也没办法,就像火药,发明出来做鞭炮,有人非要拿去做炮弹去炸人家,同一个东西,就看你怎么用了。但是还应该算算账。一方面,官场上有人拿来干坏事,另一方面,老百姓看清了真相,不会再被假象迷惑了。收支相抵,剩下的到底是正数还是负数呢?我觉得是正数。官场上那些勾当,你不说他也懂,早就无师自通了,就好像争夺猴王时心里的计算一样,很少有人能说明白,但是猴子都会算。老百姓则不然,他们离得远,官府显得莫测高深,你不说,他们就被蒙在鼓里,需要付出很大代价才明白过来。

访谈者:你有没有期待它对现实问题产生影响?

吴思:历史和现实自然是相互影响的,在我写作的时候,一直有一种对现实问题的观照。任何人看历史,写历史,都受到他所生活的时代的制约,这个时代决定了我的兴趣,我的眼光,决定了我看到的东西,我想写的东西。倒退30年,我肯定不会写今天这些东西,想写也写不出来。

访谈者:大家可能会想,一个把什么东西都看透了的人很容易是个悲观的人,你是这样的人吗?

吴思:不是,我经常是一个激进的人。

访谈者:那么如果设想把你放在自己书里的处境,你会不会也随波逐流呢?

吴思：我不会彻底随波逐流，但我也不会像海瑞那样碰得头破血流，我会"拟态"，就像动物的保护色一样，我会做出一些在这个环境中能够避祸的一些保护色。当然这可能是大话，真陷进去就不是那么回事了。至少，我现在想来，心中总会存一个初衷，暂时屈从这些东西，为了将来彻底清除这些东西。

访谈者：在写作时，你经常会把自己置身于其中吗？

吴思：我会，我经常这样，有几次写着写着就绷不住了。有一次写海瑞，抄录一些史料，抄到江边上百里人们夹道送灵，想到老百姓很清楚某人的真实价值，却只能被动接受，听凭运气的安排，从来没有选择的权利，写着写着就大哭起来。天理良心啊。还有，写明朝老百姓欢迎李自成，不给狗日的纳粮了，也大哭过一场。惭愧，这么个大男人还哭。

研究苹果掉下来的道理

访谈者:《新周刊》胡赳赳
时间:2006年11月1日

2006年的吴思仍然钻到历史的缝隙中作文章,他做了两个题目的研究:一个是给长城的经济效用算了一笔账;另一个是计算出了矿工的命究竟值多少钱——这后一个题目是他深化血酬定律的工作的一部分:"血"与"汗"之间的关系如何换算。

与吴思谈史,他更愿意条分细缕而不愿意生发题义,最大的障碍和最大的乐趣均在于此。

不谈史反而不正常

访谈者:历史和当下的关系这几年迅速升温,以前只是在读书界。去年我探望一个生病的朋友,他说读书界某某在研究明代、某某在研究晚清,然后又说现在还没被"开发"的朝代有哪些,读书界的风气可见一斑。今年以来,在大众媒介尤其是电视的带动下,"说史"成了一种相对式的"新闻叙述",在电视的包装下,"历史新闻的脱口秀"正在上演,经过重述和转述,造成了一种人人都在说历史、人人都在拿历史说事儿的现象。

吴思：这是一种很正常的现象，还是一种历史悠久的传统。以前，从元明甚至更早，谈三国就可以出来《三国演义》，说书的就有《水浒》，四大名著有两本就来源于说书人口中的历史。中国老百姓谈论历史很早就有了。民间一个很重要的聊天话题就是说史，然后说书人、文化人也跟着就说。在朝廷上、官场上也是如此，奏章上书经常引用历史故事。无论是民间还是官方，从历史上获得经验教训或者是乐趣以及聊天的谈资都有源远流长的传统。我们现在不过是在延续这个传统。这是非常正常的现象，如果不这样反而有点不正常。比如"文革"以后，大家都争相写小说，还研究美学，那才是我们历史上不太正常的。

访谈者：历史热兴起以后，有一个问题摆在面前。我们怎么评判什么样的历史是真的，什么样的历史是伪的？或者说什么样的历史观才是一种正确的历史观？在这么多人争相叙说历史的时候，仍然要面对的两种情况是：一、历史本身是缺席的；二、所有的历史都变成当代史，因为都是用当代性的话进行解析或重构的，甚至这里面还不排除有全球化的词汇出现。那么，我该听谁的，我该如何听，我为什么要听？

吴思：我觉得现在历史热兴起的一个原因是，你不能光把他们感兴趣的事或历史说给他们听，你关键还要说得好听好玩，要聊得起来。如果是搁前几年，我们看范文澜写的历史书，那怎么聊啊，那也不是一个能聊的话题啊。但是你看司马迁的《史记》就是一个能聊的话题，《三国志》也是一个能聊起来的话题，里面有刘邦、项羽，有曹操、刘备，这些事都能聊得起来，还能说得生动活泼。历史只有到了这个程度的时候，老百姓才会对它们有兴趣。我原来去插队的时候，每个村里总有几个"能人"，他们比别人"能"在哪里呢？他们知道很多历史，虽然他们知道的所谓历史是《三国演义》里的历史，而不是《三国志》里面的历史。虽然这些故事已经被前人说了无数次，但是你不得不佩服的是，他们真的能从中提炼出人生的智慧来。他们用故事创造了一个个人生中的模型。这一个个历史的模型就可以概括出很多人生的哲理，为当代人的选择提供参考。

访谈者：我有兴趣的是央视的《百家讲坛》栏目是否想过邀请您也去讲一讲？您看过那个节目没有？

吴思：他们没有邀请过我，但是我看过一些片断。我看过几回阎崇年和易中天。我觉得易中天讲得更好。

访谈者：他们所讲的历史能代表真的历史吗？是能够恢复我们历史原貌的历史吗？

吴思：我认为历史有三种。何兆武先生说历史有两种。第一种是已经发生过的全部的历史事实，即客观历史。这是"历史一"。第二种历史是对历史的描述和记载，其中对历史可能有记载上的缺失。这是"历史二"。第三种历史选取其中的一部分历史记载作为史料，写出一些关于历史的作品。这是"历史三"。因为史料太多，我们不可能全部占有材料，所以这样写出来的历史有更强的选择性或主观性。

哪个是历史事实？历史事实就是某年某月某人在某地出于某种动机做了某一个动作，但是我们不可能完全地复原历史的原貌，我们只能看到"历史二"即对历史的记载和描述。当然这种记载和描述不可能完备地记录所有细节的东西，必定有所缺失。但是这就是后人所能看到的最真实的历史了，然后后人再根据这些历史史料，再去写新的历史。易中天他们根据史料讲述的历史,当然是历史,更准确地说,可以叫"历史三"。

讨论什么是历史,其实还是如何定义历史的问题。史料是历史吗?当然是,即我们说的"历史二"。根据史料写出的历史作品是历史吗?那也是历史,就是所谓"历史三"。但是他们都等同于那天发生的事情,即"历史一"吗?那可不一定。因为史料不可能记录那天发生的所有细节性问题。记载总是有选择的。所有历史记载,都有助于我们认识历史原貌,但不可能等于原貌。严格说来这是办不到的,谁也不可能色、香、味俱全,一个因素不差地恢复哪怕一个家庭一天的历史,连一个人在一小时之内的意识流也不可能完全复原,更别提一个民族了。但是读者往往也用不着史学家那么精确地复原过去的一切,我们只对一些与自己和当今有关的东西有兴趣,有好奇心,史学家讲到这个程度,精确到这个程度,满足了我们的好奇心,又有史料依据,我觉得就可以了,就很不错了,这种叙述就是当之无愧的历史。

不满于今日的单薄

访谈者:中国老百姓大部分看到的、受到过的历史教育都是教科书式的官方历史,这样的历史肯定只是单纯的史料了。在中国,历史表现出一种"遮蔽式呈现",官方史学把历史掌握在少数人手中,也没有汤因比这样能写《历史研究》非人力可及者出现,也缺少年鉴学派史学家的那套长时段视野,大众和民间的历史表现出演义、话本等文学化的倾向,在你看来,私人性质的历史在中国又占一个什么样的地位?

吴思:中国一直有私人记录历史的传统,十年前历史没有现在炒得这么热,但一直有私人修史,哪怕是个人史和家族史。

史家读的史料也一直包括私人的记载。现在史料大体还是那些,除了考古出土之外,不会再有大的变化。比如谈三国谈魏晋,史料就是那些,那段历史都是1000多年前的了。记载还是一样,不同的人根据相同的史料却会有自己不同的论述。比如范文澜的那套论述方式,但是范文澜的论述方式不容易成为老百姓的谈资。易中天有一套叙述方式,他的就可以成为一种谈资,说得也很好玩,每个作者的"历史三"都不一样,问题是如何采用一种合理的论述方式,让史料更加切合老百姓的口味,让我们能够更深入全面地去认识生活,认识社会。

访谈者: 如果把历史知识作为一种知觉来看,它既是对人的意识的延伸,也是对某种缺憾的补偿,即我们对历史发生兴趣的原因缘于我们对存在于当下或此刻并不满足,需要到历史上去回溯,去反刍,去寻找坐标。

吴思: 仅仅知道今天太单薄了。可能自己的处境在历史这个模型中就多次发生过,通过了解历史,了解自己在这个历史模型中的地位,就同时明白自己的一个定位,知道未来将要怎么办。所以这也是一个个安身立命的基础。西方人很容易在信仰体系中找到自己的位置,我们中国人则很容易在历史体系中找到自己的位置。于是我们就会有一种踏实感,因为我们知道自己的位置和归宿。在现实中,我们也可以通过对历史的了解更加准确地预测未来,去引导我们的行为。还有就是,谈论现实会有很多的忌讳,议论到太深层次是很犯忌讳的。但是谈论历史上的国事就可以,谈论历史上的兴衰、荣辱就可以成为今天的参照物,于是说史就成为两方面的补充,一个是历史纵深的补充,一个是对禁忌的回避。

访谈者：你的《血酬定律》《潜规则》，都是从历史中抽取一些规律，许多人很感兴趣，你是如何把这些理解从历史中剥离出来的？媒体一直也因此把你定位成一个历史学家甚至定位成一个历史学的结点。但是似乎你并不太认同历史学家这个身份。

吴思：我只是在做自己的活儿，至于别人怎么定位那是他们的事情。但是说我是一个历史学家，我也不是拒绝这个身份。历史学家的头衔我觉得挺好，但是一方面我有点心虚，另外一方面我觉得确实我和一个常规的历史学家不太一样。我不是为了历史而研究历史，我不太在意整理史料、考证钩沉方面的工作，我的野心是理解推动历史运作的各种因素的互相作用，寻找一种描述历史的概念体系及其运行逻辑。那段历史如果没有我感兴趣的内容，我就跳过去，跳到别的朝代去。这是我干的事情。

说到心虚，是因为在史料上下的功夫不够。有些研究历史的学者，例如吕思勉，读过三四遍"二十四史"，我连一遍都没读全，只是读了一些重点篇章。对于断代史，比如我研究的明朝，虽然基本读全了，但也不是对每个历史重要人物都很了解，五年前了解的现在还可能忘掉一半。我是有侧重的阅读和用力。我有点跟着兴趣走的意思，主要是追寻历史的逻辑，逻辑一旦演绎不下去，缺少确切的标签，我就造一个概念作为标识。我觉得这个过程和牛顿看到苹果掉下来发现万有引力的故事一样，不论掉的是梨还是苹果、石头，重点是他琢磨那套内在规律。

我研究历史也是这个路子，不论是梨是苹果，不论是明朝、清朝还是民国，只要这个现象多次出现，少的三五次，多的十几次，我就可能发现，可能会注意。于是我就研究这个让苹果不断重复掉下来的道理。哪个朝代出现得多,在明朝出现得多,我就研究明朝,在清朝出现得多,就研究清朝。我觉得这个也不像是一个正经历史学家的工作,我也不清楚是哪个学家的事。但是我感兴趣的,就是这类工作。我在历史里溜溜达达,游游逛逛,看见苹果掉下来就凑上去看看热闹,发现点门道就沉浸一年半载,写一篇研究心得之后继续游逛。

如果苹果是今天掉下来的呢?这种现象也可以成为一个社会学家研究的事,或者是经济学家研究的事。当然我刚才也说过,今天的事研究起来禁忌太多,而且你很难在几年、十几年内看到大量的重复,在历史中你就很容易发现这种重复,看到苹果一次又一次地掉下来。

100年来中国人的历史观

访谈者:你对明朝感兴趣是受到谁的影响?受到黄仁宇先生的影响吗?

吴思:受到他的影响。因为他写的《万历十五年》就是讲的明朝的事情。关键是我觉得明朝历史比较简单。清朝多了一个部族的因素,是外来民族的统治。如果你要通过历史看现在,现在就没有外来部族统治的因素。这等于是一个干扰因素。如果我们剔除了这个因素,那么就是明朝了。并且清朝主要还是沿袭了明朝的那一套政治、经济制度,可以说明朝是本。你在明朝可以找到制度设计者的想法。所以明朝的历史是一个简化了的模型,同时你还可以找到制度创始的动机。再往前推,元朝还是部族统治。再往前推,到了宋,宋朝也可以,也很有意思。但是宋朝距离我们还是有点远,对比明朝就会发现,我们现代社会的模型更加像明朝。所以明朝对我简直就是一个没有其他竞争者的研究对象。

访谈者：在研究明朝时避不开的一个历史学家就是黄仁宇。

吴思：我们受到的历史教育就是范文澜、郭沫若的那种研究历史的方法，很多年无法从中间跳出来。最多还能看看司马迁、司马光的叙述历史方式。这两种叙述历史的方式在中国史学界延续了很多年。黄仁宇的《万历十五年》一出来，到了我们这里，等于开创了一种新的历史叙述的方式，他在其中描述了几个主要的人物，一个皇上，几个大臣，有点像《史记》的叙述方式，但又简明得多，内部结构清晰得多，而且换成了典雅的白话文。当你脑子完全被一种固定形式所僵化的时候，有个人跳出来把这个框架给你一下砸掉了，你马上会有一种解放性的感觉。黄仁宇的书就是对我有一种解放性的作用。我的思想被解放了，就有兴趣走上一条研究历史的道路。很多历史作品的作者和我有同感，他们可能走上了另外一条路，但是不管走哪条路，都是因为这个框架被砸掉。

访谈者：不可否认的是，电视里面的历史剧也培育了这种历史热的潮流。现在一说到历史里面的一些人和事，老百姓很容易就会通过电视剧把这些人和事联系起来。大家经常愿意引用的一句话是："历史是一个任人打扮的小姑娘。"

吴思：如果世界上只有两个人，一个是历史学家，一个是读者，读者自己不碰历史，只有通过历史学家才可以了解历史，那么历史可能成为一个任人打扮的小姑娘。问题是这个世界上不止有一个历史学家，而是一群历史学家。如果你这么打扮了一个小姑娘,很多其他史学家就会说你骗人。所以你就打扮不了了。历史其实是靠史料支撑的,我们也只能深入到史料这个层次。再深入我们就走不动了,史料就放在那里,你怎么打扮?我最多是裁剪,用这个史料,不用那个史料,这样也可能被人家批评,你为什么用这个史料不用那个史料?你是不是以偏概全,歪曲历史?除非你垄断史料,不让人家知道,才可能避免这种批评。所以我觉得,只要不是专制独裁,历史是不能任人打扮的。垄断史料,扼杀其它说法,这时候历史才可能任人打扮。但是你的垄断又能持续多久?秦以后没有一家垄断能够超过三百年,一个人的垄断最多达到康熙、乾隆在位的长度,一手遮天,61年就算到头了,在历史尺度中这也没什么了不起,重大史实不会这么快就被遗忘。随意打扮历史的"历史学家",可能下场都不会好。他的东西毕竟是假冒伪劣产品,最终没有人愿意看。

访谈者: 从19世纪到现在,作为大国民的中国人经历了荣辱兴衰,一百多年来的历史观也发生了很大变化。你怎么总结这些变化?你自己抱有什么样的"历史态度"?

吴思: 鸦片战争,一直到康有为提出自己的学说之前,基本是传统的儒家史观。从名分正统、忠奸善恶、华夷之辩等来讲历史。到了康有为,受西方的影响,产生了新的说法。他把《礼记》的"三世说"又发掘了出来。三世说,即乱世、升平世和太平世,西方到了升平世即小康世,把外国也拉到这个解释体系之中。于是,中国历史就不再是一个孤立的、距离尧舜越来越远的下降循环,而是一个能向上发展的历史。然后,梁启超又把西方观念引进来。这时中国历史学家的眼光,就发生了变化。

不仅往后看,还往前看,向未来看了。而且产生了阶段论。梁启超说:"二十四史"都是帝王的家谱。这个说法虽然有点偏激,却显示出他和传统的历史观的距离。中国人有了新的历史观。这之后,各派兴起,例如自由主义的,马克思主义的,还有社会观、历史观的论战,闹得很激烈。这是对历史的重新认识。顾颉刚的古史辩派重新检讨中国历史,又有了考古学的方法,受欧洲史学影响的有傅斯年等人,受马克思主义影响的如范文澜,郭沫若等。这一路走下来,明显扩展了对历史的看法。建国以后,马克思主义历史观一枝独秀,而且路越走越窄,连吴晗的作品都被称为"毒草"。

改革开放之后,思路又放开了。很多观念,例如汤因比,年鉴学派等历史观都进来了,黄仁宇虽然不好称为一派,但他的写法也扩展了传统的路子。

什么样的历史观是理想的呢?你与这个社会接触多了,社会在你心里就有一个固定下来的影子,历史读多了,历史也会在你心里有一个固定的影子,一种大体差不离的感觉。于是你就会对各派历史观做出自己的取舍,比照常识的影子加以判断,认为这个才是正确的,那个隔靴搔痒等等。我所做的,就是根据常识,根据对中国社会和历史的了解,用这个固定的影子比照我读到的各种关于历史的描述,如果前人或洋人的描述不对劲,不透彻,我就自己描画一个,找一个规律。例如血酬定律和潜规则,就是根据历史和现实社会的影子描画出来的概念,根据历史事实制造出来的新标签。一百多年来,前辈做了大量学习和引进的工作。我学得不好,对各派研究得不透,又急于说出一些我觉得有点心得的东西,于是我就另起炉灶。

理论创造源于绝望

> 访谈者：第一财经日报　苏娅
> 时间：2010 年 3 月 3 日

访谈者：《潜规则》的前半部着重讲利益计算的方式和法则，后半部涉及人格、良知这些精神领域的东西。有人批评你提出的理论的核心是"利益计算"，是不是特意补充了道德方面的内容，应对这种批评？你对道德在整个社会生活中作用怎么看？

吴思：后半部分本来就包括《我们的理想人格》等内容，修订版还撤了一篇《造化的报应》，并没有补充新东西。的确有很多人批评全书都是利益计算，不讲道德和良知。对我们这一代人来说，首先受的教育都是思想道德领域的东西：共产主义觉悟、学雷锋、破私立公、为人民服务。保留对精神作用的尊重和认识，并不是需要额外做的事，那是我们的底子，我们需要补上的反而是前一部分——要做利益计算，不是光从道德和思想的角度讨论问题，而要从利益的角度讨论问题。对我来说这个问题正好相反，不需要补谈精神问题。

再进一步说，这两个领域没有截然分开的必要，利益之中就包含价值观。比如同情心吧,同情心就可以计算,它价值多少,眼前这一杯饮料,我是给他喝还是我喝,这里面就有一个利益计算。表现了我的同情心与饥渴感的比较。这个利益计算不是列出算式,而是一种本能。现代神经科学已经证明,人人都有同情心,人人都有正义感,天生如此,无需额外培养。孟子说,恻隐之心,人皆有之。我们看武侠小说,看大侠打抱不平很过瘾,看得很过瘾,大侠本身也很过瘾,就像喝酒过瘾,打抱不平也过瘾。它天然地给我们带来回报。

访谈者: 应该说,"计算的方式意味着道德的退场"这种说法本身就是个伪命题。

吴思: 是的,我是把道德落实了,落实到计算之中。这也不是我的发明,俄罗斯第一代马克思主义者普列汉诺夫就说:道德里总是包含着算术的。

访谈者: 你无论读历史,还是做记者,都在为你身处的现实创造概念。在找到"潜规则"这个概念之前的十多年中,有什么堵着你,迫使你寻找一个概念?那么现在又过去了十年,这十年有没有新的东西堵着你?你会用什么概念来描述当前?

吴思: 如何用一个概念准确地描述中国?这就是一件堵人的事。现有的概念,比如说,有人说是权贵资本主义,对这样的概念,我并不满意。我认为中国社会是官家集团作主,中国是官家主义社会。这就是一个概念创造。

访谈者: "潜规则"这个概念被创造,并且流行,包含着一种强烈的个人的体认。现在,很多人想仿效你的路,他们或许会为造概念而造概念,但大多不能流传,是因为这些概念都不够切身,自我体认缺失。在你创造"潜规则"这个概念的背后,个人体认与社会碰撞得最为激烈的是什么,这个创造的动力是什么?

吴思: 最大的问题是,我们脑子中灌输的那套概念体系,不能准确把握和描述我们的社会、我们的生活,再往远处说,也把握不了中国的历史。

灌输给我们的这套东西是什么呢?唯物史观,政治经济学,用这套概念体系去认识社会,就会发现,生活不是那么一回事,往往是反着的。

我们去插队的时候,背得很熟悉的毛主席的教导就是:知识青年到农村去,接受贫下中农再教育,很有必要。虽然农民的手是脏的,脚上有牛屎,但在精神上他们比资产阶级和小资产阶级知识分子都干净。可是,我们到农村去接受贫下中农再教育,却发现他们偷懒,在工厂接受无产阶级再教育时发现工人也偷懒,每天只干三小时活,还把公家的东西往家拿,贪小便宜,好像还没有我们这些学生干净,我们要真学的话,就应该学偷懒、占小便宜。

我们又被告知,共产主义是天堂,人民公社是金桥。可是我们看到,人民公社里的田里荒草多,自留地里庄稼都很茁壮,我们怎么能相信一条长满荒草的路通向天堂,而一条禾苗茁壮的路通向地狱呢?

我们接受的教育和所见到的实际情况冲突太激烈了,以至于不能不寻找一种能够描述和表达我们亲眼所见的现实的理论,这个东西又没有,我们就被迫重建。

当然,一开始并没有想重建,刚上大学时猛读西方那些以前没见过的理论,社会学的、哲学的、心理学的、苏联东欧的、青年马克思的、西方马克思主义的,觉得他们那里会有一种更准确的理论,能够描述我们的现实,整个大学期间都在找,毕业之后接着找,找了十年八年找不着,只好自己创造。动力就来自——绝望,没法描述又不得不描述,别人的描述我又不满意导致的绝望。对别人绝望了,只好自己创造。

访谈者:现在有一种情绪在中青年中普遍存在,那就是一种可怕的历史虚无感。你自嘲,你的研究用的是傻劲,对照出现在很多的"聪明"、很多的"看透"变得没有意义。

吴思:很多人没困惑,没困惑这个不好办。反正我的困惑多,你要问我别人怎么没困惑,怎么在历史里看不出东西来,我就不知道了。

访谈者:这十年,你最大的困惑是什么?

吴思:这十年困惑我的东西是:如何在整体上把握中国历史和中国社会。我东一榔头西一棒子地描述中国社会的局部,比如地下室是怎么样,大柱子又是怎么样,但是这个建筑的整体是什么样,我能不能建立起一个大框架解释中国的社会,而不是零碎地解释局部?我这十年,最困惑的就是这个事,最近三年做得最多的就是这个事。

访谈者:记者的经历对于你从现实角度切入历史研究有哪些好处?

吴思:我只能看到好处,因为我不熟悉学术那一路的,我知道他们按部就班地去积累,回顾前人的成绩,然后确定自己的位置和新意,每个学派都有自己的固定思路,比如税收模型已经研究出来,它怎么能再进一步?它可以放松一些条件,修改一些条件,看税收有什么变化。这些研究都是在前人走过的路上继续往前走,就我来说,每一个学科里我都没有类似的学术上的积累,如果有的话只能是文学理论的积累,那是我学的专业,但我觉得文学理论整体上都有问题,我也不觉得那是一个可以积累发展的好的基础,尤其在解释历史和解释社会方面,所以,我就完全按照记者的思路——什么问题是有价值的问题,或者是有价值的新闻,有价值的新闻近似有价值的问题,既然它是有价值的,我们就去把它弄明白,从各个领域像记者一样把它了解清楚,比记者更多走一步的就是在理论上、在逻辑上也闹清楚,这就算完成了。

我们这代人,在学术和理论方面先天不足,求学期间学习和掌握的整个理论框架存在大问题,像以前学的经济学现在基本不用了,搞市场经济了,我们就重新开始了解西方的宏观经济学、微观经济学,然后以此为基础往下走。如果我们按照学术的惯性往前走,按以前的思路去研究中国经济,这种学术起点并不比记者的起点更具优势。用这样的学术起点往前走,可能也走不了多远,还可能走错路,不如记者没有预设的理论框架好往前走。所以,我觉得我的这种记者式的方式,在中国特定的条件下——以前的理论大量地被放弃,不管用了,这时候反而能显出一些优势来,就是直接关注问题,没有什么条条框框的束缚,抓住问题的核心去理解和阐释,看哪个理论好用就拿哪个理论用,没什么门户之见。

访谈者:我们来谈谈你读书的方法。据说,你会像画一棵树一样去读书,困惑越多,读出的东西越多,枝干常常超出主体,以你最近读的田纪云的《改革开放的伟大实践》为例,用什么东西来考量从一本书中有所收获?

吴思：我读书,刚开始读,心有所感,就随手在书页边上写下来,最后这一本书到处都是花花绿绿的,到处都是折页,那么我究竟积累了什么感想?我再把它抄录在电子文档里,一条一条的,数量多了,就被迫分类,比如说,改革开放的条目之下可以分作:农村、城市、商业、财政,每种分类里还会有一些观点,这就是正式笔记了。例如说到"大包干",历史是怎么来的,我熟悉农村政策史,知道当年毛泽东和邓子恢有一场关于四大自由的争论,但细节记不清,就把《邓子恢传》和毛选第五卷找来看。

他们的争论涉及自由与经济发展的关系,这又是西方经济学讨论过的问题,但具体观点如何?于是又读了熊彼特的两本经济分析史,阿马蒂亚·森的《从自由看发展》,还有弗里德曼的《自由选择》,等等。一边整理笔记,一边补充读书,读到后来,把笔记汇总起来有16万字,有这些积累,感觉可以写点东西了,最后写成一篇两万多字的稿子,《改革开放的基本规律》,总结了三条定律:一,自由与经济繁荣正相关,这是自由定律。二,遵循自由定律的政府兴盛,违背的衰落。三,究竟是扩大还是缩小自由,取决于最高权力的利益计算。

访谈者：今年的核心话题是城镇化,有人认为,现在农村只剩老人和孩子留守,农村文化面临凋敝,你如何看待中国社会所面临的这一转型?

吴思：农村没凋敝。(上世纪)八十年代,那会儿我在《农民日报》,中央书记处农村政策研究室的人有一个设想,其中一个问题是——农业的经营规模多大,农民的收入可以和工人差不多?按照中国的农业技术水平、机械化水平,在南方一户十五亩水田，一户能对付得了，所带来的收入跟外出打工大概接近，如果在北方，不是种水稻，用工量也少得多，一户四五十亩，是比较合理的经营规模，带来的收入和外出务工接近。

现在的农村，壮劳力都出去了，一些没有出去的人，一是因为恐惧外出，一是认为在农村有优势，能挣到钱。外出的人的地就给他，他是个种田的好手，或者他父亲有病他出不去，出去的人把地给他种，这些地就集中到他手中，集中到二十亩上下的时候，例如在淮河流域，他对付得了，收入水平也和外出打工差不多。

前年，建筑业的一般小工，比如妇女开升降机，一月收入1200元，壮工2000元，扣除吃喝，一年有1万的节余。在家种地，每亩地纯剩余500元，20亩地1万元，刚好形成一个平衡。在这个均衡点上，种田的人没动力再外出，外出的人也没动力回来。一个人种二十亩地，他种得比较精心，单位产量也不低，当然他一定要借助一些机械。于是专门搞收割的收割队就来了，下一季的时候专门搞机耕的又来，这样，就有了分工，专门提供机械化服务的有一批人。这样的农村是进步了，因为分工更细致了、效率提高了。

中国农村进步的基本方向就是城镇化，减少现在农村的人口，大量人口转成非农户，这是中国农村发展的唯一出路。城镇化可以让农村的资源配置更合理，从一个人种一亩地，到一个人种十亩地。多出来的人，农民工，参与到全球的资源配置中去，他们的劳动产品出口欧美，部分粮食、大豆又可以从耕地相对丰富的美国进口，如此形成更合理的资源配置，这是全球化背景下的进步。

中国农民参与中国城市化进程,还体现在他们到城镇买房的过程中。过去问农民"挣了钱怎么花",多半说在本村盖房,现在越来越多的人考虑用这笔钱在乡镇或者在县城买房,而不是在本村建房,他们会考虑,如果在镇上买房,首先道路好,生活更方便,另外还有一些机会,如果这个经济机会他抓得住,他也会考虑在街上买房。能力再强的,能抓住县城的经济机会的,就会在县城买房,形成一种自动筛选的过程。这时候,我们就看到全中国城镇化在我们眼前呈现一个梯次结构,一线二线城市的房价高了,超出了农民工的支付能力,就会把他们挤到三线、四线城市,挤到县城和乡镇,形成一个在全国范围内展开的、以农民盖房、货币支出为主要支撑力的城市化进程。这个进程,一方面是城市发展了,一方面是农村的资源配置更合理了。闲人不那么多了,都出来打工了。城乡并肩前进。

重建世界观的心路历程

采写:《南方都市报》韩福东
时间:2008年10月6日

在去大寨参观的路上,就纷纷传说要恢复高考,我们一帮先进知青开始商量考还是不考。那时候考大学给我的感觉是,从农业学大寨的第一线临阵脱逃。

大包干的成功对我的影响,就是造成我的世界观的崩溃。从写陈永贵传记开始,我被迫弄历史,回过头来重建世界观,一直到现在,不断地添砖加瓦。

上山下乡,这是中国一代知识青年的宿命。吴思赶上了这个运动的尾巴。

有组织、大规模的上山下乡运动开始于1968年底,毛泽东下达了"知识青年到农村去,接受贫下中农的再教育,很有必要"的指示。"我那时还是小孩子,不太懂。"但"广阔天地大有作为"之类口号的熏陶,还是让吴思对下农村充满了憧憬。高中毕业后,他终于有机会去实践自己的理想。

这时,已经有知识青年陆续以各种名义返回城市,其中不乏血泪斑斑的抗争。但先进知青吴思沉浸在自己的理想世界中,一意要向陈永贵的大寨学习。

1978年10月,全国知识青年上山下乡工作会议决定,停止上山下乡运动并妥善安置知青的回城和就业问题。这时的吴思已经坐在中国人民大学中文系的课堂上,开始新的生活。离开农村时,发自内心的喜悦让他困惑。

这种困惑一直持续了很多年。一个曾经的所谓"极左"的先进知青典型,在改革开放后扑面而来的信息和知识洪流中,开始重建自己的观念大厦。

吵着闹着要去下乡插队

1978年上大学以前,我一直都是"极左"分子。从红小兵排长、红卫兵排长到团支部书记,一路班干部当下来,总是用"极左"的思想去教育别人,结果最有效的是用"极左"思想教育了自己。1976年高中毕业后,作为城市知识青年,一般都要上山下乡。根据当时的政策规定,有几种情况可以不去插队,比如独生子女,或家里两个子女的年龄相差6岁以上。我跟另外一个同学都属于受照顾的,可以留在城市。但我们满脑袋都是毛泽东思想,吵着闹着要去下乡插队。

我们打开中国地图挑,哪里艰苦就准备申请去哪儿。当时最热门的是西藏和延安。挑来挑去,最后还是去了北京郊区。因为跟我一起的那个同学,他母亲当时年龄已经很大了,她找到我跟我说,你要是去延安,他就一定去延安,我这么大年纪怎么办?我们实在说服不了他,所以就劝劝你。只要你不去延安,他也就不会去了。——因为关系到另外一个家庭,我觉得责任重大，不再坚持，就在学校安排的北京郊区挑了一个最穷的山村。

我上小学二年级时，"文革"开始。我妈在大学教书，有一天我带着弟弟在外面玩，老远就听见敲锣打鼓的，非常热闹，凑过去看见一队人在游街。前边有几个人戴着高帽子，胸前挂着牌子，其中有一个人就是我妈。我跟弟弟吓得撒腿就跑回家，透过窗帘的缝，看着游街队伍从我们家门前经过。对我来说，这一天标志着"文化大革命"的开始。

我们家被抄了三次。我在一边看得还挺热闹。家里被翻个底朝天，好多原来不知道的东西都翻出来了。小孩对抄家的感觉不那么恐怖，觉得挺好玩：哎哟，怎么还有这个东西呢。

此后我跟母亲去了商业部在河北文安县的五七干校，在那里呆了两年。我爹在国防科技系统，他戴的帽子是"阶级异己分子"，我妈大概是"反动学术权威"或"修正主义苗子"之类，他们的级别不高，县团级，在北京的中央单位，好歹得是司局级才能当"走资派"。很快他们就不是被批斗的重点了。

但是五七干校都得去，两派一掐起来，互相抄家、互相斗其实也算不了什么，当时大家普遍都受到了冲击，我们对父母挨斗和抄家的感觉也就不强烈。两派打起来，互指对方是"保皇派"，我也就搞不清楚谁是真正的阶级敌人了。那时候觉得我爸他们不错，对方才是混蛋，才反动，就站在我爸这边，谈不上和家长划清界限。本来小孩对这个就不懂，最初的兴奋劲过去了，也就不感兴趣了。

"文革"感觉挺幸福的，没人管。他们大人白天上班，晚上全都得开会，所以小孩是自由的。上学就背毛主席语录，学什么东西也不考试,我们整天都在外面干抓蛐蛐、扎蛤蟆、打弹弓之类的事情。

小学生是红小兵,完全没有资格参与红卫兵那些事儿,总得是个初中生才能参与哪一派。到我们上中学的时候,红卫兵就有取代共青团之势,已经成为相当正式的组织,大家都分批申请加入红卫兵。一段时间过后,共青团恢复,红卫兵就成为共青团的外围组织,共青团成为核心组织,红卫兵再入团。我们入红卫兵的时候已经是1972年,红卫兵开始体制化,官方化,已经不像先前那般具有冲击力和造反精神。

这辈子我读的第一套书就是《星火燎原》,一批老红军、老八路写的革命回忆录,有的故事很残酷。感觉很好看,里面尽是打仗的故事。我读的第一本小说,是《欧阳海之歌》,很著名的革命小说。我们的底色都是毛泽东思想,接受的是革命的传统教育。

"共产主义劳动试验"受挫

高中毕业后去农村插队,真实的社会、贫下中农和想象的相差很远。条件很艰苦,每天日值三毛五分钱。那时候标准粉的价格是一斤一毛八分五,拿粮票买。也就是说,一个壮汉把一天的收入拿来买粮食,买不了两斤白面。即便不拖家带口,也是吃不饱的状态。插队的时候,没有油水、没有肉,一天两斤白面不够吃。有一次我吃炸酱面,一顿就吃了一斤九两,还没吃饱,舍不得吃了。

到农村主动做的第一件事是,搞共产主义星期六义务劳动,那是列宁在《伟大的创举》中所教导的。我们在下乡之前,正赶上毛主席在批资产阶级法权,一方面,批判八级工资、按劳分配等制度,说它们是建立在个人私心的基础上。另一方面,也树立了一些新的东西,重点就是列宁提倡的星期六义务劳动,这被认为是建立在群众自觉的纪律的基础之上,是以革命英雄主义为基础的劳动。让这种大公无私的劳动逐渐扩大,才是共产主义社会真正的基础,也只有这种充满创造性的自觉的劳动,才能够创造出比资本主义更高的劳动生产率。

大家就开始模仿。我到农村之后就把这套东西照搬下来,组织共青团员、青年突击队进行周六义务劳动。组织了不过三四次,大家就没了新鲜劲,并且开始攻击我,说我沽名钓誉,利用群众让自己出名,往上爬。于是义务劳动就坚持不下去了,共产主义劳动试验受挫。

后来,我当了生产队副指导员,管理队里的水。农民浇自留地水的时候正好赶上生产队也要浇麦地,两者发生冲突,究竟谁先浇水?按照毛泽东思想就是先公后私,甚至于大公无私。我就让先浇集体的。可当时农民全都偷着扒水,我只要不在,他就把水渠给扒了,把水引到自留地里。一次发生冲突,我还跟人打起来了。最后发现,我自己陷入了人民战争的汪洋大海,只要我一转身人们就扒水渠,他们互相之间都假装看不见,就瞒我一个人。我不可能一天到晚看水啊。

后来开队委会的时候,大家讨论怎么办,我还是坚持先公后私,等队里浇完了之后,再浇农民的自留地。开会的多数成员则表示,白天队里浇,晚上农民浇。我是最左的,一般干部都比我缓一步。我这个主张没人支持。

人民公社社员老偷懒,刨地的时候大概连一半的劲都没使出来。上班的时候磨洋工,下工以后在自留地里打冲锋。我努力督促社员多干活,也是屡屡受挫,无论我怎么带头玩命,人家也跟不上来。生产队干部对集体的事也不那么热心,那时候我当了一把手,那些队干部,遇到一点挫折,动不动就说不干了。

参观大寨时热血沸腾

1976年10月,"四人帮"被抓起来了。我们这帮小"左派"的感觉是,可能要资本主义复辟了,但是又不敢肯定,上层的事我们不清楚,无法判断。再说我们对"四人帮"特有的那些空话、大话也没什么好印象。

1977年,我参加北京先进知青参观团去大寨参观。参观大寨回来后,昌平的几个知青住在县委招待所。当时有四五个人在一起讨论大寨那套东西行还是不行。我们在大寨的时候都热血沸腾,信心十足,一出了昔阳县,温度就降了一半,到北京就剩20%了。第二天一回村,估计这趟大寨参观的激情就全消了,温度又降回到零了。大家说,一看我们村那帮社员,干活出工不出力,偷懒,自私自利,恨不得拿鞭子抽他们,跟牲口似的。

这时候,一个大学毕业后申请下乡当农民的知青就插话说,内蒙有个知青,写了一本书,基本观点是:中国农业只有一条出路,就是刘少奇主张的包产到户。

这句话在当时简直就是大逆不道,标准的修正主义路线,资本主义复辟。但是你能感觉到,这种主张有一种强大的真理的力量,要是真那么搞,中国农业肯定行,肯定粮食够吃,农民肯定使劲干活。

当时空气就跟凝固了似的,大家都不说话。不知道沉默了多长时间,我说,说这话的伙计被抓起来了吧?她说,抓起来了。

这个人叫张木生,我觉得他讲得有道理,但是绝不敢想这么干。当时我敢想得最远的就是,扩大自留地面积。对于张木生的被抓,当时觉得,说这种话的人不被抓起来,天理何在?

背叛"理想"参加高考

那时候考大学给我的感觉是,从农业学大寨的第一线临阵逃脱在去大寨参观的路上,就纷纷传说要恢复高考,我们一帮先进知青开始商量考还是不考。多数人动心,坚决不考的好像没有。偏左的动摇分子说,就算考也不能今年考,那样立场就太软了,到第二年考或不考再说。我属于偏左的,当年就没考,也没复习。

那时候考大学给我的感觉是,从农业学大寨的第一线临阵脱逃。一直到了年底,他们都考完了,我才经受不住压力,开始悄悄地,恨不得是偷偷地准备考试,开始看点高中的课本。

1977年年底进行了一次高考,1978年年初入学。1978年年中又考了一次,10月份入学。因为刚恢复高考,我完全不懂怎么填报志愿,就按照我喜欢大学的顺序来排,最想上的是人大,人大有一股"纯种"的革命味道,所以第一志愿就是人大中文系,然后觉得北大也是挺有名的,第二志愿就填了北大中文系,第三志愿好像是南开,那是周总理的母校。我当时对历史不感兴趣,觉得钻到故纸堆里太没出息了,那么火热的革命斗争实践在召唤着你,不接受人民的召唤反而钻到故纸堆里面去,不可理解,太陈腐了。中文系是当时第一热门系,所以我就选择了中文系。

我考的分数很高，没有任何悬念地进入了人大。我以为我会留恋农村，我以为上不上大学对自己无所谓，恨不得认为考不上更好。考试之前一直这么觉得，考完后也不怎么在乎，心想考不上拉倒。

接到录取通知时，正是护秋的季节，就是派人去看守庄稼和果实，以免被偷。农民怕得罪人，我们知青是外来户，我抓着谁都翻脸不认人，于是就让我护秋。我当时还创造了平均三五天抓一个小偷的生产队纪录。

我正在护秋呢，有人到处找我，说我考得可高了。我跑去看，总分500分，我考了398.5分，听说在我们县是文科第二名。我假装不动声色。回到宿舍，我拿着镰刀出去巡山，走到村外没人的地方，忽然心里一阵狂喜，按捺不住，"噌、噌、噌"顺着山梁往上跑，跑上去后大气儿都不喘，意犹未尽地又蹦了几个高，大喊了几声。之后，我忽然就愣了，心想：我怎么会这样？我真的那么想离开农村么？对自己的狂喜很意外，我觉得我不那么在乎这事，我挺留恋农业学大寨的呀。我是大队副书记、生产队指导员，身兼重任，还是先进知青典型，自我感觉也是一个革命者，不是贪生怕死、好逸恶劳、钻到大学里去读书的人……可是我怎么能这么狂喜呢？我怎么这样啊？当时内心的狂喜着实让我大吃一惊。

差不多该上学了，村里面我已经找到了接班人，他也已经上任了，可我就是拖着不走，要站好最后一班岗。人们都说，你干吗呀，还不回家去？实际上我当时处境已经很尴尬了，感觉自己确实成了局外人。最后还是大队书记把我送到车站，好像还是把我轰走似的。还没开学，我提前了一段时间离开了农村。

农村调查中发现"潜规则"

大学毕业后,我被分配到中共中央书记处农村政策研究室工作,实际是到它的机关报《农民日报》去。农民报当时是采编合一,我到那儿的第三年当总编室副主任。第四年申请去群工部待了一年,看来信,接待上访。

1983年,我去群工部翻来信,看到一封来信说,开封的农民买不到"挂钩肥"。挂钩肥是指农民在平价交售棉花、小麦等农产品后,国家向他平价销售的化肥。结果开封地区的农民都老实地把棉花、小麦低价卖给了国家,但是买不着计划内平价的化肥,只能买市场上高价的化肥。

我就和另外两个同事组成一个调查小组,从供销总社农资局开始,一层一层地调查下去。我们发现,这种资源分配另有一套规矩,不像文件里说的那样。我们作了连续报道,报道中用了一个词叫"内部章程",就是后来"潜规则"的前身。第二年,这个报道获得全国好新闻奖。

中纪委,商业部组织了联合调查组去调查这个事情,我就是他们调查组成员。我觉得我们立了一大功,把一个不正之风、腐败给堵住了。但下去一看,一切照旧,什么东西也没有改变。就是有那么一两个人运气不好,碰到我们的枪口上,被撤职了。新上任的人继续那么干。

这件事对我来说是个失败,它对我刺激比较大。首先我知道中国另有一套规矩,得注意,要不然别想认识中国。另一方面,觉得我们凭着道德热情去蛮干解决不了太大问题。我在群工部当副主任的时候,大量接触群众上访,深切感到中国受委屈的人太多了,这个问题太大了,几乎就不能有保障地提供公平和正义。

写陈永贵治好我的心病

在去农民报之后,我始终解决不了理解中国的理论基础问题,越来越觉得单单用马列主义解释中国不管用。整个改革开放都是对列宁-斯大林主义某些思想的偏离,但是却大获成功。大包干的成功对我影响最大。原来我那么坚定地学大寨,折腾得一塌糊涂,小有进展,基本上是僵持——因为我拼命干,还能前进一两步,但稍微一停步,就被挤回来了。到邓小平执政的时候,农民却像上了发条似的拼命干活,中国粮食产量一下子就上去了,吃不饱变成粮食过剩。

你不得不承认这东西真管用,原来觉得这东西管用但它是资产阶级的东西,调动的是人们的私心,自私自利之心,会把这个社会变得更加尔虞我诈,唯利是图,所以尽管能多打粮食,也不能走那条路。实际是,农民多打粮食了,整个社会的氛围却变好、变宽松了,不是更暴戾了。

1987年以后,农村这块基本上没什么事情了,制度基本稳定下来。我就觉得待着没啥意思。但是仍然没有解决我学大寨为什么失败的问题。学大寨的失败,对它的理解,对中国农村的前途和历史的看法,一直是我心中的一块病。大包干的成功对我的影响,就是造成我的世界观的崩溃。我一直想做的事,就是观念体系或世界观的重建。我把握世界的方式散了架,世界凌乱一团,我想以农村为基础,把框架重新建立起来,让我们可以准确地、有说服力地理解现实。世界观重建,这是我十多年个人阅读的一个模模糊糊的主题,也是我写陈永贵传记的动机。

我对陈永贵是真的感兴趣。山西昔阳县档案馆关于陈永贵的档案非常多,我一直从上世纪50年代读到80年代,把这30年跟陈永贵有关的档案全看了,抄档案每天都是从早上吃完饭一直抄到晚上下班,每天昏天黑地地抄,摘抄和复印的资料各有厚厚的两大摞,抄资料的圆珠笔笔芯就用了一大把。

我写陈永贵传记,就是想弄明白,我为什么失败了,他为什么成功?后来弄明白了,他的那套东西挪到我这里,也得死。然后就觉得,此天也,非战之罪。心里就踏实了。不是我不好好干,实在是他这条路只有在个别的情况下,在各方面力量都很强的时候,才能在局部走通,而那个条件太苛刻了,在中国不可能到处都具备。写完陈永贵,治好了我心里的一块病。

从"潜规则"到"血酬定律"

等这事弄完了,我就去了《桥》杂志。在《桥》杂志与香港明报集团合作出版了三期,就停刊了。然后又与明报集团合作出了两批书籍。接下来,明报集团的各种业务撤离大陆,所有的合作都终止,我们就失业了。1996年的时候,《东方》杂志要复刊,我去那儿办了一期试刊,不过没有获准通过,又死了。当时还有人来找我,让我去弄一个经济类的杂志,当主编,当时的理想是,用五六年的时间办出一个中国的《Fortune》来,办《Fortune》是没有太大风险的。

但是我已经从1993年起折腾了三四年,干一件事砸一件事情,感觉我的手特臭,碰什么什么死。回过头来看,那三四年就感觉是糊里糊涂当编辑,做杂志,为他人做嫁衣。要我再用五六年的时间为他人做嫁衣,偏离了我的主线。我原来以为我写完陈永贵的传记,就可以开始新生活了,农村的事儿不管了,历史的事儿不管了,都了解了。然后就像没头苍蝇似的乱撞,撞了几年才发现,其实我的问题还没有解决,我的问题还是世界观重建。我就觉得,办这个经济杂志跟我想干的事儿不是一回事,不是我最感兴趣的东西,不是我内心最关注的。我不干了,我回家读书写东西去。

我感觉到自己功底不足,开始读明史,想慢慢搜集资料,写一本专著。后来梁晓燕帮《上海文学》约稿,约到我头上。那时候我做的明史笔记已经有上百万字了,觉得对付几篇文章就是小意思。后来,把在《上海文学》上发表的文章和我的部分笔记整理一下,就成了一本书《潜规则》。

写完这本书我就觉得,"潜规则"这个词一定会流行的,这个词太重要了,在我心里憋了那么久才找着一个表达的出口,很多人一定也在找。当时我列了至少七八个词,如灰色、内部、规矩、章程等,在这里面互相组合,最后觉得"潜规则"这个词不错。我经常用这类词语组合的方法杜撰词语,包括后面的"血酬定律"也是这么弄出来的。

"血酬定律"的市场反应没有"潜规则"那么好,可是在我看来,它的分量比潜规则更重。血酬定律说的是靠暴力获得报酬的计算规律,说的是生产力、生产关系所不能包容的破坏力,属于和生产力并列的那个层次,它虽然不如潜规则流行,但在我重建世界观的努力中,它是一个更深层次的基石。

从写陈永贵传记开始,我被迫弄历史,回过头来重建世界观,一直到现在,不断地添砖加瓦。原来的世界观倒塌之后,我试图在这个废墟上建起一个更大、更漂亮、更结实也更适宜人居的观念大厦。

出版后记

记得两年前,我们将吴思先生的《潜规则——中国历史中的真实游戏》奉献给广大读者的时候,内心有着一种别样的感受,我们为读者对这本书的喜爱而感到欣慰,也为此书的一印再印而兴奋。

读者对这本书的关注不是没有缘由的。在现实生活中,潜规则已经到了无处不在的地步,人们厌恶它,又往往难以绕过它,迫切想改变它,渴望着民主生活的健全,潜规则得到阻遏,甚至在中国大地上消失。这种期盼的冲动,也使读者希望从吴思的书中得到更多的东西,想知道他的研究有什么新进展,关心他的新著何时可以面世。

为了满足读者的阅读需求,我们征得吴思先生的同意,将近几年来媒体上有关他的访谈文章结集出版。这些文章大多为媒体记者整理,虽然各有侧重,但所关心的话题还是有所重复,为了节省读者阅读的时间,我们建议删去重复,按不同的专题把相关的访谈编辑在一起,使之易于查找,阅读方便。于是,二十九篇访谈被编入五个专题,它们依次为:"观念与框架:创造理论好比盖房子";"研究方法:读史好比看下棋";"观念版图的融合";"从历史看现实";"个人经历与研究兴趣"。经过吴思的再三斟酌,反复修订,就成为读者现在看到的这个样子。

书名也是吴思先生拟定的:《我想重新解释历史》。用"我想"颇显得低调,他在《自序》中自谦地说:"现在更不成熟的访谈录结集出版,需要说几句弥补缺陷的话。"这反映出"重新解释历史"乃是正在进行时,他尚处于研究的过程中。如果此书的出版能够给读者以启迪,如果读者的阅读反馈、哪怕不同意见的争辩,能促使研究的步步深入,那么本书的出版预想就算达到了。

出版者
2011年4月

图书在版编目(CIP)数据

我想重新解释历史:吴思访谈录/吴思著. —上海:
复旦大学出版社,2011.7(2023.10 重印)
ISBN 978-7-309-07875-6

Ⅰ.我… Ⅱ.吴… Ⅲ.中国-历史-研究 Ⅳ.K207

中国版本图书馆 CIP 数据核字(2011)第 012156 号

我想重新解释历史:吴思访谈录
吴　思　著
责任编辑/李又顺

复旦大学出版社有限公司出版发行
上海市国权路 579 号　邮编:200433
网址:fupnet@fudanpress.com　　http://www.fudanpress.com
门市零售:86-21-65102580　　团体订购:86-21-65104505
出版部电话:86-21-65642845
上海四维数字图文有限公司

开本 850 毫米×1168 毫米　1/32　印张 9.75　字数 200 千字
2011 年 7 月第 1 版
2023 年 10 月第 1 版第 5 次印刷
印数 109 001—117 000

ISBN 978-7-309-07875-6/K·317
定价:35.00 元

如有印装质量问题,请向复旦大学出版社有限公司出版部调换。
版权所有　　侵权必究